U0904160

高等职业教育模块式教学改革规划教材

汽车电工电子应用技术

主　编　黄　鹏
副主编　张森林　廖向阳
参　编　邓妹纯　段春艳　黄　威
　　　　杨志红　谢丽君　程利辉
主　审　阳文辉

机　械　工　业　出　版　社

本书根据职业教育的特点编写，以学习情境为载体，用项目任务训练职业岗位能力，根据理论实践一体化的课程设计组织教学内容。

本书结合了大量的汽车电路，重点介绍了包括与汽车电工电子应用技术相关的检修汽车直流电路、检修汽车交流电路、检修汽车磁路及电磁元件、检修汽车直流电动机、检修汽车模拟电路和检修汽车数字电路等内容。

本书可作为高等职业院校、高等专科院校等汽车及相关专业的教学用书，并可作为社会从业人士的业务参考书及培训用书。

图书在版编目（CIP）数据

汽车电工电子应用技术/黄鹏主编．—北京：机械工业出版社，2012.1（2018.1重印）

高等职业教育模块式教学改革规划教材

ISBN 978-7-111-37034-5

Ⅰ.①汽…　Ⅱ.①黄…　Ⅲ.①汽车—电工技术—高等职业教育—教材②汽车—电子技术—高等职业教育—教材　Ⅳ.①U463.6

中国版本图书馆CIP数据核字(2012)第001539号

机械工业出版社(北京市百万庄大街22号　邮政编码100037)

策划编辑：葛晓慧　责任编辑：葛晓慧　张利萍

版式设计：霍永明　责任校对：纪　敬

封面设计：陈　沛　责任印制：李　洋

三河市国英印务有限公司印刷

2018年1月第1版第4次印刷

184mm×260mm·11印张·267千字

7401—9900册

标准书号：ISBN 978-7-111-37034-5

定价：27.00元

凡购本书，如有缺页、倒页、脱页，由本社发行部调换

电话服务　　网络服务

服务咨询热线：010-88379833　　机 工 官 网：www.cmpbook.com

读者购书热线：010-88379649　　机 工 官 博：weibo.com/cmp1952

教育服务网：www.cmpedu.com

封面无防伪标均为盗版　　金 书 网：www.golden-book.com

高等职业教育模块式教学改革规划教材
编写委员会

出版说明

由湖南中华职业教育社组织湖南交通职业技术学院、长沙民政职业技术学院等10余所全国示范性高职院校的一线骨干教师精心组织编写的高等职业教育模块式教学改革规划教材终于正式出版。这套教材是我国高等职业教育教材改革领域一次新的尝试，也是我国高等职业教育课程改革的一次重大突破。

这套全新的教材完全是根据行业对人才的要求，本着以职业岗位能力为导向的理念开发出来的。可以说，对传统课程进行了一次颠覆性的全面解构，再按照“必需、够用”的原则，从中选取最有价值的知识点、技能点和学生应具有的职业态度的要求重组课程内容；最终把这些知识点划分为一个个模块建构课程结构，每个模块又被分为若干项目，使课程模块成为实践知识、理论知识与实际运用情景有机结合的一个个项目化的独立学习单元和任务组合。这样的编排，既明确了学习目标，又明确了教学目标。

相比于传统教材，本套教材具有五个明显的特点：①所有知识内容是根据职业岗位能力要求选取的，更贴近工作岗位，学生更易接受，有利于提高学习效果；②每个知识点都穿插有相应形象生动的案例，实现了学生在学习过程中从记忆知识到运用知识的转变，也利于培养学生完成工作任务的职业能力；③充分体现了“教、学、做”合一的总体原则，真正实现了职业教育“做中学、做中教”的特点，在这样的教学过程中，师生间、同学间都可以通过课堂教学以及教学空间互动，学生由被动接受者变为了主动参与者，显然，学习兴趣会随之增强；④以工作任务为中心，要求教学活动必须在真实或者仿真的工作场景及先进的生产技术设备环境中进行，学生可以现学现用，更易于培养把基本知识点应用于实践的应用能力和操作技能；⑤每种教材都配有教学资源，其多媒体课件使教学变得直观形象，同时也使资源共享成为了现实。实践证明，运用模块化教材进行教学，是高等职业院校教学改革的重要特色和一大亮点。

“对接产业、工学结合，深入推进职业教育集团化办学，深化人才培养模式改革”的职业教育发展思路已越来越成为我国职教工作者的共识。在此，衷心地希望学生在这套新教材的帮助下，掌握基本知识点，熟练操作技能，养成良好的职业素养，努力使自己真正成为紧跟经济社会发展步伐，符合市场需求的生产、建设、管理和服务一线的高素质技术应用型人才。

前　　言

新世纪汽车电子技术进入了成熟阶段，这是对汽车工业的发展最有价值、最有贡献的阶段，也是优化“人—汽车—环境”的整体关系最为重要的阶段。当代汽车技术的发展紧紧围绕着安全、环保、节能、舒适这四个主题，电子信息化也正是从这四个方面逐步提升汽车性能的。电子信息系统产品在轿车采购成本中所占的比例将会达到30% ~50%。

为了适应汽车电子技术的发展，更好地把现代汽车新技术与电工电子技术整合起来，结合本专业的教学，以任务来驱动，并以项目为载体，按照汽车维修实际工作任务编写本书。本书从学习情境入手，针对检修汽车直流电路、检修汽车交流电路、检修汽车磁路及电磁元件、检修汽车直流电动机、检修汽车模拟电路和检修汽车数字电路作了详细介绍，使初学者能尽快进入汽车电工电子应用技术学习领域。然后在此基础上，讲述了汽车前照灯照明、汽车发电机、汽车传统点火系统、汽车起动机、汽车晶体管调压器和汽车转向闪光继电器的检测与维修。本书以电工电子基础知识与专业实际相结合为出发点，同时结合汽车专业的特点，所涉及内容尽可能地与汽车电器及现代汽车电控方面的实例相通，对汽车电器和汽车电控的学习打下一定的基础和对从事汽车电工电子装置的使用与维修工作起到很好的帮助作用。

本书由湖南交通职业技术学院的黄鹏任主编，常德职业技术学院的张森林和湖南交通职业技术学院的廖向阳任副主编，参与编写的人员有湖南交通职业技术学院的邓妹纯、段春艳、黄威、杨志红以及长沙职业技术学院的谢丽君和汨罗市职业中专学校的程利辉，全书由湖南交通职业技术学院的黄鹏统稿，长沙职业技术学院的阳文辉主审。

由于编者水平有限、编写时间仓促，书中难免有不足和疏漏之处，恳请广大读者批评指正。

编　者

目　录

学习情境1　检修汽车直流电路

【学习目标】

知识目标

1. 掌握汽车直流电路及其基本物理量的概念。
2. 理解汽车直流电路的三种工作状态及电压、电流、功率之间的关系。
3. 了解直流电路的基本定律及基本分析方法。

技能目标

1. 能用万用表测量汽车直流电路中的电压、电流和电阻。
2. 会对汽车照明系统前照灯电路进行故障分析。

【项目描述】

桑塔纳轿车照明电路如图1-1所示，请分析相关电气元器件和电路的原理。

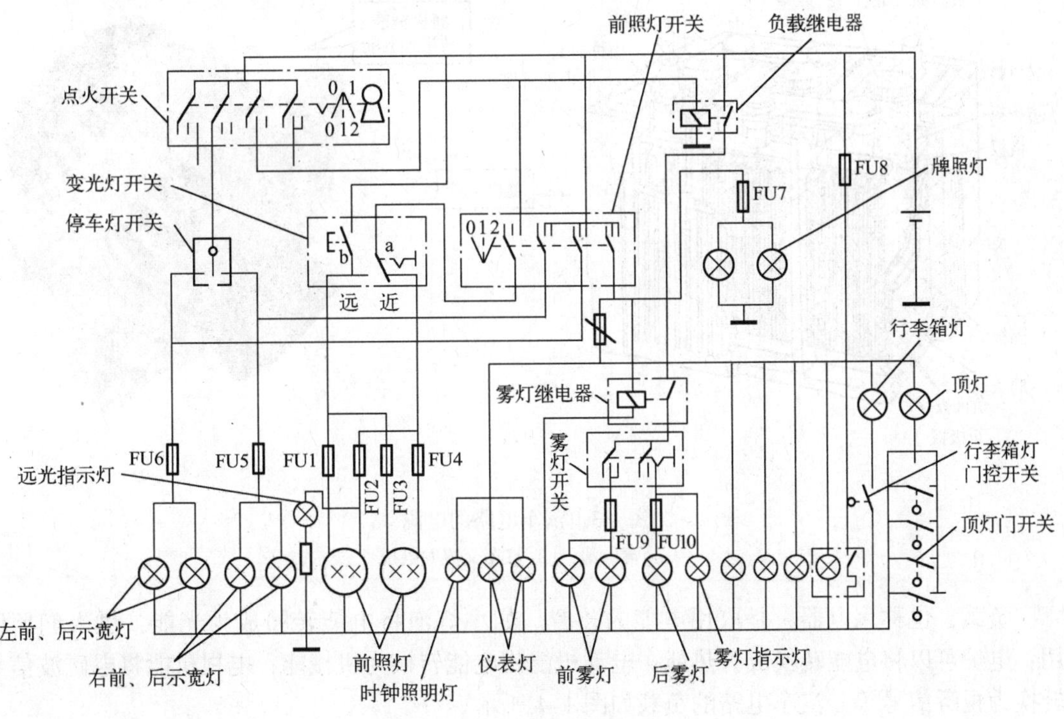

图1-1　桑塔纳轿车照明电路

1）分析远光指示控制电路。

2）分析近光指示控制电路。

3）分析超车警告灯电路。

4）前照灯远、近光不全（只有远光灯或只有近光灯亮）故障的分析。

任务 1.1　认知汽车电路及其基本物理量

一、电路和电路模型

电流所流经的路径叫做电路。电路主要由电源、中间环节、负载等电气设备或元器件组成，如图 1-2 所示。

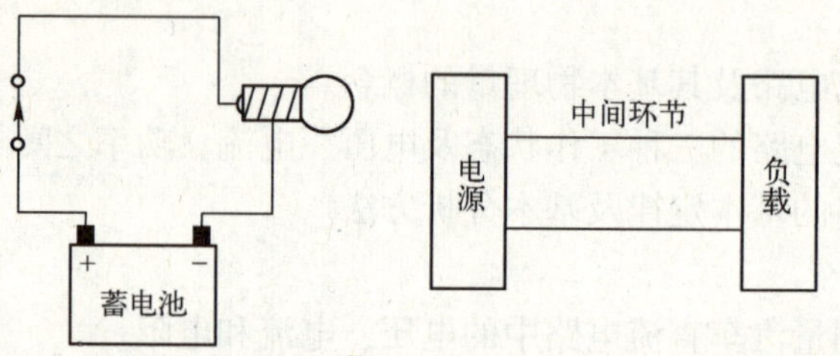

图 1-2　电路的组成

电源是为电路提供电能的设备和元器件，含有交流电源的电路叫交流电路，含有直流电源的电路叫直流电路。汽车常见的电源有蓄电池及汽车交流发电机等，如图 1-3 所示。

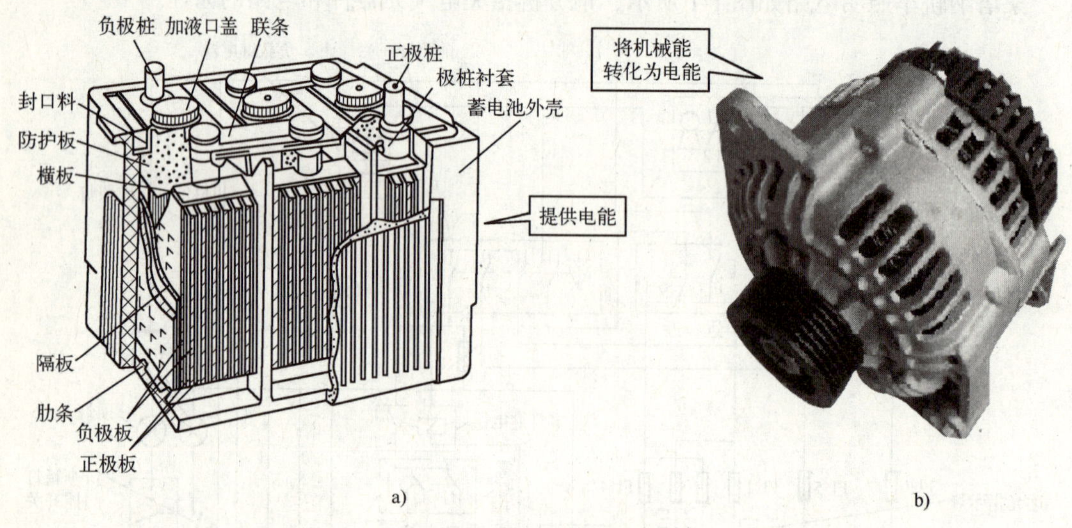

图 1-3　汽车电路的电源

a）蓄电池　b）汽车交流发电机

负载，也称用电器，是取用电能的装置。如小灯泡将电能转换成为光能，供人们照明用；电炉可以将电能转换成为热能；电动机能将电能转换为机械能；电视机能将电磁波信号转换为视听信号等。汽车电路的负载如图 1-4 所示。

连接电源和负载的部分统称为中间环节，起传输和分配电能的作用。中间环节包括导线和电气控制元器件等。导线是连接电源、负载和其他电气元器件的金属线，常用的有铜导线和铝导线等；电气控制元器件是对电路进行控制的电气元器件，常用的有组合开关及熔断器

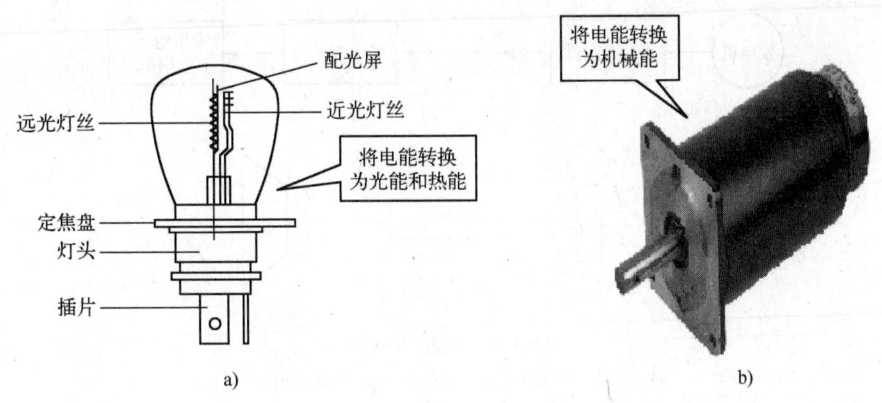

图 1-4　汽车电路的负载
a）汽车充气灯泡　b）汽车直流电动机

等。汽车电气控制元器件如图 1-5 所示。

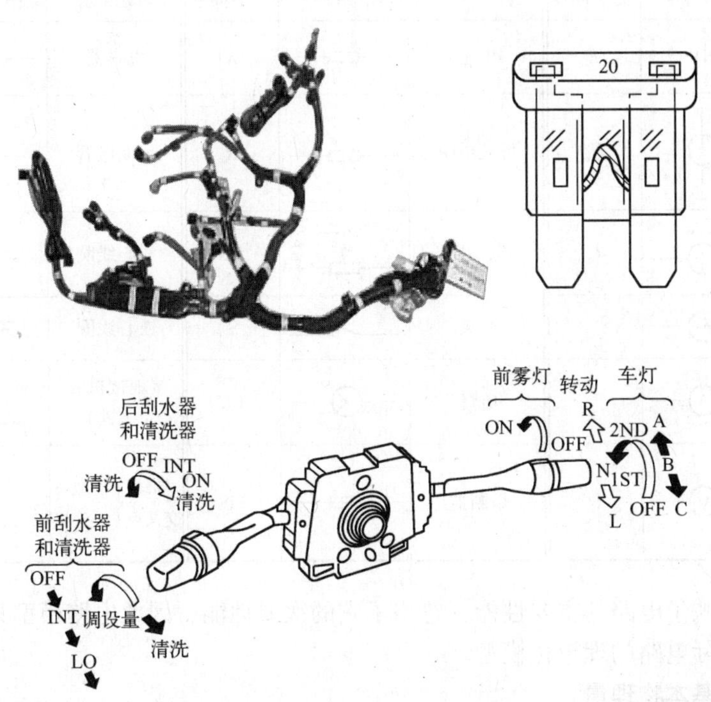

图 1-5　汽车电气控制元器件

电路的主要作用是将电能进行传输、分配和转换，其次是能实现信号的传递和处理。

1）进行电能的传输、分配与转换，如图 1-6a 所示的电力系统输电电路示意图。其中，发电机是电源，家用电器和工业用电器等是负载，而变压器和输电线等则是中间环节。

2）信号的传递与处理，如图 1-6b 所示的扩音机示意图。其中，送话器是发出信号的设备，称为信号源，相当于电源。但与上述的发电机、电池等电源不同，信号源输出的电压或电流信号取决于其所加的信息。扬声器是负载，放大器等则是中间环节。

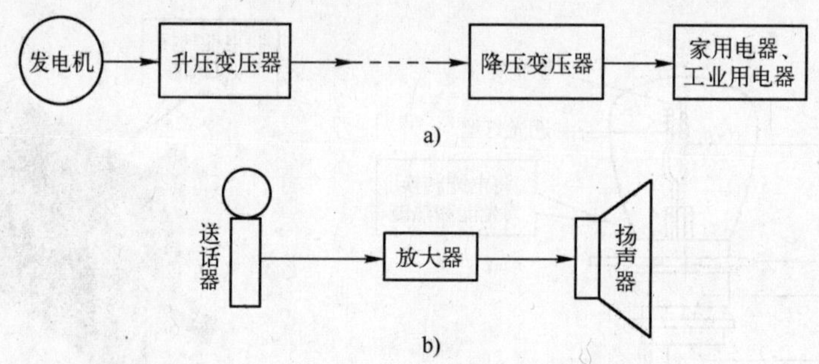

图 1-6　电路示意图

a）电力系统输电电路示意图　b）扩音机示意图

建立电路模型的意义十分重要，运用电路模型可以大大简化电路的分析，电路模型图中常用的元件符号见表 1-1。

表 1-1　电路模型图中常用的元件符号

名　称	图形符号	文字符号	名　称	图形符号	文字符号	名　称	图形符号	文字符号
电池		E	电阻		R	电容器		C
电压源	+ −	U_S	可调电阻		R	可变电容		C
电流源		I_S	电位器		RP	空心线圈		L
发电机	~		开关		S	铁心线圈		L
电流表	A		电灯		EL	接地接机壳（搭铁）		GND
电压表	V		熔断器		FU	导线交叉点 {连接 / 不连接		

电路模型反映了电路的主要性能，忽略了它的次要性能，因此电路模型只是实际电路的近似电路，是实际电路的理想化模型。

二、电路的基本物理量

1. 电流及参考方向

（1）定义　电流是一种物理现象，是带电粒子有规则的定向运动形成的，通常将正电荷移动的方向规定为电流正方向。电流的数值等于单位时间内通过导体某一横截面积的电荷量。根据定义有

$$i = \frac{\mathrm{d}q}{\mathrm{d}t} \tag{1-1}$$

式中　i——电流，单位为 A；

q——通过导体截面积的电荷量，单位为 C；

t——时间，单位为 s。

式（1-1）表明，在一般情况下，电流是随时间变化的。如果电流不随时间而变化，即 dq/dt = 常数，则这种电流就称为恒定电流（简称直流）。直流时，不随时间变化的物理量用大写字母表示，式（1-1）可写成

$$I=\frac{Q}{t} \tag{1-2}$$

（2）单位 1kA = 1000A

1A = 1000mA

1mA = 1000μA

一般用电设备的电流举例如下：

- 家里用的60W 灯泡通电时，其中流过的电流是0.27A。
- 汽车远光灯灯泡的功率一般是60W 左右，通过的电流是5A。
- 在汽车上，一个 12W 的灯泡发光时，其中流过的电流是1A。
- 起动机运转时，其中电流可高达100A。

（3）实际方向 正电荷定向移动的方向规定为电流实际方向。

（4）参考方向 电流的方向是客观存在的，但在电路分析中，一些较为复杂的电路，有时某段电流的实际方向难以判断，甚至有时电流的实际方向还在随时间不断改变，于是要在电路中标出电流的实际方向较为困难。为了解决这一问题，在电路分析时，常采用电流的“参考方向”这一概念。任意选定某一方向作为电流的正方向，也称为参考方向。

（5）电流参考方向的表示方法 如图1-7所示，电流的参考方向可以任意选定，在电路图中用箭头表示。当然，所选的参考方向不一定就是电流的实际方向。当参考方向与电流的实际方向一致时，电流为正值（$I>0$）；当参考方向与电流的实际方向相反时，电流为负值（$I<0$）。这样，在选定的参考方向下，根据电流的正负，就可以确定电流的实际方向。在分析电路时，先假定电流的参考方向，并以此去分析计算，最后用求得答案的正、负值来确定电流的实际方向。

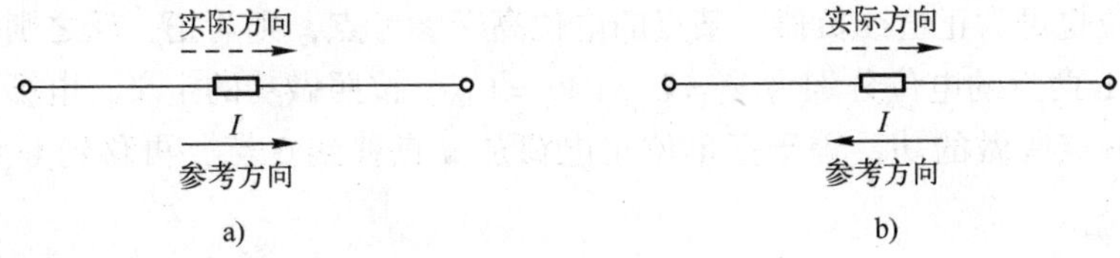

图1-7 电流的参考方向与实际方向

a) $I>0$ b) $I<0$

2. 电压及参考方向

（1）定义 单位正电荷在电场力作用下，由 a 点运动到 b 点电场力所做的功，称为电路中 a 点到 b 点间的电压，即

$$u_{ab}=\frac{dw_{ab}}{dq} \tag{1-3}$$

式中 u_{ab}——a 点到 b 点间的电压，单位为 V；

w_{ab}——电量为 q 的正电荷从 a 点运动到 b 点所做的功，单位为 J。

在直流时，式（1-3）可写成

$$U_{ab}=\frac{W_{ab}}{Q} \tag{1-4}$$

（2）单位 $1kV=1000V$

$1V=1000mV$

$1mV=1000\mu V$

汽车电气系统的额定电压有 12V 和 24V 两种。

（3）实际方向 电压的实际方向为高电位指向低电位。

（4）参考方向 任意选定某一方向作为电压的正方向，也称为参考方向。

（5）电压参考方向的表示方法 在电路分析时，也需选取电压的参考方向。如图 1-8 所示，当电压的参考方向与实际方向一致时，电压为正（$U>0$）；当电压的参考方向与实际方向相反时，电压为负（$U<0$）。电压的参考方向可用箭头表示，也可用正（+）、负（-）极性表示。

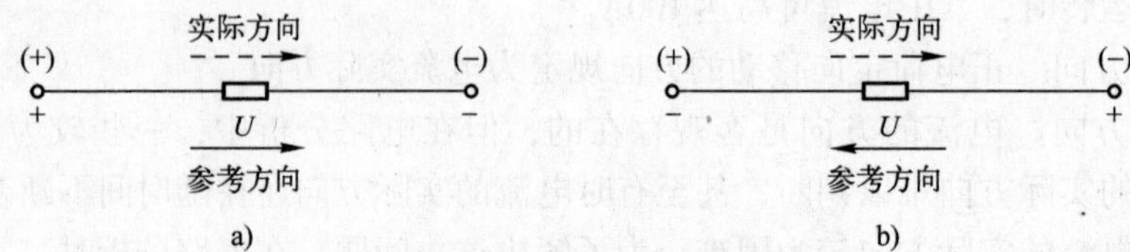

图 1-8 电压的参考方向与实际方向

a）$U>0$ b）$U<0$

3. 电位

在电路中任选参考点 0，该电路中某点 a 到参考点 0 的电压就称为 a 点的电位。电位的单位为伏特（V），用 V 表示。电路参考点本身的电位 $V_0=0$，参考点也称为零电位点。根据定义，电位实际上就是电压，即

$$V_a=U_{a0} \tag{1-5}$$

可见，电位也可为正值或负值，某点的电位高于参考点，则为正，反之则为负。任选参考点 0，则 a、b 两点的电位分别为 $V_a=U_{a0}$、$V_b=U_{b0}$。按照做功的定义，电场力把单位正电荷从 a 点移到 b 点所做的功，等于把单位正电荷从 a 点移到 0 点，再移到 b 点所做的功的和，即

$$U_{ab}=U_{a0}+U_{0b}=U_{a0}-U_{b0}=V_a-V_b$$

或

$$U_{ab}=V_a-V_b \tag{1-6}$$

式（1-6）表明，电路中 a、b 两点间的电压等于 a、b 两点的电位差，因而电压也称为电位差。

注意：同一点的电位值是随着参考点的不同而变化的，而任意两点之间的电压却与参考点的选取无关。

在汽车电路中，通常用汽车底盘、车架和发动机等金属部件作为公用导线，也就是常说的“搭铁”，并视其为电路中的参考零点。

4. 电动势

电动势是衡量电源将非电能转换成电能本领大小的物理量。电动势的定义为：在电源内部，外力将单位正电荷从电源的负极移到电源的正极所做的功。电动势用符号 E 表示，其数学表达式为

$$E=\frac{W}{Q} \tag{1-7}$$

式中　W——外力对电荷所做的功，单位为 J；

Q——被移动电荷的电荷量，单位为 C；

E——电源的电动势，单位为 V。

电动势的大小只取决于电源本身的性质，对于给定的电源，W/Q 为一定值，与外电路无关。

电动势的方向规定是：在电源内部由负极指向正极。图 1-9 所示为直流电动势的两种图形符号。

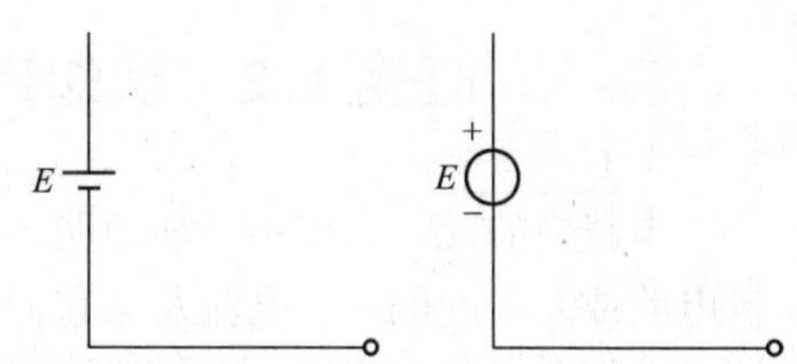

图 1-9　直流电动势的两种图形符号

对于一个电源来说，它既有电动势，又有端电压。电动势只存在于电源的内部；而端电压则是电源加在外电路两端的电压，其方向由正极指向负极。一般情况下，电源的端电压总是低于电源内部的电动势，只有当电源开路时，电源的端电压才与电源的电动势相等。

能够稳定提供电能的装置叫作电源。生活中有很多种电源，这些电源提供的电压是不一样的。举例如下：

- 干电池的电压是 1.5V。
- 在汽车上，铅蓄电池的标准电压是 12V。
- 汽车计算机提供给传感器的电压是 5V。
- 车间里用的安全照明电压是 36V。
- 照明电的电压是 220V。
- 动力电的电压是 380V。
- 火花塞跳火时的击穿电压可高达 30000V。

5. 电能和电功率

设直流电路中，A、B 两点的电压为 U，在时间 t 内电荷 Q 受电场力作用从 A 点经负载移动到 B 点，电场力所做的功为

$$W=UQ=UIt \tag{1-8}$$

单位时间内消耗的电能称为电功率（简称功率），直流电路中用字母 P 表示，即

$$P=\frac{W}{t}=UI \tag{1-9}$$

若在电压、电流非关联方向下，则

$$P=-UI \tag{1-10}$$

在我国法定计量单位中，电能的单位为 J；功率的单位为 W。在实际应用中，有时电能的单位用 kW · h 表示，1kW · h 俗称一度电。如 100W 的灯泡工作 10h，其消耗的电能就是 1kW · h。

一般用电设备的功率举例如下：

- 汽车仪表指示灯的功率是1W。
- 家用节能灯管的功率是15W。
- 电烙铁的功率是30W。
- 汽车前照灯灯泡的功率是60W。
- 家用电热水器的功率是1000W。
- 汽车起动机功率是1200W。

任务1.2 认知汽车电路基本元件及其伏安特性

电路中的元件，如不另加说明，都是指理想元件。分析研究电路的一项基本内容就是分析电路或元件的电压、电流及其它们之间的关系。电压与电流的关系称为伏安关系或伏安特性，在直角平面上画出的曲线称为伏安特性曲线。下面讨论电路的基本元件及其伏安特性。

一、电阻元件

1. 电阻元件的伏安特性

如图1-10所示，过原点的一条直线表示电压与电流成正比关系，这类电阻元件称为线性电阻元件，其两端的电压与电流服从欧姆定律关系，即

$$u = Ri \text{ 或 } i = \frac{u}{R} \tag{1-11}$$

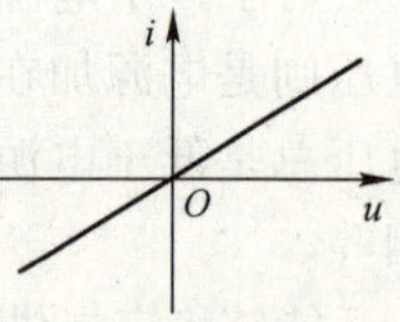

图1-10 电阻元件的伏安特性曲线

如图1-11所示，在不含电源的一段直流电路中，欧姆定律可表示为

$$I = \frac{U}{R} \text{或} U = RI \tag{1-12}$$

在式（1-12）中，当电压与电流的参考方向一致时，电压为正值。反之，则电压为负值。式中电压 U 的单位是V，电流 I 的单位是A，电阻 R 的单位是Ω。由于定律的上述表达形式仅适应于不含电源的一般电阻电路，故称为部分电路欧姆定律。常用的电阻单位还有kΩ和MΩ，它们之间的关系为

$$1\text{M}\Omega = 10^3\text{k}\Omega = 10^6\Omega$$

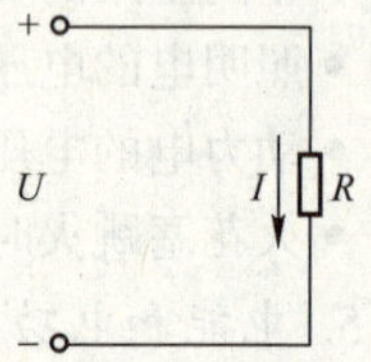

图1-11 不含电源的一段直流电路

在实际应用中常需要对闭合电路进行分析和计算，图1-12是一个简单的含有电源的闭合电路。其中直流电源用理想电压源 E 和内阻 R_0 的串联电路表示，U 是电源的端电压（输出电压），R_L 是负载的电阻，电路中各物理量的方向均为参考方向。则电路中的电流为

$$I = \frac{E}{R_L + R_0} \tag{1-13}$$

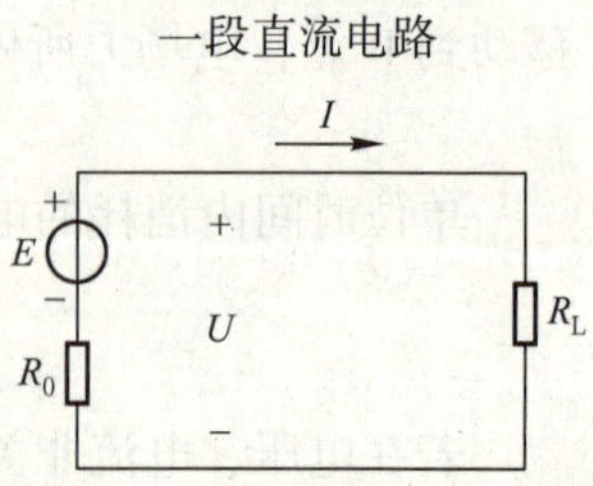

图1-12 含有电源的闭合电路

由式（1-13）可得 $U = E - IR_0$，其意义是：负载的端电压等于电源电动势减去内阻电压降。说明当负载越小（负载电阻 R_L 越小）时，电流 I 越大，其内阻电压降 IR_0 也越大，则负载端电压 $U = IR_L$ 则必然越小。

值得注意的是，导体的电阻不随其端电压的大小而变化，是客观存在的。当温度一定时，导体的电阻与导体的长度 l 成正比，与导体的横截面积 S 成反比，还与导体的材料性质（电阻率 ρ）有关，即

$$R = \rho \frac{l}{S} \tag{1-14}$$

式中，R 的单位是 Ω，ρ 的单位是 Ω · m，l 的单位是 m，S 的单位是 m^2。若令 $G = 1/R$，则 G 称为电阻元件的电导，电导的单位是西门子（S）。

生活中有很多用电器是依靠电阻来工作的，如灯泡、电炉子、电烙铁等。凡是通电后产生大量热量的用电器，都是纯电阻的设备。

对于一段固定的电路，影响电路电阻的大小有以下几个因素：

1）电路导线的制造材料的导电性越好，电导越大，电路的电阻就越小。

2）导线的长度：电阻和长度成正比，导线越长，电阻越大。

3）导线的直径：电阻和导线的粗细成反比，导线越粗，直径越大，电阻越小。

通常情况下，对于同一种材料制成的导线，影响电阻的因素主要是直径和长度。所有的导体都有电阻，只是大小有差异。举例如下：

- 汽车暖风电动机的电阻约为 0. 2Ω。
- 汽车仪表灯泡的电阻约为 15Ω。
- 家里使用的 1kW 的电炉子电阻约为 48. 4Ω。
- 一般在干燥环境中，人体电阻大约为 2kΩ；皮肤出汗时，约为 1kΩ；皮肤有伤口时，约为 800Ω。

2. 特殊电阻

（1）热敏电阻　热敏电阻是一种用陶瓷半导体制成的温度系数很大的电阻体，在工作温度范围内，按陶瓷半导体的电阻与温度的特性关系，热敏电阻可分为以下三种类型。

1）负温度系数（NTC）热敏电阻。在工作范围里，NTC 热敏电阻的电阻值随温度升高而减小。这种电阻是由镍、铜、钴、锰等金属氧化物按适当比例混合后，高温烧结而成的，现广泛用于汽车发动机冷却液温度传感器、进气温度传感器、机油温度传感器和空调温度传感器中。

2）正温度系数（PTC）热敏电阻。在工作范围里，PTC 热敏电阻的电阻值随温度升高而按指数函数增加。这种电阻在汽车发动机、仪器、仪表等测温部件中被广泛应用。

3）临界温度系数（CTR）热敏电阻。CTR 热敏电阻的电阻值随温度升高而按指数函数减小。

热敏电阻式温度传感器，具有体积小、灵敏度高、安装简单、价格低廉的特点，因此，在汽车电子控制系统中被广泛应用。

热敏电阻式冷却液温度传感器一般安装在发动机缸体、缸盖的水套中，或者安装在节温器壳内并伸入水套中。传感器与冷却液接触，用来检测发动机的冷却液温度。冷却液温度传感器内部是一个半导体热敏电阻，如图 1-13 所示。

热敏电阻式冷却液温度传感器的结构如图 1-13a 所示。这种传感器是利用热敏电阻阻值随温度的变化而变化这一特性来检测温度的。传感器的温度特性曲线如图 1-13b 所示。当温度较低时，传感器的阻值很大，反之，当温度升高时，其电阻值减小。在汽车上安装了很多热敏电阻式温度传感器，常用于检测冷却液、机油的温度，其中用得最多的是冷却液温度表

以及电喷发动机的冷却液温度传感器。

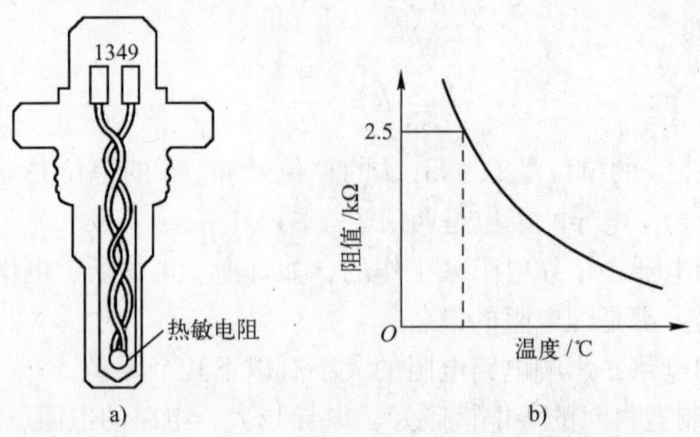

图 1-13　热敏电阻式冷却液温度传感器的结构与温度特性曲线

a）结构　b）温度特性曲线

（2）光敏电阻　光敏电阻是利用半导体光敏效应制成的一种特殊电阻，对光线十分敏感，它的电阻值能随着外界光照强弱（明暗）变化而变化。它在无光照射时，呈高阻状态；当有光照射时，其电阻值迅速减小。

汽车中的光敏式光量传感器就采用了光敏电阻——硫化镉（CdS）光敏元件，应用了光照强度能引起电阻值变化的特性。当光线照射硫化镉（CdS）时，若周围环境暗，则电阻值大；若周围环境亮，则电阻值变小。光量传感器通过硫化镉（CdS）光敏元件，将周围光照的变化转换为电阻值的变化，并以电信号的形式输入给控制器。在汽车上可用于各种灯具亮、灭的自动控制。

光敏式光量传感器应用在汽车灯光控制器上。灯光控制器安装在仪表板的上方，到傍晚时，它使尾灯点亮；当天色更晚时，控制前照灯点亮。当对方来车时，还具有变光功能，这都是自动完成的。改变照射在光量传感器上的光照强度，用万用表电阻档检测光敏电阻阻值，对比电阻变化。

（3）压敏电阻　绝对压力传感器是在采用测量发动机进气管压力方式计量进气量的电控汽油喷射系统中最重要的传感器。依据进气压力传感器信号产生原理可分为半导体压敏电阻式、电容式、膜盒传动的可变电感式和表面弹性波式等。

1）半导体压敏电阻式进气压力传感器。压电转换元件是利用半导体的压阻效应制成的硅膜片，其变形与压力成正比，利用电桥将硅膜片的变形转成电信号。半导体压敏电阻式进气压力传感器由压电转换元件（硅膜片）、把转换元件输出信号进行放大的混合集成电路和真空室组成。在当今汽车发动机电子控制系统中，半导体压敏电阻式进气压力传感器具有尺寸小、精度高、成本低以及响应性、再现性、抗振性较好等优点，因而应用较为广泛。

2）电阻应变计式碰撞传感器。德国博世公司研制生产的电阻应变计式碰撞传感器如图 1-14所示，当硅膜片产生变形时，应变电阻的阻值就会发生变化。为了提高传感器的检测精度，应变电阻一般都连接成桥式电路，并设计有稳压和温度补偿电路。当汽车遭受碰撞时，振动块振动，缓冲介质随之振动，应变计的应变电阻产生变形，阻值随之发生变化，经过信号处理与放大后，传感器输出端的信号电压就会发生变化。

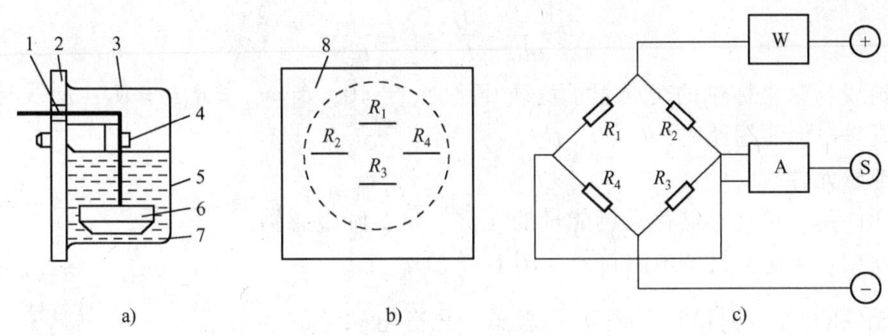

图1-14 电阻应变计式碰撞传感器

a）结构 b）电阻应变计 c）原理电路

1—密封树脂 2—传感器底板 3—壳体 4—电子电路 5—电阻应变计 6—振动块 7—缓冲介质 8—硅膜片

二、电压源

电源是电能的来源，也是电路的主要元件之一。电池、发电机等都是实际的电源。在电路分析时，常用等效电路来代替实际的部件。一个实际电源的外特性，即电源端电压与输出电流之间的关系 $U=f(I)$，可以用两种不同的电路模型来表示：一种是电压源；另一种是电流源。

1. 理想的电压源——恒压源

一个电源没有内阻，其端电压与负载电流的变化无关，为常数，则这个电源称为理想的电压源，用 U_s 表示，它是一条与 I 轴平行的直线。通常用的稳压电源、发电机可视为理想的电压源。

2. 电压源

实际的电源都不会是理想的，总是有一定的内阻，因此，在电路分析时，对电源可以用一个理想的电压源与内阻相串联的电路模型——电压源来表示，其外特性曲线如图1-15所示。直流电压源的外特性为

$$U=U_S-R_0I \tag{1-15}$$

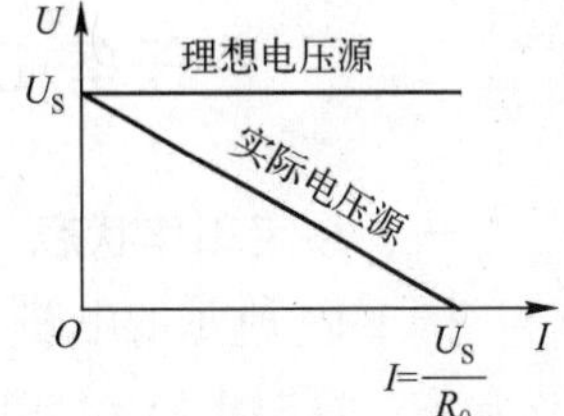

图1-15 电压源外特性曲线

图中斜线与纵坐标轴的交点为负载开路时电源的端电压（电压源的最高端电压），即 $I=0$，$U=U_0=U_S$。而与横坐标轴的交点则是电源短路时的最大电流 I_S，即 $U=0$，$I_S=U_S/R_0$。

三、电流源

1. 理想电流源——恒流源

当一个电源的内阻为无穷大时，其输出电流与负载的变化无关，为常数，则这个电源称为理想电流源，用 I_S 表示，其外特性曲线是一条与 U 轴平行的直线。常用的光电池与一些电子器件构成的稳流器，可以认为是理想的电流源。

2. 电流源

理想电流源实际上并不存在。对于一个实际的电源，也可以用一个理想的电流源与内阻并联的电路模型——电流源来替代，其外特性曲线如图1-16所示。由式（1-15）得直流电流源的外特性为

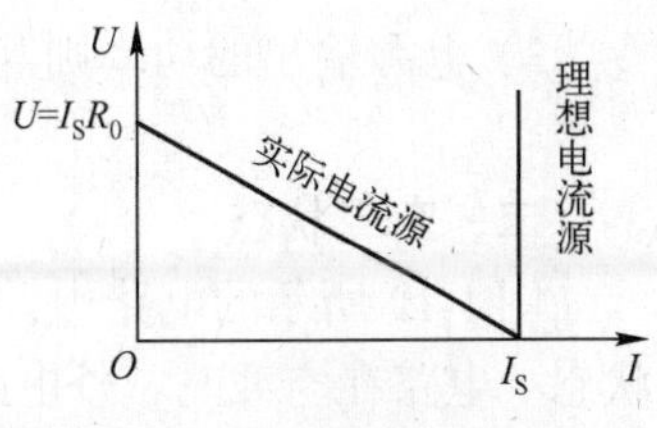

图1-16 电流源外特性曲线

$$I=\frac{U_S}{R_0}-\frac{U}{R_0}=I_S-\frac{U}{R_0} \tag{1-16}$$

图中斜线与纵坐标轴的交点表示负载开路时，$I=0$，$U=U_0=R_0I_S=U_S$；斜线与横坐标轴的交点则是电流源短路时，$U=0$，$I=I_S$。

四、电感元件

电感元件是一种能够储存磁场能量的元件，是实际电感器的理想化模型。电感元件的电路符号如图1-17所示。

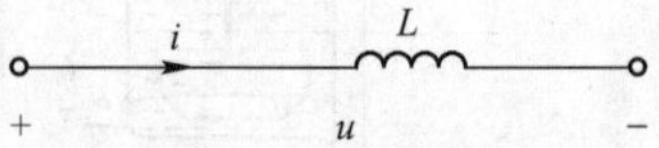

图1-17　电感元件的电路符号

电感元件的伏安特性可用 $u=L\frac{\mathrm{d}i}{\mathrm{d}t}$ 表示。只有电感上的电流变化时，电感两端才有电压。在直流电路中，电感上即使有电流通过，但 $u=0$，相当于短路。L 称为电感元件的电感，单位是亨（H），存储能量为 $W_L=\frac{1}{2}Li^2$。

五、电容元件

电容元件是一种能够储存电场能量的元件，是实际电容器的理想化模型。电容元件的电路符号如图1-18所示。

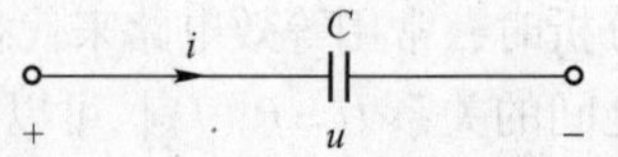

图1-18　电容元件的电路符号

电容元件的伏安特性可用 $i=C\frac{\mathrm{d}u}{\mathrm{d}t}$ 表示。只有电容上的电压变化时，电容两端才有电流。在直流电路中，电容上即使有电压，但 $i=0$，相当于开路，即电容具有隔直作用。C 称为电容元件的电容，单位是F，存储能量为 $W_C=\frac{1}{2}Cu^2$。

任务1.3　检修汽车短路、断路与高电阻故障

一、额定工作状态

图1-19所示的电路中，如果开关闭合，电源则向负载 R_L 提供电流，负载 R_L 处于额定工作状态，这时电路有如下特征：

1）电路中的电流为

$$I=\frac{U_S}{R_0+R_L} \tag{1-17}$$

式中，当 U_S 与 R_0 一定时，I 的值取决于 R_L 的大小。

2）电源的端电压等于负载两端的电压（忽略线路上的电压降），为

$$U=U_S-R_0I \tag{1-18}$$

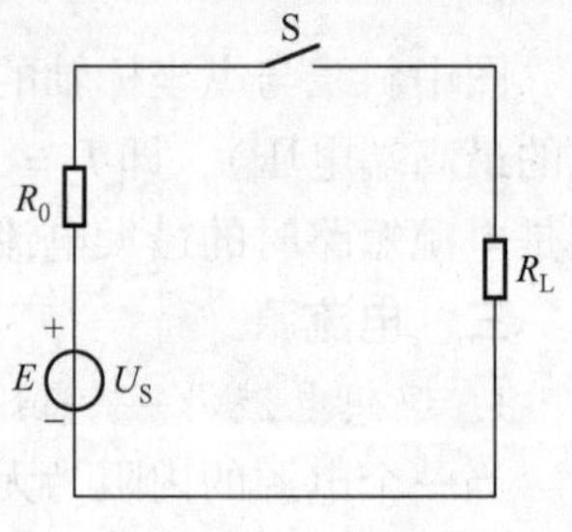

图1-19　电路的有载与空载

3）电源输出的功率则等于负载所消耗的功率（不计线路上的损失），为

$$P=UI=(U_S-R_0I)I=U_SI-R_0I^2 \tag{1-19}$$

二、空载状态

图1-19所示的电路中，若开关断开或连接导线断路，则电路处于开路状态，称为空载状态。电路在空载时，外电路的电阻可视为无穷大。因此电路具有下列特征：

1）电路中的电流为零，即

$$I = 0 \tag{1-20}$$

2）电源的端电压为开路电压 U_0，并且有

$$U = U_0 = U_S - R_0 I = U_S \tag{1-21}$$

3）电源对外电路不输出电流，因此有

$$P = 0 \tag{1-22}$$

三、短路状态

图 1-19 所示的电路中，电源的两输出端线，因绝缘损坏或操作不当，导致两端线相接触，电源被直接短路，称为短路状态。

当电源被短路时，外电路的电阻可视为零，这时电路具有如下特征：

1）电源中的电流最大，但对外电路的输出电流接近为零，即

$$I = I_S = \frac{U_S}{R_0} \tag{1-23}$$

式中 I_S称为短路电流。因为一般电源的内阻 R_0很小，所以 I_S很大。

2）电源和负载的端电压均为零，即

$$U = 0 \tag{1-24}$$

式（1-24）表明，电源的恒定电压全部降落在内阻上，两者的大小相等，方向相反，因此无输出电压。

3）电源输出的功率全部消耗在内阻上，因此，电源的输出功率和负载所消耗的功率均为零，即

$$P = 0 \tag{1-25}$$

$$P_S = \frac{U_S^2}{R_0} = R_0 I_S^2 \tag{1-26}$$

四、汽车电路的特点

1）低压：汽车电气系统的额定电压，主要有 12V 和 24V 两种。

2）直流：汽车电源由蓄电池及发电机供电，为直流电路。

3）单线制：为节省导线和便于安装、维修，汽车上电源和用电器之间只用一根导线连接，另一根导线由发动机、车架等金属机体代替而构成回路。这种方式称为单线制。

4）负极搭铁：采用单线制时，电源的一端必须可靠地接到车架上，称为“搭铁”。按电源搭铁的极性，可分为正极搭铁和负极搭铁。由于负极搭铁对车架或车身的化学腐蚀较轻，无线电干扰较小，所以大多数国家包括我国的汽车都采用负极搭铁。

五、汽车电路中的短路、断路与高电阻

1. 短路

（1）接地短路　接地短路是指电路未经过负载提前接地的一种故障现象。大部分接地短路故障是由于导线或电路元件的绝缘层破裂，并且接地造成的。如图 1-20 所示，开关和灯泡之间的导线绝缘层破损导致接地短路，电流没有通过灯泡而直接返回接地端，会导致灯泡不亮，电路中的电流升高，熔丝或其他电路保护装置断开。如果电路没有保护装置，还会引起线路或其他部件烧毁。

图 1-21 所示是另一种形式的接地短路故障。电路在灯泡和开关之前接地，会导致灯泡不亮并且开关无法控制电路，熔丝也会马上烧断。如果没有电路保护装置，还有可能会烧毁

电源。若出现这种情况，即使更换了熔丝，接通电路后，仍然会再次烧断熔丝。

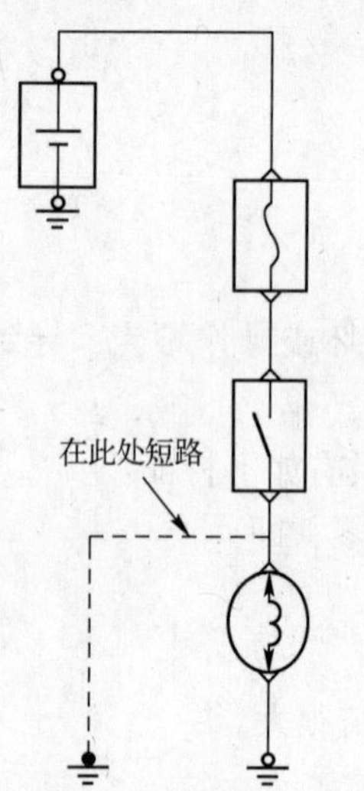

图 1-20 接地短路（从控制开关后面短路）

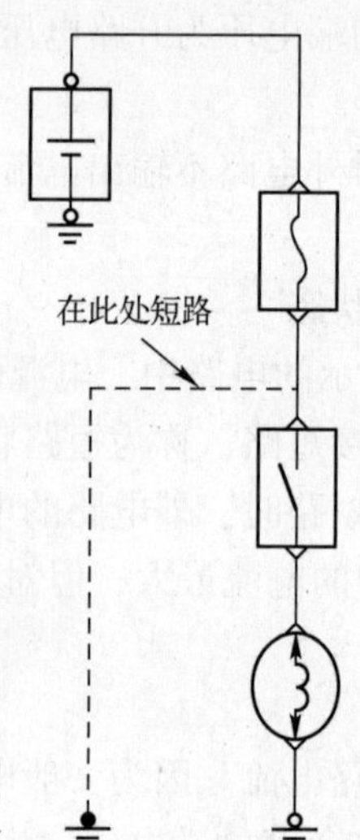

图 1-21 接地短路（从控制开关前面短路）

（2）电源短路 在汽车电路故障中，还有一种短路形式是与电源短路，通常是一个电路的两个独立分支因导线绝缘层破损而相互连接，如图 1-22 和图 1-23 所示。

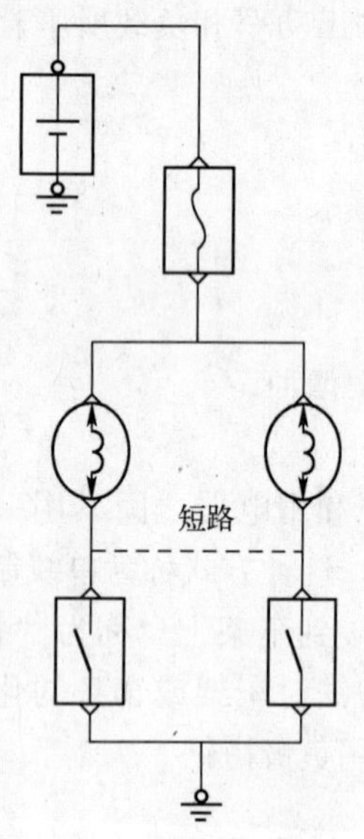

图 1-22 与电源短路故障 1

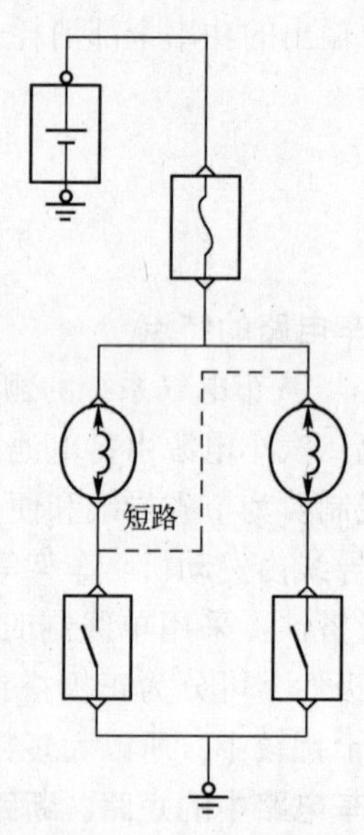

图 1-23 与电源短路故障 2

电源短路一般会导致电路不能正常工作或者反应异常甚至烧毁。如图 1-22 所示，两个独立的支路在开关前面短路，会使两个电路都不能单独控制，任何一个开关都可以同时控制这两个电路。如图 1-23 所示，一个电路灯泡前面的导线和一个电路灯泡和开关之间的导线短接，这样会造成右边的电路失效，而左边的电路正常。所以遇到短路故障，要具体情况具体分析，不能一概而论，要根据故障的详细情况，参照电路图并利用检测工具正确判断。

2. 断路

断路是一种不连续的、有中断的电路故障。电气部件接触不良就是一种轻微的断路现象。电路中的任何一部分出现问题都有可能导致断路，比如导线断裂、电路部件烧毁、接头松动等。

（1）串联电路中的断路故障　如图1-24所示，一个串联电路中出现断路故障，这会导致整个电路都不导通。在汽车电路发生断路故障时，通常用试灯或万用表（直流电压档）去寻找电路的断路点。方法是：将试灯一端（或电压表负表笔）接在电源负极，另一端依次触及电路接线点a、b、c、d。如果灯亮，说明此接线点至电源正极间无断路；如果灯不亮，说明此接线点与前一接线点间有断路。用这种办法逐步缩小查找范围，直至找到断路点。

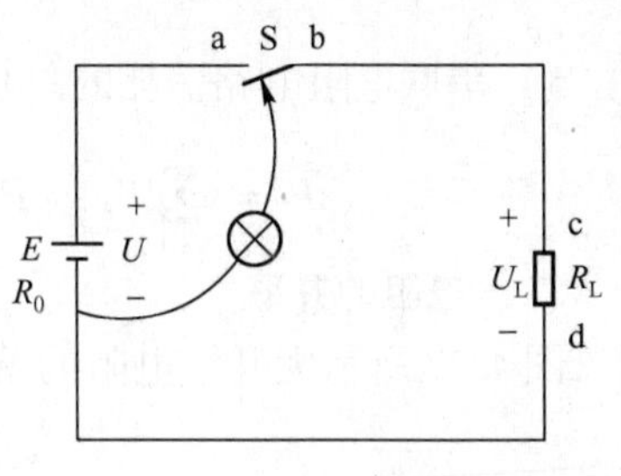

图1-24　串联电路断路

（2）并联电路中的断路故障　在并联电路中出现断路故障比较复杂，如图1-25所示。如果在并联电路的主电路或接地电路中出现断路，则结果和串联电路中出现断路是一样的，整个电路都会失效。如果在并联电路的某个支路中出现断路，则只有这个出现断路的支路受到影响，其他支路还可以正常导通。

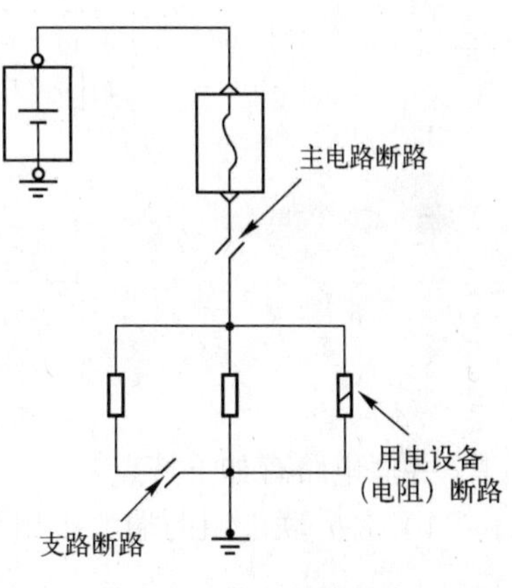

图1-25　并联电路断路

3. 高电阻

高电阻现象在汽车电路中经常出现，高电阻会引起整个电路或某个器件断断续续地导通，或者电路中电流过低。例如灯泡闪烁或者亮度降低，就有可能是高电阻引起的。电路连接不好、松动或者接头不干净都有可能引起高电阻问题。

由于汽车的工作环境比较恶劣，比如高速、高温、寒冷、颠簸、腐蚀等都会引起电路故障。所以在日常行车过程中要经常检查和保养电气系统。如果发现电气部件有异常或导线破裂、扭结、松动等，一定要及时检修。

任务1.4　检测汽车串、并联电路

一、电阻的串联

图1-26所示为几个电阻依次连接，当中无分支电路的串联电路。串联电路的特点如下：

1）流过各电阻中的电流相等，即

$$I = I_1 = I_2 \tag{1-27}$$

2）电路的总电压等于各电阻两端的电压之和，即

$$U = U_1 + U_2 \tag{1-28}$$

由此可得，电路取用的总功率等于各电阻取用的功率之和，即

$$IU = IU_1 + IU_2 \tag{1-29}$$

3）电路的总电阻等于各电阻之和，即

$$R = R_1 + R_2 \tag{1-30}$$

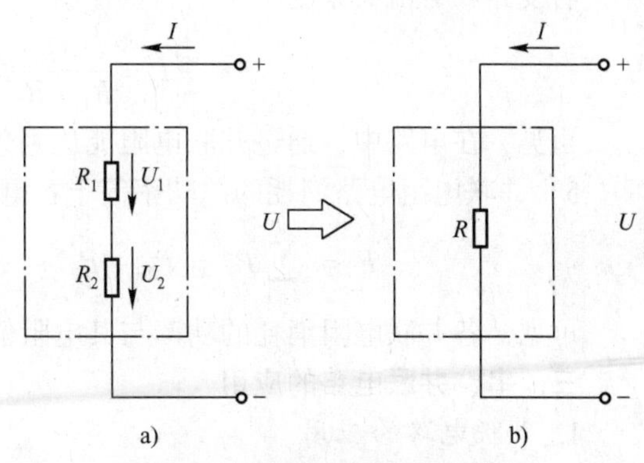

图1-26　电阻串联及其等效电阻

4）电路中每个电阻的端电压与电阻值成正比，即

$$U_1 = \frac{R_1}{R}U \quad U_2 = \frac{R_2}{R}U \tag{1-31}$$

5）串联电阻电路消耗的总功率 P 等于各串联电阻消耗的功率之和，即

$$P = \sum_{i=1}^{n} P_i = P_1 + P_2 + \cdots + P_n = I^2R_1 + I^2R_2 + \cdots + I^2R_n \tag{1-32}$$

二、电阻的并联

图 1-27 所示为几个电阻的首尾分别连接在电路中相同的两点之间的并联电路。

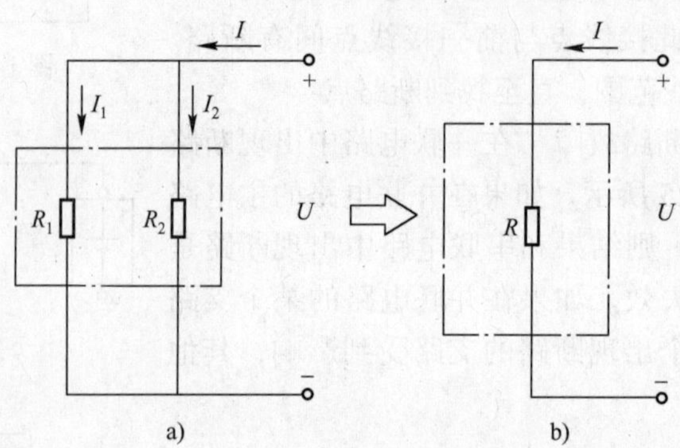

图 1-27 电阻并联及其等效电阻

并联电路有如下特点：

1）各并联电阻的端电压相等，且等于电路两端的电压，即

$$U = U_1 = U_2 \tag{1-33}$$

2）并联电路中的总电流等于各电阻中流过的电流之和，即

$$I = I_1 + I_2 \tag{1-34}$$

3）并联电路的总电阻的倒数等于各并联电阻的倒数之和，即

$$\frac{1}{R} = \frac{1}{R_1} + \frac{1}{R_2}$$

即

$$R = \frac{R_1R_2}{R_1 + R_2} \tag{1-35}$$

4）并联电路中，流过各电阻的电流与其电阻值成反比，阻值越大的电阻分到的电流越小，各支路的分流关系为

$$I_1 = \frac{R_2}{R_1 + R_2}I \quad I_2 = \frac{R_1}{R_1 + R_2}I \tag{1-36}$$

可见，在电路中，通过并联电阻能达到分流的目的。

5）并联电阻电路消耗的总功率等于各电阻上消耗的功率之和，即

$$P = \sum_{i=1}^{n} P_i = P_1 + P_2 + \cdots + P_n = \frac{U^2}{R_1} + \frac{U^2}{R_2} + \cdots + \frac{U^2}{R_n} \tag{1-37}$$

可见，各并联电阻消耗的功率与其电阻值成反比。

三、串、并联电路的应用

1. 串联电路的应用

（1）用于降压　当某一用电器的额定电压低于电源电压时，可在电路上串联一个适当

电阻（降压电阻），根据串联电路的分压作用特点，使用电器分得的电压为额定电压。注意：与负载相串联的电阻，实际电功率不应超过它的额定功率。例如：电压表为扩大量程需用电阻与表头串联，串联电阻起降压作用。

（2）用电位器改变输出电压　汽车电路系统中许多传感器是用电位器的分压工作原理制成的。节气门位置传感器电路图如图1-28所示，电位器A和B接电源正负极，滑动触点O和固定端B为输出电压。当滑动触点在外力作用下滑动时，改变了两部分电阻的比例关系，从而得到不同的输出电压。当滑动触点从节气门关闭状态移动到节气门完全打开状态时，VTA输出电压从最小值线性变为最大值。

（3）用来控制负载电流　负载的工作状况与电流大小有直接关系，如直流电动机的转速与电流大小有关。鼓风机电动机用于促使车内冷气、暖气、除霜和通风的气流流动。采用的电动机通常为永磁式单速电动机，大多数均安装在暖风机总成内。鼓风机开关位于仪表板上，开关通过控制调速电阻来控制电动机转速，鼓风机电动机工作电路图如图1-29所示。

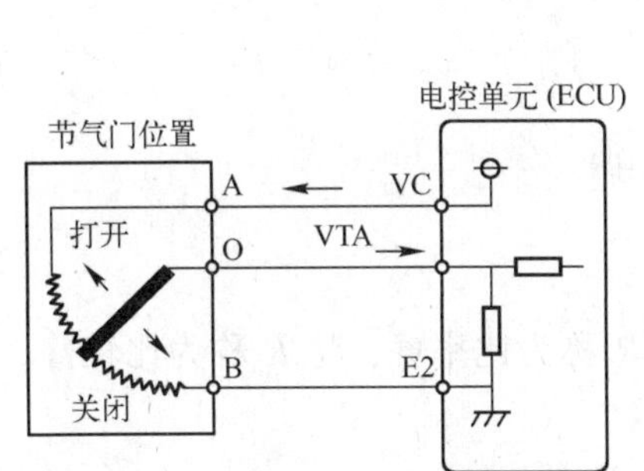

图1-28　节气门位置传感器电路图

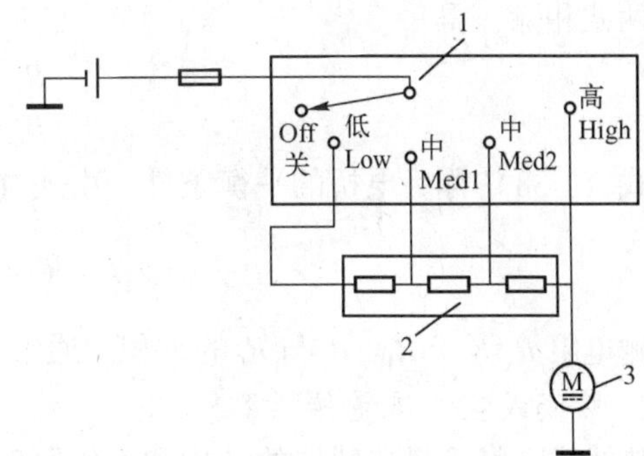

图1-29　鼓风机电动机工作电路图

1—鼓风机开关　2—调速电阻总成　3—鼓风机电动机

鼓风机电动机的工作原理：当鼓风机开关置于低速（Low）、中速1（Med1）、中速2（Med2）或高速（High）档时，电路中所串联的电阻值越来越小。电阻值的变化，改变了鼓风机电动机的工作电压。由于鼓风机电动机是单速电动机，工作电流越大，转速越高。所以，串联的电阻越小，鼓风机电动机的工作电流越大，转速越高。

2. 并联电路的应用

1）工作电压相同的负载都是采用并联接法。对于供电线路中的负载，一般都采用并联接法，负载并联时各负载自成一个支路，如果供电电压一定，各负载工作时相互不影响，某个支路电阻值的改变，只会使本支路和供电线路的电流变化，而不影响其他支路。例如汽车上的用电器，如扬声器、照明灯、电动机等都是并联接在直流电源上，各个电器能单独工作、互不影响。

2）利用电阻的并联来降低电阻值，例如将两个1000Ω的电阻并联使用，其电阻值则为500Ω。

3）在电工测量中，常用并联电阻的方法来扩大电流表量程。

四、惠斯顿电桥电路

1. 惠斯顿电桥电路的工作原理

惠斯顿电桥电路的工作原理如图1-30所示。标准电阻R_0、R_1、R_2和待测电阻R_x连成四边形，每一条边称为电桥的一个臂。在对角A和C之间接电源E，在对角B和D之间接检流计 G。因此电桥由 4 个臂、电源和检流计三部分组成。当开关 S_E 和 S_G 接通后，各条支路中均有电流通过，检流计支路起了沟通 ABC 和 ADC 两条支路的作用，好像一座“桥”一样，故称为“电桥”。适当调节 R_0、R_1 和 R_2 的大小，可以使桥上没有电流通过，即通过检流计的电流 $I_G=0$，这时，B、D 两点的电势相等。电桥的这种状态称为平衡状态。这时 A、B 之间的电势差等于 A、D 之间的电势差，B、C 之间的电势差等于 D、C 之间的电势差。设 ABC 支路和 ADC 支路中的电流分别为 I_1 和 I_2，由欧姆定律得

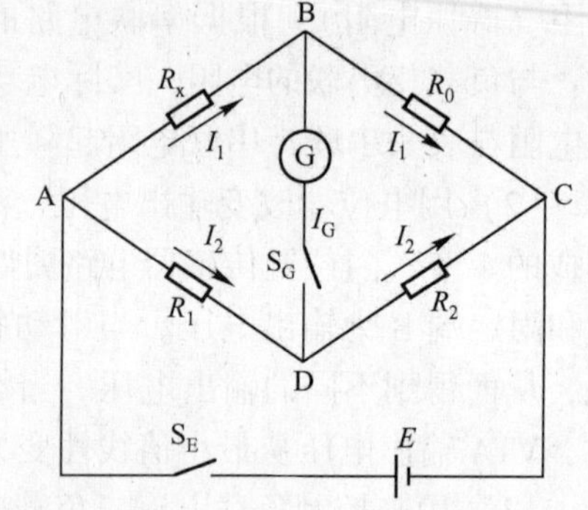

图 1-30 惠斯顿电桥电路的工作原理图

$$I_1R_x = I_2R_1$$
$$I_1R_0 = I_2R_2$$

两式相除，得

$$\frac{R_x}{R_0}=\frac{R_1}{R_2} \tag{1-38}$$

式（1-38）称为电桥的平衡条件。由式（1-38）得

$$R_x=\frac{R_1}{R_2}R_0 \tag{1-39}$$

即待测电阻 R_x 等于 R_1/R_2 与 R_0 的乘积。通常将 R_1/R_2 称为比率臂，将 R_0 称为比较臂。

2. 热线式空气流量传感器

热线式空气流量传感器的结构和工作原理如图 1-31 所示。

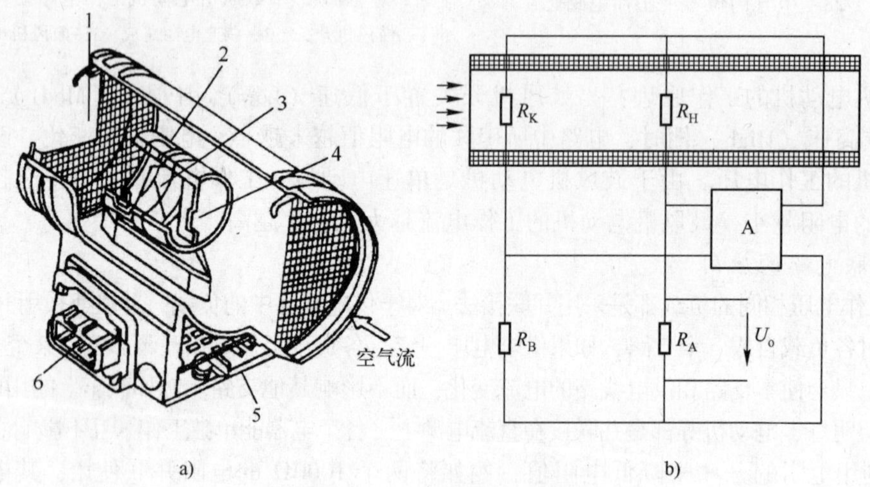

图 1-31 热线式空气流量传感器的结构和工作原理

a）结构 b）工作原理

1—防护网 2—取样管 3—白金热线 4—温度补偿电阻 5—控制电路板 6—电接头

热线式空气流量传感器的基本构成是感知空气流量的白金热线，在进气管内有一小管，小管中架有一根极细的铂丝（直径约为 0.07mm），铂丝被电流加热至 120℃左右（故称为

白金热线)。在传感器内部电路中，热线是惠斯顿电桥电路的一个臂 R_H，由于进气温度的变化也会使热线温度发生变化，影响进气量的测量精度，因此，在靠近热线的地方另外装有一根温度补偿电阻丝 R_K（也称冷线)，其电阻随着进气温度的不同而发生变化，起到一个参照标准的作用，在工作中，放大器使热线温度始终高于冷线温度 100℃。

根据进气温度进行修正的功率放大器控制供给电桥 4 个臂的电流。R_B是高阻抗的电阻，使电桥保持平衡。当空气通过传感器时，热线变冷，R_H变小，使电桥失去平衡，此时放大器会自动增加供给热线的电流，使热线恢复原来的温度和电阻值，直至电桥恢复平衡。放大器所增加的电流取决于热线被冷却的程度，也就是取决于流过传感器的空气流量。由于电流的增加，精密电阻 R_A的电压降也增加，这就将电流的变化转换为电压的变化。这一信号输入电控单元 ECU，用来指示流过传感器的空气量。

任务 1.5　认知直流电路的基本定律

一、电路结构的基本名词

计算复杂电路主要依据欧姆定律和基尔霍夫定律，这两条定律既适用于直流电路，又适用于交流电路和含有电子元器件的非线性电路，因而是分析并计算电路的基本定律。如图 1-32 所示，在复杂电路中，包括多个电源和多个元件，因而不能直接用欧姆定律来求解。

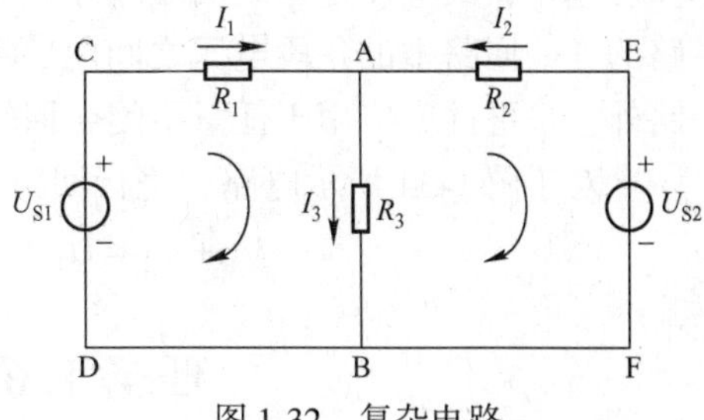

图 1-32　复杂电路

为了研究复杂电路，必须先明确几个概念，它们是支路、节点、回路和网孔。

支路：由一个或几个元件首尾相接构成的无分支电路叫支路。在同一支路内，流过所有元件的电流相等。在图 1-32 中，U_{S1}和 R_1构成一条支路，U_{S2}和 R_2构成一条支路，R_3构成另外一条支路。

节点：三条以上支路的交汇点称为节点，在图 1-32 中，A、B 两点均为节点。

回路：电路中的任一闭合路径叫回路，一个回路可能只含有一条支路，也可能包含几条支路。在图 1-32 中，ABFEA、EFDCE、ABDCA 都是回路。

网孔：回路内部不含有支路的最简单的回路叫网孔。如 ABFEA、ABDCA 是网孔，EFDCE 不是网孔。

在中学我们学习了欧姆定律，但稍微复杂的电路就必须使用另一个定律：基尔霍夫定律。基尔霍夫定律的制订人是科学家基尔霍夫（1824—1887)，它可以用来求解复杂的电路网络。

二、基尔霍夫电流定律（KCL)

基尔霍夫电流定律的基本内容为在任一瞬间，流入任一节点的电流之和恒等于流出这个节点的电流之和，即

$$\sum I_{\text{入}} = \sum I_{\text{出}} \tag{1-40}$$

或者说，在任一瞬间，一个节点上电流的代数和为 0。

即

$$\sum I = 0 \tag{1-41}$$

基尔霍夫电流定律的依据：电流的连续性。

在任一瞬时，一个节点上电流的代数和为零。一般规定正方向为：流入节点的电流取正号，流出节点的电流取负号。KCL 不仅适用于节点，还可推广应用于电路中任意假定的闭合曲面，即任一瞬间，通过任一闭合曲面的电流的代数和也恒等于零。

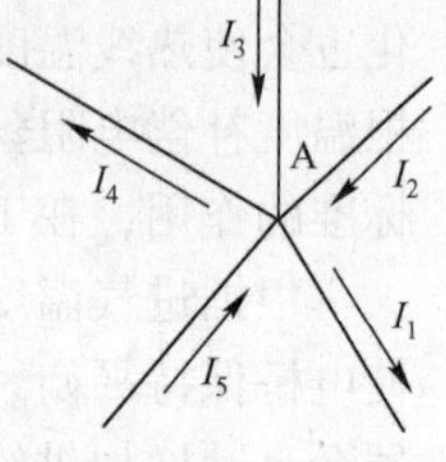

对于图 1-33 所示电路中的节点 A，I_2、I_3、I_5为流入节点电流，I_1、I_4为流出节点电流，根据基尔霍夫电流定律可得出

$$I_2 + I_3 + I_5 = I_1 + I_4 \qquad (1\text{-}42)$$

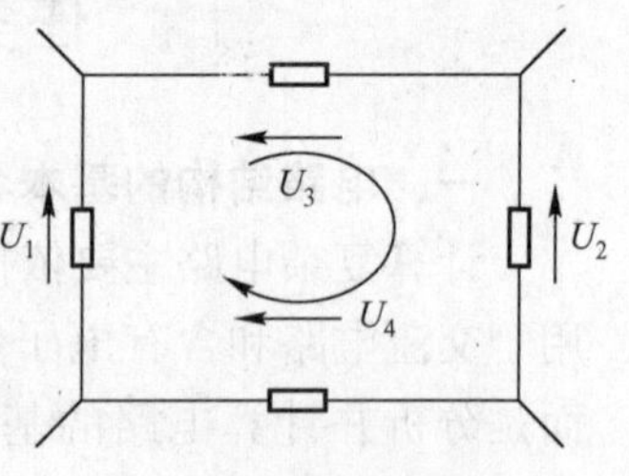

图 1-33 基尔霍夫电流定律示意图

三、基尔霍夫电压定律（KVL）

基尔霍夫电压定律的基本内容为在任一瞬间，沿回路绕行一周，电压升的总和等于电压降的总和，即

$$\sum U_{升} = \sum U_{降} \qquad (1\text{-}43)$$

或者说，各电压的代数和为 0，即

$$\sum U = 0 \qquad (1\text{-}44)$$

基尔霍夫电压定律又叫做基尔霍夫第二定律，它反映了电路的任一回路中的各段电压之间的关系。KVL 除了用于闭合回路外，也可推广应用于任意不闭合回路。

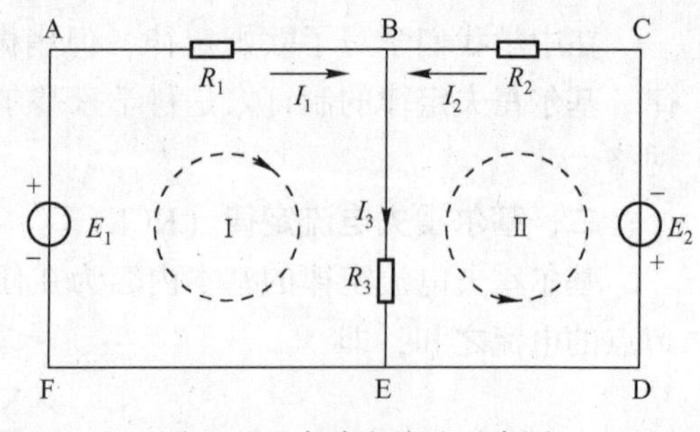

图 1-34 基尔霍夫电压定律示意图

对于图 1-34 所示电路，绕行回路一周有

$$U_3 + U_2 = U_1 + U_4 \qquad (1\text{-}45)$$

任务 1.6 分析复杂直流电路

一、支路电流法

支路电流法是以支路电流为求解对象，应用基尔霍夫电流定律和电压定律对节点和回路列出所需的方程，通过解方程组来求解支路电流的方法。

解题步骤：

下面以图 1-35 所示电路为例，说明支路电流法的解题步骤。

1）选择各支路电流的参考方向。在图 1-35 中，选取支路电流 I_1、I_2、I_3的参考方向如图所示，电流的实际方向由计算结果确定，计算结果为正，说明选取的参考方向与电流的实际方向一致，反之则相反。

2）根据节点数列出独立的节点电流方程式。图 1-35 中有 B、E 两个节点，利用 KCL 列出节点电流方程式。

图 1-35 支路电流法示意图

对节点 B 列方程，即

$$I_3 - I_1 - I_2 = 0$$

对节点 E 列方程，即

$$I_1 + I_2 - I_3 = 0$$

一般来说，电路中独立的节点电流方程式的个数比节点数少一个，两个节点只能列出一个独立的节点电流方程式。两个方程式是相同的，说明只有一个独立的方程式。

3）根据自然网孔，利用 KVL 列出回路电压方程式。图 1-35 中的电路有两个网孔 I 和 II，利用 KVL 列出电压方程式。

对网孔 I 列电压方程，即

$$E_1 = R_1I_1 + R_3I_3$$

对网孔 II 列电压方程，即

$$E_2 = -R_2I_2 - R_3I_3$$

4）联立方程组，求出各未知量。

【例 1-1】　在图 1-35 所示电路中，已知电源电动势 $E_1=12\text{V}$，内阻 $R_1=2\Omega$；电源电动势 $E_2=2\text{V}$，内阻 $R_2=4\Omega$；负载电阻 $R_3=6\Omega$。求各支路电流 I_1、I_2和 I_3。

解：要求出三个未知支路电流，需列出三个彼此独立的方程式。图中的电流方向都是假设的参考方向。

对于节点 B，应用 KCL，列出电流方程，即

$$I_3 - I_1 - I_2 = 0 \tag{1-46}$$

对于回路 ABEFA，应用 KVL，列出回路电压方程，即

$$E_1 = R_1I_1 + R_3I_3 \tag{1-47}$$

对于回路 BCDEB，应用 KVL，列出回路电压方程，即

$$E_2 = -R_2I_2 - R_3I_3 \tag{1-48}$$

将已知数据代入式（1-46）、式（1-47）、式（1-48）得方程组为

$$\begin{cases} I_3 - I_1 - I_2 = 0 \\ 12\text{A} = 2I_1 + 6I_3 \\ 2\text{A} = -4I_2 - 6I_3 \end{cases}$$

解联立方程式，得

$$I_1 = 3\text{A} \quad I_2 = -2\text{A} \quad I_3 = 1\text{A}$$

从计算结果看，电流 $I_2=-2\text{A}$，负号表示 I_2的实际方向与图上所标方向相反，I_1、I_3为正值，说明电流的实际方向与所设参考方向一致。

二、戴维南定理

1. 二端网络的概念

具有两个出线端的网络称为二端网络，如图 1-36 所示。含有独立电源的二端网络称为有源二端网络，如图 1-37 所示；否则称为无源二端网络。

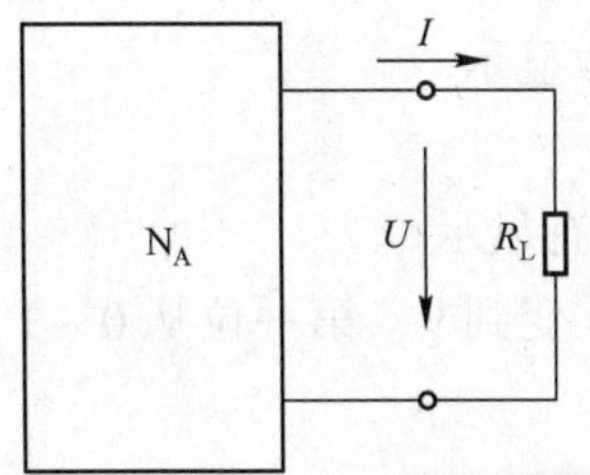

图 1-36　二端网络

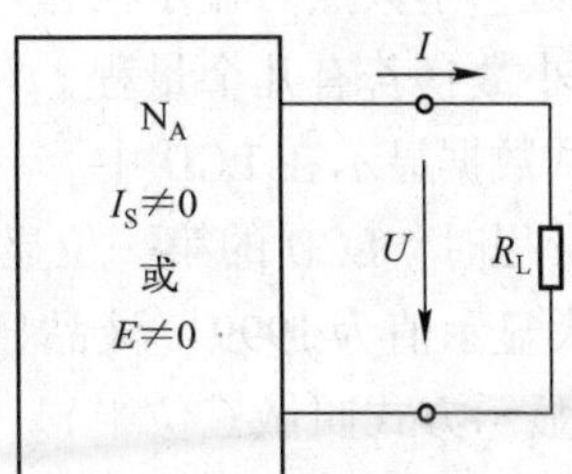

图 1-37　有源二端网络

在有源二端网络中令所有独立电源为零得到的无源网络称为该有源二端网络对应的无源二端网络。当有源二端网络外接电阻 R_L时，它向该电阻提供电流和电压，所以，该有源二端网络相当于一个电源，可以用一个电源来代替这个有源二端网络。这种代替就是等效电源定理的基本思想，如果将有源二端网络用电压源代替即下面所讲的戴维南定理。

2. 戴维南定理

任何一个有源二端线性网络都可以用一个电动势为 E 的理想电压源 U_S 和内阻 R_0串联的电源来等效代替，如图 1-38 所示。

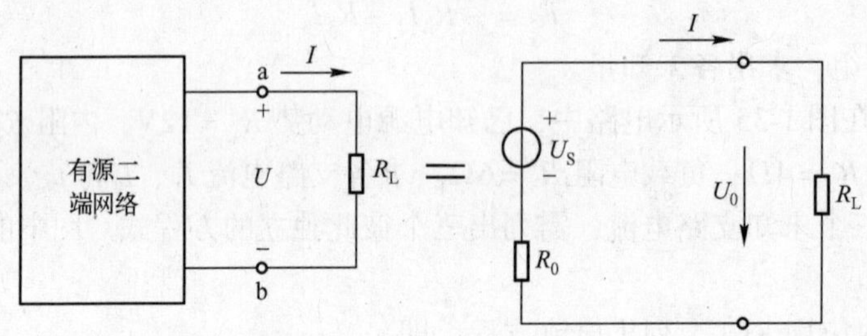

图 1-38 戴维南定理等效电源

等效电源的电动势 E 就是有源二端网络的开路电压 U_0，即将负载断开后 a 、b 两端之间的电压。

等效电源的内阻 R_0等于有源二端网络中所有电源均除去（理想电压源短路，理想电流源开路）后所得到的无源二端网络 a 、b 两端之间的等效电阻。

任务 1.7 使用汽车电工电子常用维修仪器

一、数字式万用表的使用

1. 概述

DT92 型数字式万用表如图 1-39 所示，以大规模集成电路、双积分 A-D（模-数）转换器为核心，配以全功能过载保护电路，可用来测量直流和交流电压、电流、电阻、电容、二极管、晶体管、温度、频率、电路通断等。

2. 特点

1）功能选择具有 32 个量程，量程与 LCD 有一定的对应关系：选择一个量程，如果量程是一位数，则 LCD 上显示一位整数，小数点后显示三位小数；如果是两位数，则 LCD 上显示两位整数，小数点后显示两位小数；如果是三位数，则 LCD 上显示三位整数，小数点后显示一位小数；若有几个量程，对应的 LCD 没有小数显示。

2）测试数据显示在 LCD 中。

3）过量程时，LCD 的第一位显示“1”，其他位没有显示。

4）最大显示值为 1999（液晶显示的后三位可从 0 变到 9，第一位从 0 ~1 只有两种状态，这样的显示方式叫做三位半）。

5）全量程过载保护。

6）工作温度：0 ~40℃，储存温度：－10 ~50℃。

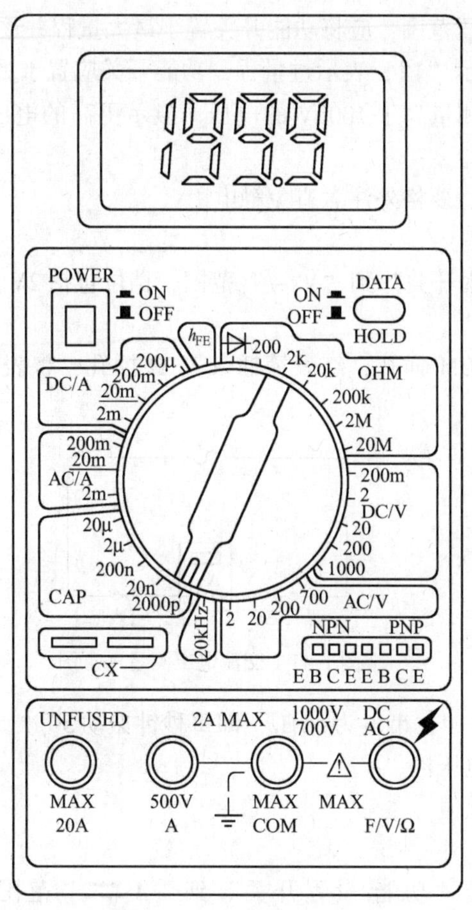

图 1-39　DT92 型数字式万用表

7）电池不足指示：LCD 液晶屏左下方显示。

3. 操作方法

（1）直流电压测量

1）旋转“功能/量程开关”到“V ⎓”档位范围，档位包括 200mV、2V、20V、200V 和 1000V 五个，选择适合的量程。

2）将黑表笔插入 COM 插孔，红表笔插入 V/Ω 插孔。将表笔并联到被测电压源或负载两端，如图 1-40 所示，仪表在显示电压读数的同时会指示出红表笔一端的极性。

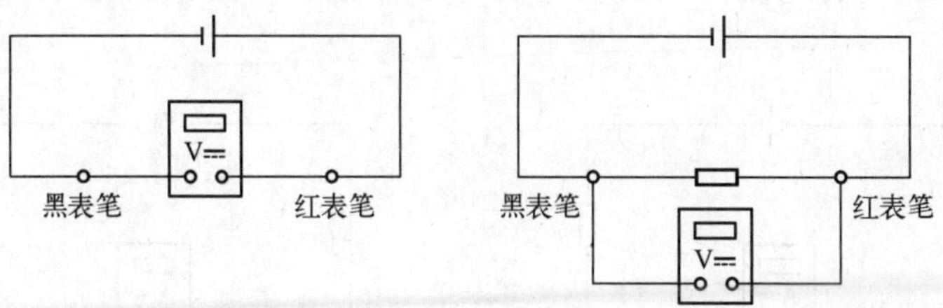

图 1-40　直流电压测量示意图

注意：

① 如果不知被测电压范围，应将功能开关置于最大量程并逐渐下降。

② 如果显示器只显示“1”，表示过量程，功能开关应置于更高量程。

③“⚠”表示不要测量高于1000V的电压，显示更高的电压值是可能的，但有损坏内部电路的危险。

④ 当测量高电压时，要格外注意避免触电。

（2）交流电压测量

1）旋转“功能/量程开关”到“V ~”范围，档位包括2V、20V、200V和750V四个，选择适合的量程。

2）将黑表笔插入COM插孔，红表笔插入V/Ω插孔，将表笔并联到被测电压源两端，如图1-41所示。

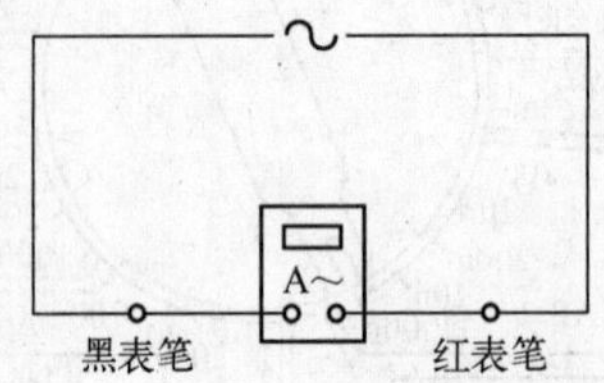

图1-41 交流电压测量示意图

频率范围：40~400Hz，市电为50Hz，即每秒钟振动50次。

过载保护：同直流电压档。

显示：交流电的有效值。

（3）直流电流测量

1）拔出表笔，旋转“功能/量程开关”到“A ⎓”范围，档位包括2mA、20mA、200mA和20A四个，选择适合的量程。

2）将黑表笔插入COM插孔，当测量最大值为200mA的电流时，红表笔插入mA插孔，当测量最大值为20A的电流时，红表笔插入20A插孔。将表笔串入被测电流源，如图1-42所示，仪表显示电流读数的同时会指示出红表笔一端的极性。

（4）交流电流测量

1）拔出表笔，旋转“功能/量程开关”到“A ~”范围，档位包括2mA、200mA和20A三个，选择适合的量程。

2）将黑表笔插入COM插孔，当测量最大值为200mA的电流时，红表笔插入mA插孔，当测量最大值为20A的电流时，红表笔插入20A插孔。测试表笔串入被测电流源，如图1-43所示。

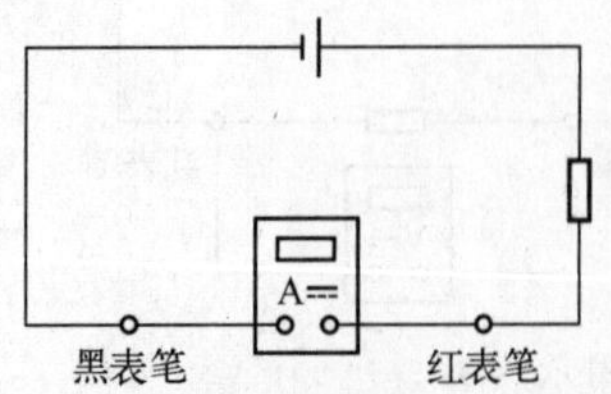

图1-42 直流电流测量示意图

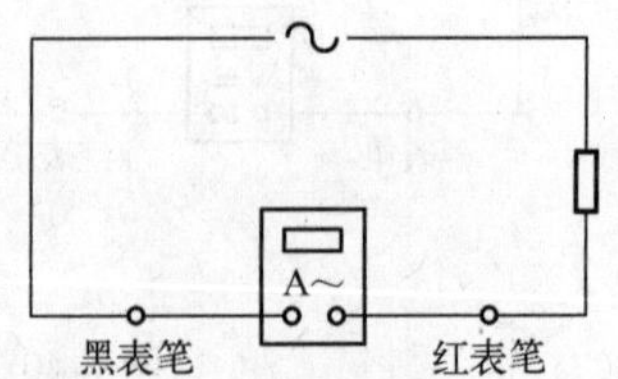

图1-43 交流电流测量示意图

频率范围：所测交流电的频率范围限于40～400Hz，市电为50Hz。

显示：交流电的有效值。

（5）电阻测量

1）拔出表笔，旋转“功能/量程开关”到“Ω”范围，档位包括200Ω、2kΩ、20kΩ、200kΩ、2MΩ、20MΩ和200MΩ七个，选择适合的量程。

2）将黑表笔插入COM插孔，红表笔插入显露的V/Ω插孔（红表笔为测量电路的“+”极），将测试表笔并联到被测电阻两端，如图1-44所示。

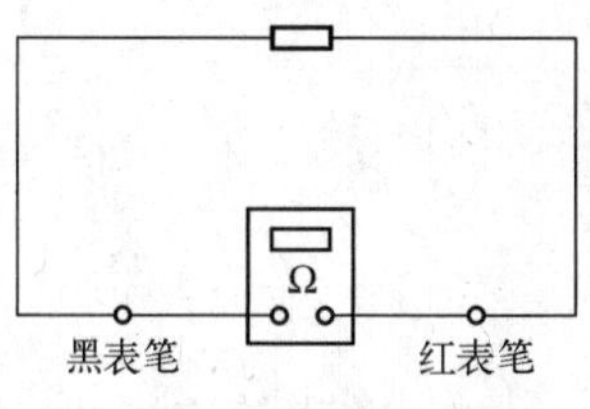

图1-44 电阻测量示意图

注意：

① 如果被测电阻值超出所选择量程的最大值，将显示过量程“1”，应选择更高的量程，对于大于1MΩ或更高的电阻，要几秒钟后读数才能稳定，这是正常的。

② 当没有连接好时，例如开路情况，仪表显示为“1”。

③ 当检查被测电路的阻抗时，要保证移开被测电路中的所有电源，所有电容放电。被测电路中，如有电源和储能元件，会影响电路阻抗测试的正确性。

④ 万用表的200MΩ档位，短路时有10个字，测量一个电阻时，应从测量读数中减去这10个字。如测一个电阻时，显示为101.0，应从101.0中减去10个字。被测元件的实际阻值为100.0即100MΩ。

（6）电容测量

1）旋转“功能/量程开关”到“F”范围，档位包括200μF、20μF、2μF、200nF和20nF五个，选择适合的量程。

2）将电容器插入电容测试座中。

注意：

① 仪器本身已对电容档设置了保护，故在电容测试过程中不用考虑极性及电容充放电等情况。

② 测量电容时，将电容插入专用的电容测试座中（不要插入表笔插孔COM、V/Ω）。

③ 测量大电容时稳定读数需要一定的时间。

④ 电容的单位换算：$1\mu F = 10^6 pF$，$1\mu F = 10^3 nF$。

（7）频率测量

1）旋转“功能/量程开关”到“Hz”档。

2）将黑表笔插入COM插孔，红表笔插入V/Ω插孔；并将测试笔连接到频率源上，可直接从显示器上读取频率值。

（8）温度测量

测量温度时，将热电偶传感器的冷端（自由端）插入温度测试座中，热电偶的工作端（测温端）置于待测物上面或内部，可直接从显示器上读取温度值，读数为摄氏度（℃），传感器的冷端（自由端）不要插入表笔插孔COM、V/Ω。

（9）二极管测试及蜂鸣器的连接性测试

1）将黑表笔插入COM插孔，红表笔插入V/Ω插孔（红表笔极性为“+”）。将功能开关置于“—▷|—♪”档、并将表笔连接到待测二极管，读数为二极管正向电压降的近似

值，如图 1-45 所示。

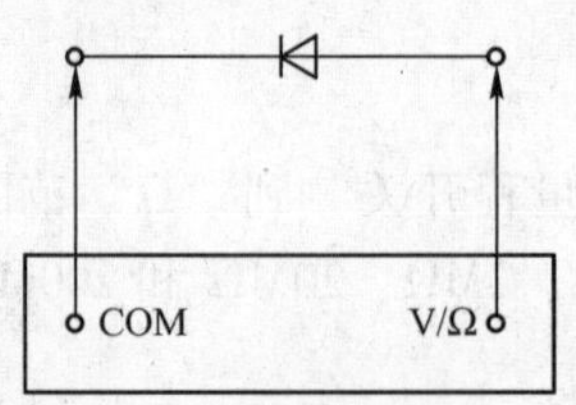

图 1-45 二极管测试示意图

2）将表笔连接到待测电路的两端如果两端之间电阻值低于约 70Ω，内置蜂鸣器发声。

(10) 晶体管 h_{FE}测试

1）将功能开关置于 h_{FE}量程。

2）确定晶体管是 NPN 或 PNP 型，将基极 B、发射极 E 和集电极 C 分别插入面板上相应的插孔。

3）显示器上将读出 h_{FE}的近似值，先测出 B 极后，将晶体管随意插到插孔中去（当然 B 极是可以插准确的），测一下 h_{FE}值，然后再将管子倒过来再测一遍，测得 h_{FE}值比较大的一次，各管脚插入的位置是正确的。测试条件：万用表提供的基极电流 I_B 为 10μA，集电极到发射极电压为 $U_{CE}=2.8V$。

二、汽车专用万用表的使用

1. 概述

汽车专用万用表在普通万用表原有优势的基础上，充分展现了功能更加完善、性能更加可靠等特点，具有汽车专用项目的测试功能。

1）对汽车信号的适应性不同。检测汽车电控系统的各个端口、传感器及执行器时，要求仪表对电控系统的信号影响越小越好，否则会造成汽车电控系统电路元件和传感器的损坏。汽车万用表具有很高的内阻、很宽的频带和很高的灵敏度。

2）对汽车电磁环境的适应性不同。汽车上的电磁干扰很强，如汽油发动机的点火、交流发电机调节器的电流断续控制等，均会产生很强的电磁辐射，汽车万用表有较强的抗电磁干扰能力。

3）汽车专用万用表相比于普通万用表功能更完备，即

① 液晶数字显示，读数更直观方便。

② 具有记忆、识别等智能化功能。

③ 兼有信号输出测试、信号模拟显示等功能。

④ 内部扩展处理能力增强（如 IC 卡），外部附件（如打印、测试头）数量增多。

2. 主要用途

1）测量充电电流、发电机电流、电流泄漏、电路负载等。

2）检测接地电压降、接头连续性、线束、电缆、继电器、灯、开关等。

3）检查发电机、二极管、继电器、冷凝器、点火线圈、高压线等。

3. 面板介绍

汽车专用万用表因型号不同，其面板布置形式各异，但一般由液晶显示器、功能键、选择开关和表笔插孔等部分组成。下面以 SUMMIT SDM586（见图 1-46）为例说明汽车专用万

用表面板的功能和用途。

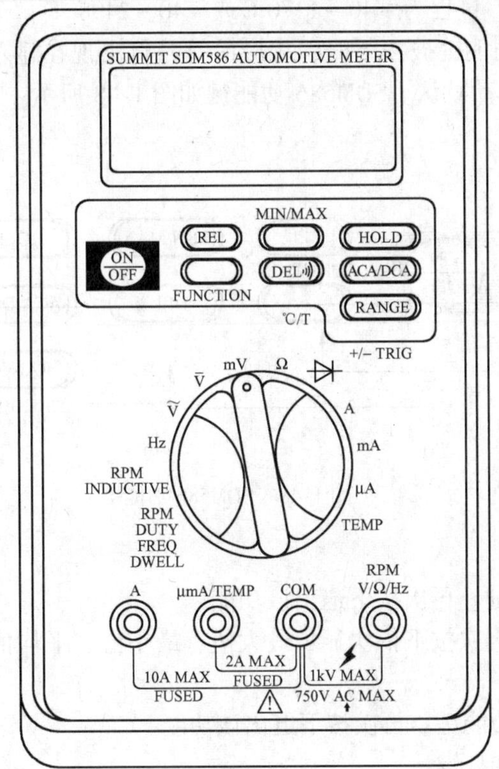

图 1-46　SUMMIT SDM586 汽车专用万用表

(1) 选择开关　打开仪表开关，当选择所需要的功能后，所有的功能字符将出现在显示器上，同时，仪表进行自检，随后仪表才能进行正常操作。SDM586 选择开关如图 1-47 所示。

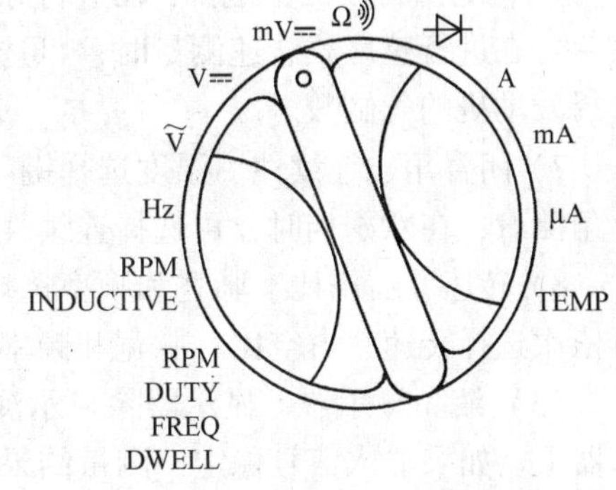

图 1-47　SDM586 选择开关

RPM（DUTY　FREQ　DWELL）：使用表笔进行转速、占空比、脉宽和频率测量。

RPM（INDUCTIVE）：感应式转速测量。

Hz：频率测量，量程为 200Hz、2kHz、20kHz、200kHz。

Ṽ：交流电压测量，量程为 4V、40V、400V、1000V。

V⎓：直流电压测量，量程为 4V、40V、400V、1000V。

mV⎓：直流电压毫伏测量，量程为 400mV。

Ω·))：欧姆与连续性测量，量程为 400Ω、4kΩ、40kΩ、400kΩ、4MΩ、40MΩ。

—▷|—：二极管测量，量程为 3V。

A：交、直流电流测量，量程为 4A、10A。

mA：交、直流电流毫安测量，量程为 40mA、400mA。

μA：交、直流电流微安测量，量程为400μA、4000μA。

TEMP：温度测量，量程为－40～1370℃或－40～2498℉。

（2）功能键 当功能键被按下时，相应的符号将出现在显示器上，同时蜂鸣器响。如果转选择开关，功能自动默认。SDM586功能键如图1-48所示。

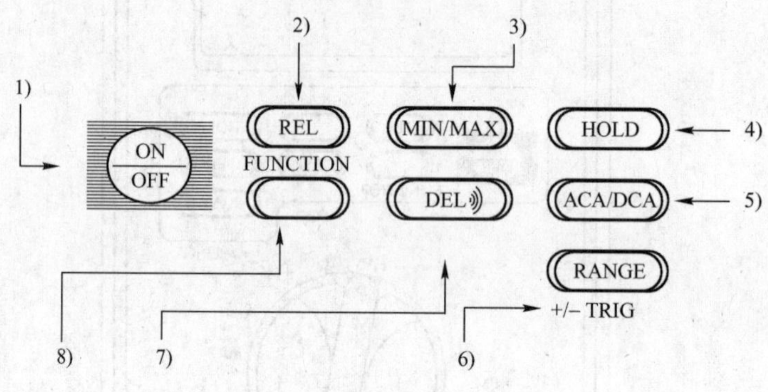

图1-48 SDM586功能键

1）仪表开关。

2）相对读数功能键。再次按下退出该功能。

3）记录功能键。再次按下依次显示最大值、最小值、平均值和目前读数；按下并保持3s，退出该功能。

4）保持目前读数功能键。再次按下退出该功能。

5）交、直流电流选择键。

6）手自动转换键。在自动测量范围（AUTO RANGE）下，按下选择手动范围；按下并保持3s，返回自动测量范围；在进行脉宽、占空比和频率测量时，按下可选择触发相位的＋或－；在进行感应式转速测量时，可选择发动机的冲程数；在使用表笔进行转速测量时，可选择发动机的气缸数。

7）闭合角、连续性、温度选择键。在RPM（DUTY FREQ DWELL）档时，可选择闭合角测量；在欧姆档时，可选择连续性测量；在进行温度测量时，可选择摄氏或华氏。

8）转速、占空比、脉宽和频率选择键。在RPM（DUTY FREQ DWELL）档时，按下可依次选择转速、占空比、脉宽和频率的测量。

（3）液晶显示器 显示器除显示测量数值外，还将正在进行的测量项目符号显示在显示器上。如果输入信号稳定，测量结果将很精确，如果输入信号是变化的，可以通过观察显示器下方线柱的高低来完成测量。如果变化值太大，超出了线柱显示范围，显示器将显示超载。在占空比（Duty Cycle）测试中，如果信号很强、很弱或无信号，显示器也显示超载。现将图1-49所示显示器上的符号含义说明如下。

AUTO：自动选择最佳测量范围。

REC：记录功能。

MAX：记录功能所记录的最大值。

MIN：记录功能所记录的最小值。

AVG：记录功能所记录的平均值。

REL：相对读数。

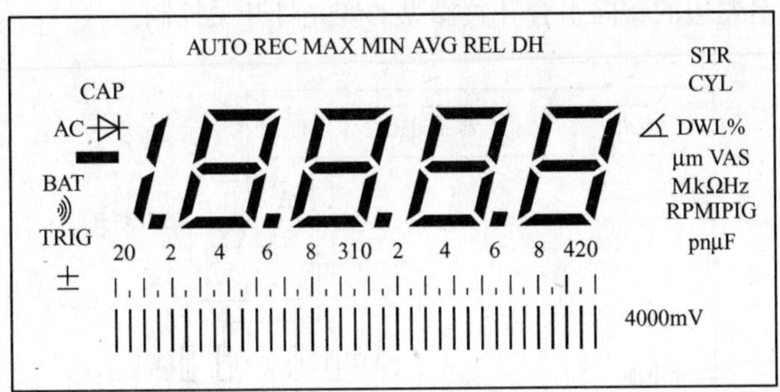

图 1-49　SDM586 液晶显示器

DH：数值保持功能。

CAP：电容测量。

AC：交流电流或电压测量。

BAT：仪表电池低电压显示。

TRIG：+、-触发器。

STR：发动机冲程数选择，2 或 4。

CYL：发动机气缸数选择，最多至 8 缸。

∡DWL%：闭合角。

RPMIP：使用感应式夹钳测量转速，将夹钳夹在一缸高压线上。

RPMIG：使用表笔测转速，将表笔接在点火线圈低压接线柱上。

V：电压档。

mV：毫伏电压档。

A：电流档。

mA：毫安电流档。

μA：微安电流档。

%：占空比测量。

Ω：欧姆或阻抗测量。

kΩ：千欧。

MΩ：兆欧。

Hz：频率测量。

kHz：千频测量。

ms：毫秒测量，适用于喷油脉宽。

—▷|—：二极管测量。

🔊：显示连续性。

【项目实施】

一、桑塔纳轿车前照灯照明电路的工作原理

桑塔纳轿车前照灯的工作电路如图 1-50 所示，前照灯分左右各一只（远光灯和近光灯），每只前照灯灯泡均由双丝灯泡组成，其中一根为近光，另一根为远光。前照灯受前照

明开关和位于转向盘左边的转向组合开关操纵的变光灯开关控制。

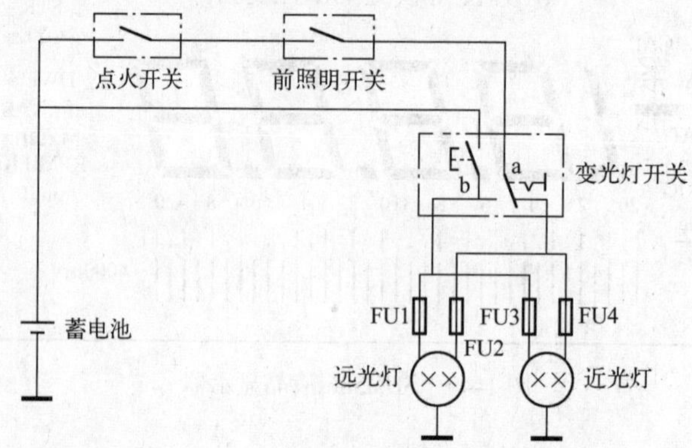

图 1-50　桑塔纳轿车前照灯的工作电路

1. 超车警告电路分析

当向上拨动组合开关柄接通 b 时，蓄电池电源直接接通前照灯灯丝（经过熔断器 FU1、FU2），但当松开开关柄时，b 在弹簧的作用下立即自动断开，从而切断电源。此时，位于组合仪表内的远光指示灯与前照灯远光同时亮、灭。

2. 近、远光控制电路分析

前照灯由点火开关和前照明开关共同控制，当点火开关置于 1 档、前照明开关置于 2 档时，电流由电源正极→点火开关→前照明开关→变光灯开关 a→熔断器→前照灯→搭铁；向上拨动一下组合开关柄分别可依次接通近光灯丝（同时经过熔断器 FU3、FU4）或远光灯丝（同时经过熔断器 FU1、FU2）。在远光接通时，远光指示灯同时点亮。

二、桑塔纳轿车前照灯远近光不全的故障分析

（1）故障现象　前照明开关处于 2 档位置，用变光灯开关变换远近光，只有远光灯或只有近光灯亮。

（2）故障原因

1）变光灯开关损坏。

2）远近光中的一路导线断路。

3）双灯丝灯泡中某灯丝烧断。

（3）故障诊断与排除　这种故障出在变光灯开关→熔断器→灯丝的线路中。可先检查熔断器是否熔断。如熔断，更换新熔断器，如灯仍不亮，可直接在变光灯开关上连接电源接线柱与不亮的远光或近光接线柱试验。如灯亮，则是变光灯开关损坏，更换变光灯开关；若不亮，则说明故障在变光灯开关以后的线路中。可用电源短接法，直接在灯插头上给远近光灯供电，若灯亮，表明导线断路或插头接触不良；若灯仍不亮，则说明灯泡已损坏。

【小结】

本学习情境主要是对汽车直流电路的学习。在汽车直流电路中，以汽车照明系统前照灯的检修为重点，分析了汽车照明系统前照灯不亮的故障现象，学习了电路的基础知识、电路及其基本物理量、电流、电压的参考方向、电路的三种状态、串、并联电路、基尔霍夫定律及汽车照明系统前照灯的检测与维修。同时也学习了惠斯顿电桥电路的基本原理和应用。

一、维修项目：汽车照明系统前照灯的检修

1）故障现象：汽车照明系统前照灯不亮。

2）汽车电源系统由蓄电池与交流发电机两大部分构成。

3）故障分析与诊断：汽车前照灯照明电路故障。

二、直流电路

1. 电路的基本概念

（1）电路的组成及作用　任何一个完整的电路都由电源、负载和中间环节这三个基本部分组成，并按其所要完成的功能按照一定的方式连接起来。它的作用是能量的传输和转换、信息的传递和处理。在分析与计算电路时，用理想电路元件及其组合来近似替代实际电路元件，即用电路模型进行分析与计算。实际电路模型化的意义在于简化电路分析与计算。

（2）电路的基本物理量　电流的实际方向是指正电荷的运动方向，电压的实际方向是指电位降低的方向，电动势的方向是指电位升高的方向。电流和电压的参考方向可任意选定，当参考方向与实际方向一致时，其值为正，反之为负。在未选定参考方向的情况下，电流与电压的正、负无任何意义。

当电流与电压选定一致的参考方向时，称为关联参考方向，反之为非关联参考方向。

在分析电路时，常取参考点的电位为零，电路中其他各点的电位等于该点与参考点之间的电压。当参考点不同时，各点的电位不同，而各点之间的电压不变。

空载即电源开路，电流为零，电源端电压等于理想电压源电压 U_S，此时电路不消耗功率。短路通常是一种故障状态，这时电源端电压为零，短路电流 $I_S = U_S/R_0$，电路功率全部消耗在电源内阻上，可将电源烧毁，应采取保护措施。负载状态是电路的正常工作状态，这时电源放出的功率为 $P = U_S I - R_0 I^2$。

2. 电路的基本元件电阻、电容、电感

组成电路的元件通常有电阻元件、电感元件、电容元件等。电阻为耗能元件，电感和电容为储能元件，分别储存磁场能量和电场能量。

在汽车电子电路中用到了很多电阻、电容和电感元件，也用到了很多特殊的电阻作为传感器来向汽车 ECU 传递信息，这些特殊电阻的代表有热敏电阻、光敏电阻、压敏电阻等。

3. 电路的基本定律及基本分析方法

（1）欧姆定律　它适用于线性电阻电路，当电阻两端的电流与电压取关联参考方向时，有 $U = IR$；当电阻两端的电流与电压取非关联参考方向时，有 $U = -IR$。

（2）基尔霍夫定律　基尔霍夫定律是电路分析的基本定律，它具有普遍适用性。它适用于任一瞬时、任何电路任何变化的电流和电压。它包括基尔霍夫电流定律和基尔霍夫电压定律。

1）基尔霍夫电流定律应用于节点，也可推广应用于广义节点。列方程时，若选流入节点的电流为正，则流出节点的电流为负。

2）基尔霍夫电压定律应用于闭合回路，也可推广应用于广义回路。列方程时，首先在元件上设定电流、电压的参考方向和选定闭合回路的绕行方向。当元件上电压的参考方向和回路绕行方向相同时取正，相反时取负。

3）支路电流法：支路电流法是分析和计算电路的基本方法，它是以电路的全部支路电流为待求变量，应用 KCL 和 KVL 列出电流和电压方程，联立方程组求解支路电流的方法。

三、汽车照明系统

1）汽车照明系统由电源、照明灯具、控制装置等组成。

2）前照灯电路主要由前照明开关、变光灯开关、前照灯控制继电器及前照灯组成。

四、汽车照明系统前照灯不亮的检测与检修

1）前照明开关的检测：首先找到前照明开关的搭铁线，然后分别打开尾灯和前照灯档位，由尾灯和前照灯控制继电器线圈送至的线路端子应与搭铁线端子相通。

2）变光灯开关的检测：开关处于近光位置时，前照灯近光线路应与开关搭铁端子相通；开光处于远光位置时，前照灯远、近光线路均与开关搭铁端子相通。

3）前照灯控制继电器的检查：用万用表的低电阻档检测继电器线圈电阻应符合技术标准；将 12V 电源和搭铁加于线圈两端时，触点两端子应导通。

4）相关电路的检测：根据电路的控制原理，可以利用分段法进行检测。

思考与练习

1. 利用瓦特定律计算汽车前照灯灯泡（60W）的电流和家用白炽灯（60W）的电流，并思考它们的灯丝谁的较粗。

2. 利用瓦特定律计算汽车起动电动机（1200W）的电流和家用吸尘器电动机（1200W）的电流，并思考它们使用的导线是否可以互换。

3. 现有一个汽车前照灯，灯上标有 50 W、12V 字样。请估算一下这只灯的灯丝电阻为多少？如在 12V 电压下工作，流过的电流是多大？

4. 求图 1-51 所示 AB 间的等效电阻 R_{AB}。

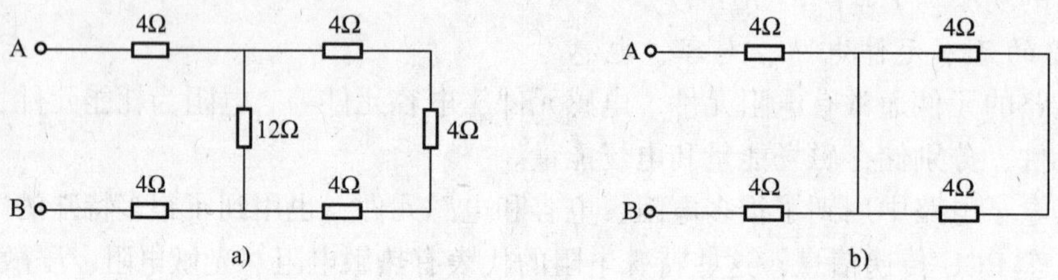

图 1-51 题 4 图

5. 如图 1-52 所示，已知：$I_1=2A$，$I_2=3A$，$I_5=9A$。试求电流 I_3、I_4 与 I_6。

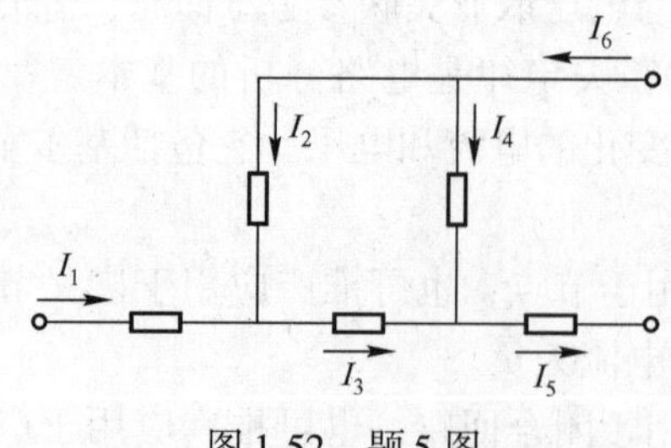

图 1-52 题 5 图

6. 电路如图 1-53 所示，已知：$R_1 = R_2 = R_3 = 1\Omega$，$U_{S1}=2V$，$U_{S2}=4V$。试用支路电流法求 I_1、I_2、I_3。

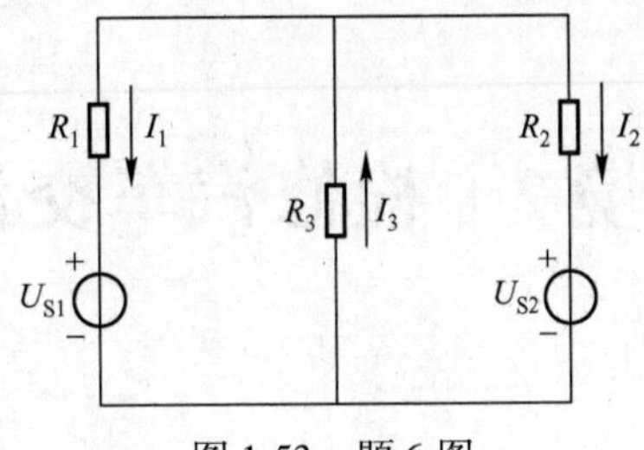

图 1-53　题 6 图

7. 如图 1-54 所示，已知：$E_1=3\text{V}$，$E_2=13\text{V}$，$E_3=4.5\text{V}$，$I_S=1.5\text{A}$，$R_1=2\Omega$，$R_2=8\Omega$，$R_3=1.5\Omega$，$R_4=3\Omega$，$R_5=8\Omega$，$R_6=0.4\Omega$。求 R_6 支路的电流 $I=$？

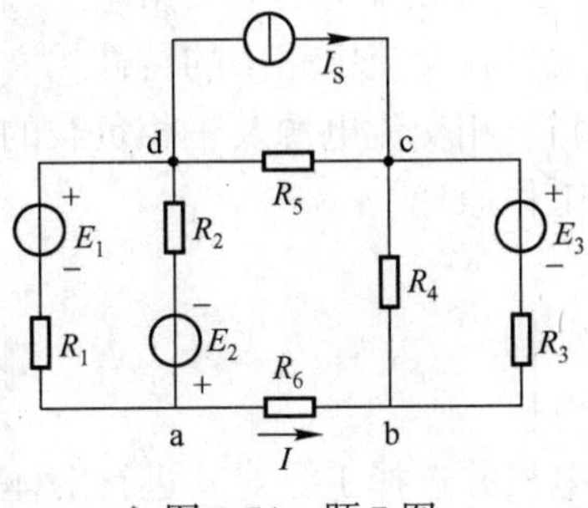

图 1-54　题 7 图

8. 简述汽车直流电路的常见故障。
9. 简述惠斯顿电桥电路的工作原理。
10. 汽车照明系统前照灯不亮的检测方法。

学习情境2　检修汽车交流电路

【学习目标】

知识目标

1. 了解正弦交流电的产生及正弦交流电的三要素。
2. 理解电阻、电容、电感元件在交流电路中的特性。
3. 掌握三相交流电的产生与三相交流电源及三相负载的联接。
4. 掌握汽车交流发电机的工作原理。

技能目标

1. 熟悉汽车交流发电机的结构。
2. 能熟练拆装汽车交流发电机。
3. 能就车检查汽车交流发电机并选择工具对其进行解体检测与检修。

【项目描述】

图 2-1 为汽车电源系统示意图。

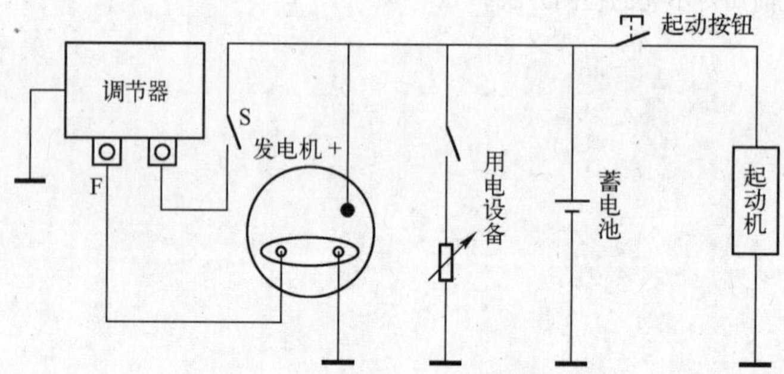

图 2-1　汽车电源系统示意图

在汽车上，所有用电设备均由蓄电池与发电机两个电源供电，两者并联使用，配合工作。在起动机起动时，由蓄电池向起动机、点火系统、仪表等用电设备单独供电；当发动机低速运转时，发电机发电，此时发电机与蓄电池联合向用电设备供电；当发动机中速或高速运转时，发电机电压高于蓄电池电动势，此时发电机单独向其他设备供电，并向蓄电池充电，将多余的电能转化为化学能储存起来；当同时用电的设备过多，负载过大而超过发电机供电能力时，此时蓄电池又与发电机联合供电。由此可知，若蓄电池无电，则汽车的所有用电设备都不工作，发动机也无法起动。若发电机故障不发电，则蓄电池由于负载过重而又不能及时补充电能而亏电。

【例 2-1】　一辆丰田威驰小轿车，发动机在中速与高速运转时，充电指示灯均不熄灭。

该故障现象的产生是由于发电机本身产生故障没有发电或者是周边相关的连接线路出现故障而不能向用电设备供电，同时也不能向蓄电池充电。

分析与讨论：如果出现此故障现象而不及时维修，强行开车会导致怎样的后果?

根据电路分析，蓄电池不充电的原因有可能是：

1）连接线路有断路处。

2）发电机传动带松脱或打滑。

3）发电机不发电：整流二极管烧坏；集电环脏污，电刷架变形使电刷卡住，电刷磨损过度，引起磁场电路不通。

4）电压调节器故障（见学习情境5相关内容）。

5）有电磁继电器时，可能是继电器线圈或电阻烧断，触点接触不良（见学习情境3相关内容）。

对于不充电的故障，可能产生故障的部位较多，应用这一部分所学的知识可顺利地对1）、2）中可能产生的故障部位进行排查。

任务2.1　认知单相正弦交流电

一、汽车正弦交流电概述

汽车用电设备全都使用直流电，蓄电池可直接提供直流电。所谓直流电就是电流或电压的大小与方向都不随时间的变化而变化，如图2-2所示。

汽车发电机产生的是正弦交流电，所谓正弦交流电是电流或电压的大小与方向随时间按正弦规律作周期性的变化，如图2-3所示。

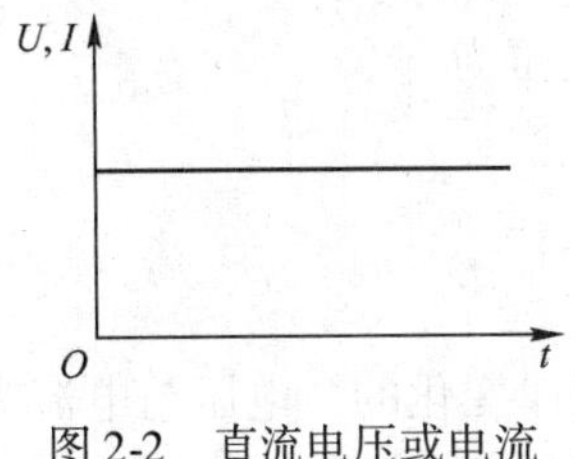

图2-2　直流电压或电流

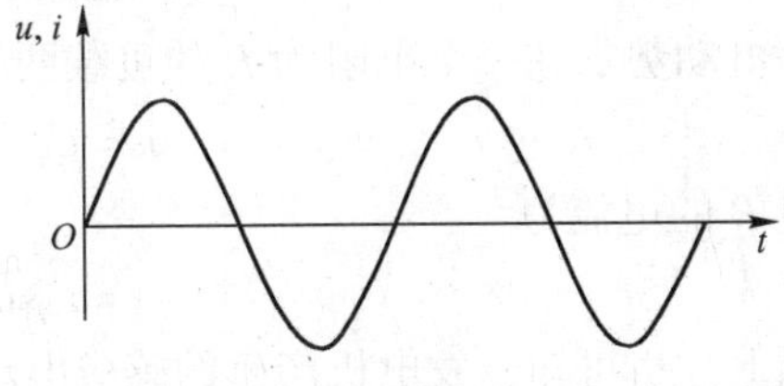

图2-3　正弦交流电压或电流

交流电与直流电相比较有三个主要优点：一是相同功率的交流发电机比直流发电机结构简单，造价低；二是可以应用整流装置方便地将交流电变换为直流电；三是交流电可以用变压器改变电压实现远距离输电（变压器见学习情境3相关内容）。所以汽车发电机产生的正弦交流电是经过整流电路变换成直流电后向用电设备供电并同时向蓄电池充电的（整流电路见学习情境5相关内容）。

1. 正弦交流电的产生

基础链接：

1）法拉第电磁感应定律的内容。

2）三角函数中正弦量的数学表达式及在笛卡儿平面上的图像。

在图2-4中，匀强磁场中放一可以绕固定转动轴转动的单匝线圈 $abcd$，为避免线圈在转动时导线绞在一起，将线圈的两根引线分别接到与线圈一起转动的两个铜环上，铜环通过电刷与外电路连接。当线圈在外力作用下，在磁场中以角速度 ω 匀速转动时，线圈 ab 边与 cd 边切割磁力线，线圈中产生感应电动势。如果线圈是闭合的，则在回路中产生感应电流。ad 边与 bc 边由于不切割磁力线而不产生感应电动势。

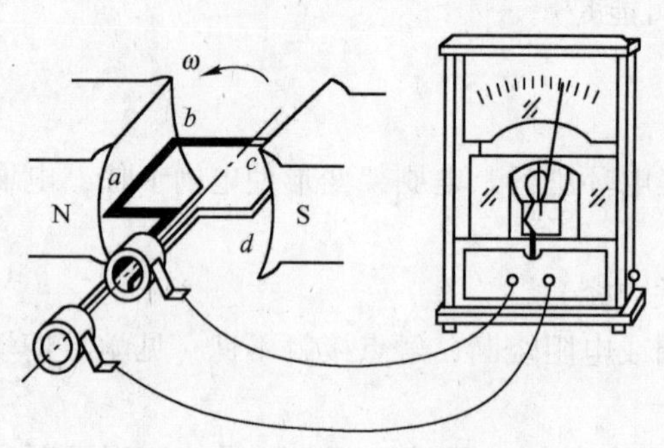

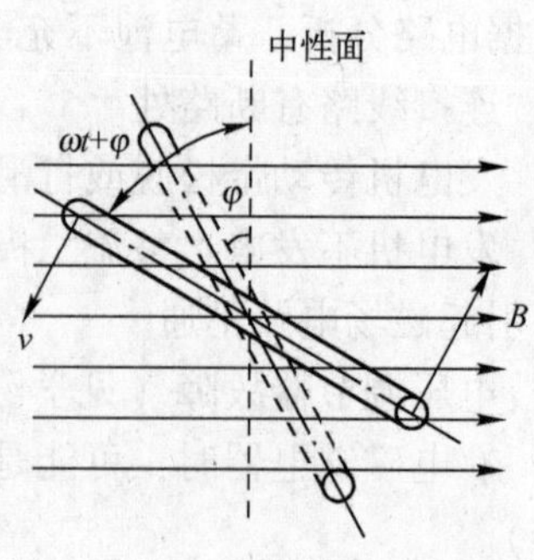

图 2-4 交流发电机原理图

2. 正弦交流电的数学表达式

线圈 $abcd$ 以角速度 ω 匀速转动。设在起始时刻，线圈平面与中性面的夹角为 φ，t 时刻线圈平面与中性面夹角为 $\omega t+\varphi$。则 cd 边切割磁力线运动所产生的感应电动势为

$$e_{cd}=BLv\sin(\omega t+\varphi) \tag{2-1}$$

同理，线圈 ab 边切割磁力线运动产生的感应电动势为

$$e_{ab}=BLv\sin(\omega t+\varphi) \tag{2-2}$$

式中 B 为磁场的磁感应强度，L 为线圈的长度，v 是运动速度。

由于两个线圈是串联关系，所以整个线圈产生的感应电动势为

$$e=e_{cd}+e_{ab}=2BLv\sin(\omega t+\varphi)=E_m\sin(\omega t+\varphi) \tag{2-3}$$

若该电动势加在一个电阻为 R 的负载两端，则负载端电压为

$$u=U_m\sin(\omega t+\varphi) \tag{2-4}$$

流过 R 的电流为

$$i=I_m\sin(\omega t+\varphi) \tag{2-5}$$

由以上分析可知，发电机产生的感应电动势是按正弦规律变化的，电压与电流为正弦交流电。

二、正弦交流电的三要素

正弦交流电压的数学表达式可见式（2-4），电压波形如图 2-5 所示。

只要知道正弦交流电压的最大值 U_m，角频率 ω 以及初相位 φ，就可以确定该电压的数学表达式及波形图。它们分别表征了正弦交流电压的大小、变化快慢程度以及初始值。

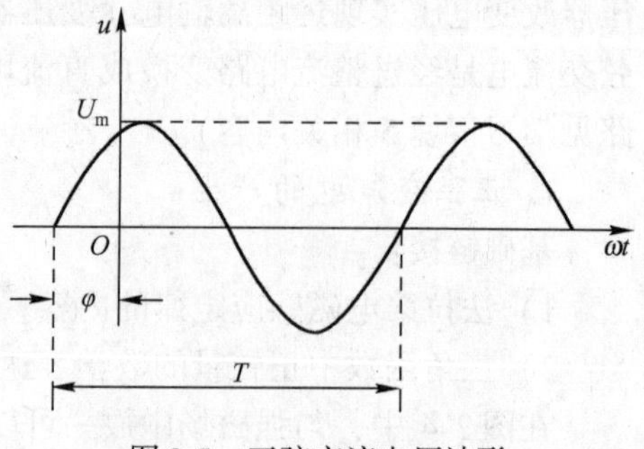

图 2-5 正弦交流电压波形

1. 瞬时值、最大值与有效值

正弦量在任一瞬间所对应值的大小称为瞬时值，常用小写字母表示，如 u、i。

瞬时值中出现的最大量称为最大值，也叫峰值或幅值，用大写字母加脚标“m”表示，如 U_m、I_m。

通常电压或电流的大小以有效值来衡量，用大写字母表示，如 U、I。

交流电的有效值是根据它的热效应来确定的。交流电流 i 通过电阻 R 在一个周期内所产生的热量和直流电流 I 通过同一电阻 R 在相同时间内所产生的热量相等，则这个直流电流 I 的数值叫做交流电流 i 的有效值。有效值与最大值的关系是

$$I=\frac{I_m}{\sqrt{2}}=0.707I_m \text{ 或 } U=\frac{U_m}{\sqrt{2}}=0.707U_m$$

一般情况下，如无特殊说明，正弦电压与电流的大小指的都是有效值。如“60W，220V”中额定电压220V为有效值；用万用表所测量的电压、电流大小指的均是有效值。

小知识：用示波器所测量波形所读的电压值叫峰-峰值，用 U_{p-p} 表示。它既不是最大值也不是有效值，是正峰值与负峰值之间的差，是最大值的两倍。

【例 2-2】 在某电路中，有一电流 $i=3.11\sin(314t+\frac{\pi}{2})$ A。试求：（1）电流的最大值、有效值；（2）当 $t=0$ 时，求瞬时值。

解：电流最大值为

$$I_m=3.11\text{A}$$

电流的有效值为

$$I=\frac{3.11}{\sqrt{2}}\text{A}=2.2\text{A}$$

当 $t=0$ 时电流的瞬时值为

$$i=3.11\text{A}$$

2. 周期、频率与角频率

正弦量按正弦的规律周而复始地变化，从起始位置开始变化又回到起始位，则变化了一次。变化一次所需要的时间叫做周期，单位为秒（s），周期用“T”表示。

每秒钟所变化的次数称为频率，单位为赫兹（Hz），频率用“f”表示。

周期与频率互为倒数关系，即

$$f=1/T$$

此外，还可以用角频率表示正弦量的变化快慢程度，ω 的单位是弧度/秒（rad/s）。

周期、频率、角频率三者之间的关系是

$$\omega=2\pi f=2\pi/T$$

【例 2-3】 有一电压 $u=3.11\sin(314t+\frac{\pi}{3})$ V，试指出该电压的周期、频率、角频率。

解：由于 $\omega=2\pi f$，角频率 $\omega=314\text{rad/s}$，

所以，频率 $f=\omega/2\pi=50\text{Hz}$。

周期 $T=1/f=20\text{ms}$。

小知识：我国用50Hz作为电力标准频率。在其他各种不同技术领域内使用着各种不同的频率。如：收音机中波段频率是530~1600kHz，短波段频率为2.3~23MHz；移动通信的频率是900~1800MHz；在无线通信中作用的频率可高达300GHz。

3. 初相位

式（2-4）中的（$\omega t+\varphi$）表征正弦量变化的进程，称为相位角或相位。当 $t=0$ 时，相

位角 φ 称为初相角或初相位。在正弦交流电路中，电压与电流的频率是相同的，但初相位不一定相同。

两个同频率的正弦量的相位角之差称为相位差，用“φ”表示。如图 2-6 所示，电流与电压的频率相同但初相位不相同。

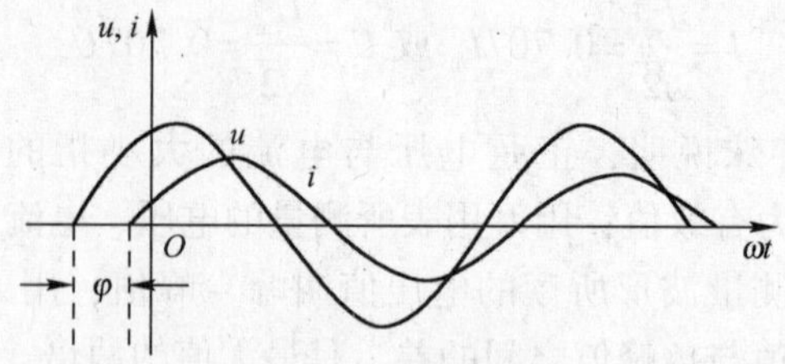

图 2-6 电压与电流的初相位不相同

图中 u 与 i 可表示为

$$\begin{cases} u = U_{\mathrm{m}}\sin(\omega t + \varphi_1) \\ i = I_{\mathrm{m}}\sin(\omega t + \varphi_2) \end{cases} \tag{2-6}$$

则相位差为

$$\varphi = \varphi_1 - \varphi_2 \tag{2-7}$$

若 $\varphi > 0$，则电压 u 超前电流 i；

若 $\varphi < 0$，则电压 u 滞后电流 i；

若 $\varphi = 0$，则电压 u 与电流 i 同相；

若 $\varphi = \pi$，则电压 u 与电流 i 反相。

在近代电工技术中正弦量的应用极为广泛。在强电方面可以说电能几乎都是以正弦交流的形式产生的。在有些场合下所需要的直流电，主要也是将正弦交流电通过整流设备变换得到的。在弱电方面，也常用各种正弦信号发生器作为信号源。

【例 2-4】 在例 2-2 与例 2-3 中，试指出电流与电压的初相位，电流与电压的相位差是多少，谁超前谁滞后？

解：电流的初相位为 $\pi/2$，电压的初相位为 $\pi/3$。

相位差为：$\varphi = (314t + \frac{\pi}{2}) - (314t + \frac{\pi}{3}) = \frac{\pi}{2} - \frac{\pi}{3} = \frac{\pi}{6}$。

电流超前电压 $\pi/6$，即电压滞后电流 $\pi/6$。

4. 正弦量的相量表示法

基础链接：在数学中，一个复平面内有一个复数为 A，其模为 r，辐角为 ψ，复数的表示法有哪些？几种复数式是如何相互转换的？

正弦交流电具有最大值、频率、初相位三个特征量。这些特征都可以用一些方法表示出来，如上述所讲的三角函数式式（2-6）或者波形图（见图 2-6）。

为了分析与计算方便，正弦量还可以用相量来表示。用复数来表示正弦量的方法称为相量表示法。用相量表示电动势、电压、电流用 $\dot{E}_{\mathrm{m}}$、$\dot{U}_{\mathrm{m}}$、$\dot{I}_{\mathrm{m}}$ 或 $\dot{E}$、$\dot{U}$、$\dot{I}$ 表示。

怎样用相量表示正弦量呢？如图 2-7 所示，以坐标原点 O 为端点做一条有向线段，线段的长度为正弦量的最大值，相量的起始位置与 x 轴正方向的夹角为正弦量的初相位，它以正弦量的角频率为角速度，绕原点 O 逆时针匀速转动，则在任何一瞬间，相量在纵轴上的投影就等于该时刻正弦量的瞬时值。所以旋转相量可以完整地表示正弦量。

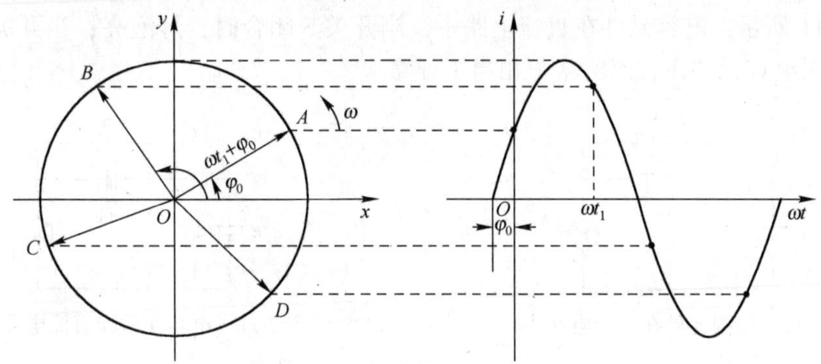

图 2-7　正弦量的相量表示法

如图 2-7 所示，若正弦交流电为

$$\begin{aligned} u &= U_{\mathrm{m}}\sin(\omega t+\varphi_1) \\ i &= I_{\mathrm{m}}\sin(\omega t+\varphi_2) \end{aligned} \tag{2-8}$$

用复数的极坐标形式表示为

$$\begin{aligned} \dot{U}_{\mathrm{m}} &= U_{\mathrm{m}}\angle\varphi_1 \\ \dot{I}_{\mathrm{m}} &= I_{\mathrm{m}}\angle\varphi_2 \end{aligned} \tag{2-9}$$

按照正弦量的大小和相位关系画出相量的图形，称为相量图。则式（2-9）的相量图如图 2-8 所示。

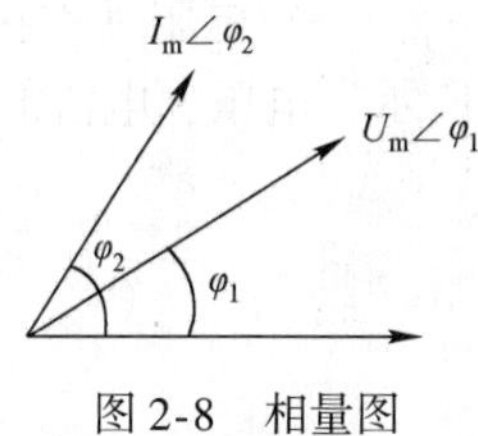

图 2-8　相量图

从相量图中可直观地看出各正弦量的大小关系与相位关系，这对分析与计算正弦量非常方便。

注意：

① 只有正弦量才能用相量表示，相量不能表示非正弦量。

② 相量只是表示正弦量，而不等于正弦量。

③ 只有同频率的正弦量才能画在同一相量图上，不同频率的正弦量不能画在同一个相量图上，否则无法比较与计算。

④ 相量的加、减运算服从平行四边形法则。

【例 2-5】　在例 2-2 与例 2-3 中，试写出电流与电压的相量表达式，并画出相量图。

解：　$\dot{I}_{\mathrm{m}} = 3.11\angle\frac{\pi}{2}\mathrm{A}$

$\dot{U}_{\mathrm{m}} = 3.11\angle\frac{\pi}{3}\mathrm{A}$

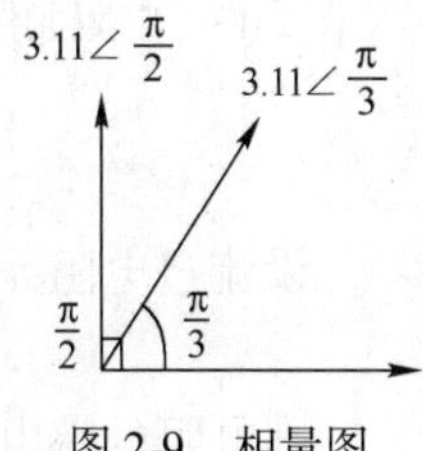

图 2-9　相量图

相量图如图 2-9 所示。

三、单一参数的正弦交流电路

观察实验现象：

如图 2-10 所示，电阻元件在直流电路中，当开关 S 闭合时，灯较亮；当开关 S 断开时，灯泡变暗。说明电阻在直流电路中有阻碍电流的作用。

如图 2-11 所示，电容元件在直流电路中，当开关 S 闭合时，灯泡亮；当开关 S 断开时，灯泡灭。说明电容元件在直流电路中相当于开路。

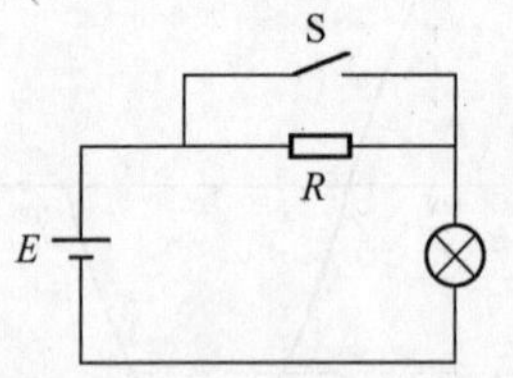

图 2-10 电阻元件在直流电路中

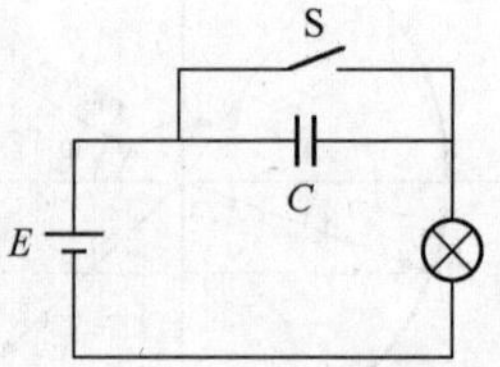

图 2-11 电容元件在直流电路中

如图 2-12 所示，电感元件在直流电路中，当开关 S 闭合时，灯泡亮；当开关 S 断开时，灯泡仍亮。说明电感元件在直流电路中相当于短路。

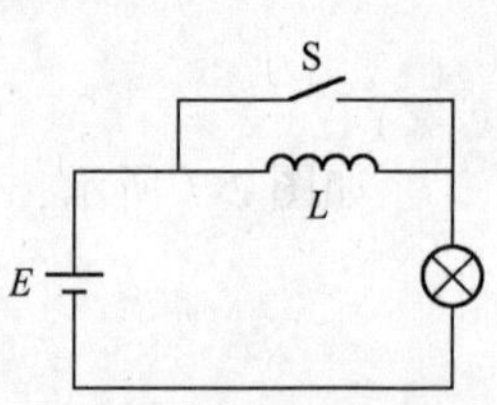

图 2-12 电感元件在直流电路中

电阻、电容、电感元件在交流电路中的特性是怎样的呢？

1. 电阻元件的交流电路

（1）实验现象观察 如图 2-13 所示，信号发生器产生的正弦交流电压，通过电阻 R 加到灯泡两端，保持灯泡两端电压不变，调整电压频率，观察灯泡的亮度变化。

（2）电阻元件在正弦交流电路中的特点 电阻元件在正弦交流电路中的波形如图 2-14 所示，电压、电流的参考方向如图 2-14 所示。

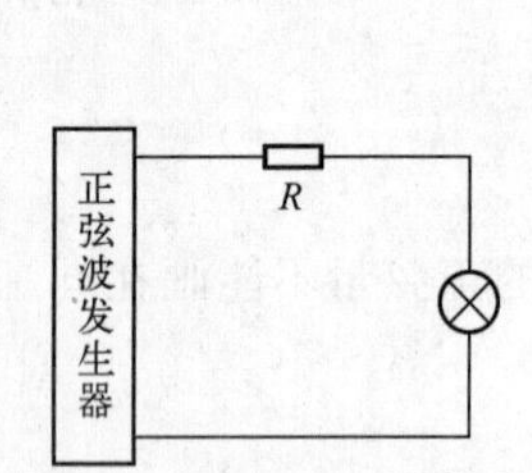

图 2-13 电阻元件在交流电路中

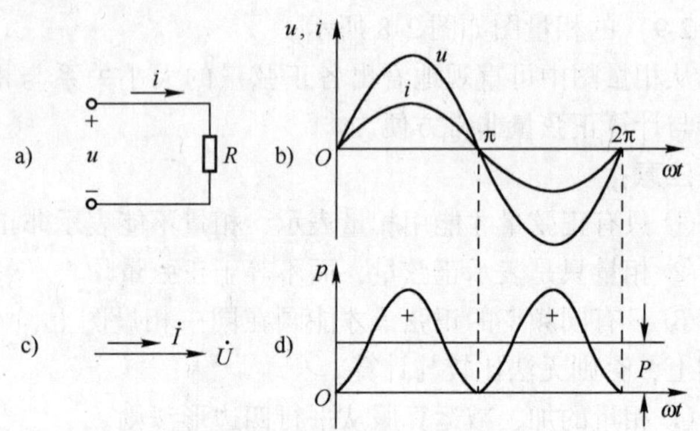

图 2-14 电阻元件在正弦交流电路中的波形

a）电路 b）电压与电流的正弦波形

c）电流与电压的相量图 d）功率波形

设流过电阻元件的电流为

$$i = I_{\mathrm{m}} \sin\omega t \tag{2-10}$$

则电阻的端电压为

$$u = Ri = RI_{\mathrm{m}} \sin\omega t = U_{\mathrm{m}} \sin\omega t \tag{2-11}$$

式（2-11）中有

$$U_m = RI_m$$

$$\frac{U_m}{I_m} = \frac{U}{I} = R \tag{2-12}$$

用相量表示电压与电流，则有

$$\dot{U}_m = U_m \angle 0° \tag{2-13}$$

$$\dot{I}_m = I_m \angle 0° \tag{2-14}$$

瞬时功率为电压瞬时值与电流瞬时值之积，用小写字母 p 代表，则

$$p = p_R = ui = U_m I_m \sin^2 \omega t = UI(1 - \cos 2\omega t) \tag{2-15}$$

平均功率即瞬时功率的平均值，用大写字母 P 表示，则

$$P = UI = RI^2 = \frac{U^2}{R} \tag{2-16}$$

从上面分析可知，电阻在交流电路中的特点如下：

1）电压与电流频率相同。

2）电压与电流的瞬时值、最大值与有效值均遵循欧姆定律。

3）电压与电流同相。

4）瞬时功率与平均功率都为正，电阻消耗电能。

5）电阻元件在交流电路中对电流有阻碍作用。

分析与讨论：实验中灯泡的亮暗变化如何？请解释之。

【例 2-6】　将一个 100Ω 的电阻接入电压为 $u = 220\sqrt{2}\sin(314t + 30°)$ V 的电源上，试求：

1）电流有效值。

2）如果电压保持不变，将频率改变为 100Hz，这时电流有效值又为多少？

解：电压的有效值为

$$U = \frac{U_m}{\sqrt{2}} = \frac{220\sqrt{2}}{\sqrt{2}}\text{V} = 220\text{V}$$

电流的有效值为

$$I = \frac{U}{R} = \frac{220}{100}\text{A} = 2.2\text{A}$$

因电阻与频率无关，所以电压保持不变时，电流有效值相等。

2. 电容元件的交流电路

（1）实验现象观察　如图 2-15 所示，信号发生器产生的正弦交流电压，通过电容 C 加到灯泡两端，保持灯泡两端电压不变，调整电压频率，观察灯泡的亮暗变化。

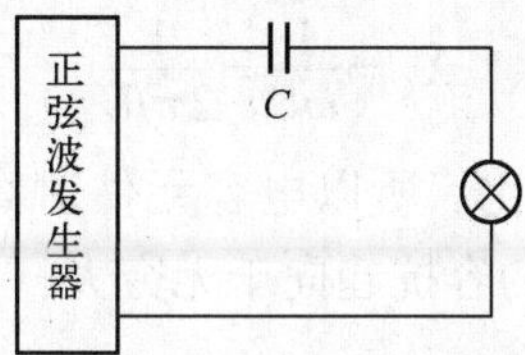

图 2-15　电容元件在交流电路中

（2）电容元件在正弦交流电路中的特点　电容元件在正弦交流电路中的波形如图 2-16 所示，电压、电流的参考方向如图 2-16a 所示。

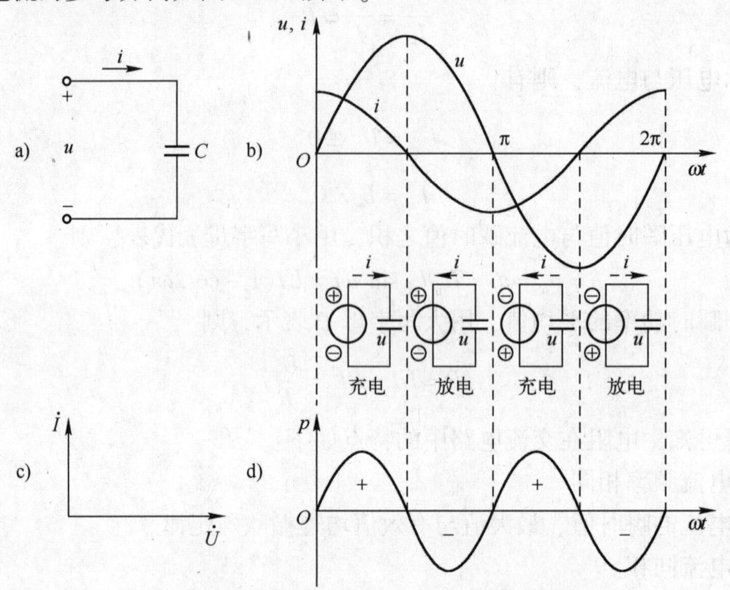

图 2-16　电容元件在正弦交流电路中的波形

a）电路　b）电压与电流的波形　c）电压与电流的相量图　d）功率波形

设电容两端的电压为

$$u = U_{\mathrm{m}}\sin\omega t \tag{2-17}$$

则电流为

$$\begin{aligned} i &= C\frac{\mathrm{d}u}{\mathrm{d}t} = C\frac{\mathrm{d}(U_{\mathrm{m}}\sin\omega t)}{\mathrm{d}t} \\ &= \omega CU_{\mathrm{m}}\sin(\omega t+90°) = I_{\mathrm{m}}\sin(\omega t+90°) \end{aligned} \tag{2-18}$$

在式（2-18）中有

$$\begin{gathered} I_{\mathrm{m}} = \omega CU_{\mathrm{m}} \\ \frac{U_{\mathrm{m}}}{I_{\mathrm{m}}} = \frac{U}{I} = \frac{1}{\omega C} \end{gathered} \tag{2-19}$$

显然，在电容元件电路中，电压的最大值（有效值）与电流的最大值（有效值）的比值为$\frac{1}{\omega C}$，它的单位为欧姆。当电压 U 一定时，$\frac{1}{\omega C}$越大，则电流越小。表征了电容对交流电流的阻碍作用，所以称之为容抗，用“X_C”表示。

$$X_C = \frac{1}{\omega C} = \frac{1}{2\pi fC} \tag{2-20}$$

容抗 X_C 与电容 C、频率 f 成反比。所以电容元件对高频电流所呈现的容抗很小，近似于短路，而对直流（$f=0$）所呈现的容抗趋向于无穷大，可视作开路。因此电容具有隔直通交的作用。

电压与电流的相量表示为

$$\dot{U}_{\mathrm{m}} = U_{\mathrm{m}} \angle 0°$$

$$\dot{I}_{\mathrm{m}} = I_{\mathrm{m}} \angle 90°$$

瞬时功率为

$$p = p_C = ui = U_{\mathrm{m}} I_{\mathrm{m}} \sin\omega t \sin(\omega t + 90°) = UI \sin 2\omega t$$

由此可见，瞬时功率 p 是一个以 2ω 的角频率随时间而变化的交变量，波形如图 2-16d 所示。

在电容元件电路中，平均功率是瞬时功率在一个周期内的平均值。显然，平均功率$P=0$。

综上分析可知，电容元件在交流电路中的特点如下：

1）电压与电流频率相同。

2）电压与电流的最大值、有效值遵循欧姆定律，但瞬时值不遵循欧姆定律。

3）电压与电流不同相，电流超前电压 90°，或者说电压滞后电流 90°。

4）电容元件在交流电路中的平均功率为零，所以它不消耗能量。电容有存储电能的作用。

5）电容元件在交流电路中对电流有阻碍作用，其容抗与电容 C、频率 f 成反比。

分析与讨论：实验中灯泡的亮暗变化如何？请解释。

【例 2-7】　把一个 10μF 的电容元件接到频率为 50Hz、电压有效值为 10V 的正弦电源上，电流为多少？如果保持电压值不变，将电源频率改为 1000Hz，这时电流将为多少？

解：当频率为 50Hz 时，有

$$X_C = \frac{1}{2\pi fC} = \frac{1}{2 \times 3.14 \times 50 \times 10 \times 10^{-6}}\Omega = 318.5\Omega$$

$$I = \frac{U}{X_C} = \frac{10}{318.5}\mathrm{A} = 31.4\mathrm{mA}$$

当频率为 1000Hz 时，有

$$X_C = \frac{1}{2\pi fC} = \frac{1}{2 \times 3.14 \times 1000 \times 10 \times 10^{-6}}\Omega = 16\Omega$$

$$I = \frac{U}{X_C} = \frac{10}{16}\mathrm{A} = 625\mathrm{mA}$$

3. 电感元件的交流电路

（1）实验现象观察　如图 2-17 所示，信号发生器产生的正弦交流电压，通过电感 L 加到灯泡两端，保持灯泡两端电压不变，调整电压频率，观察灯泡的亮度变化。

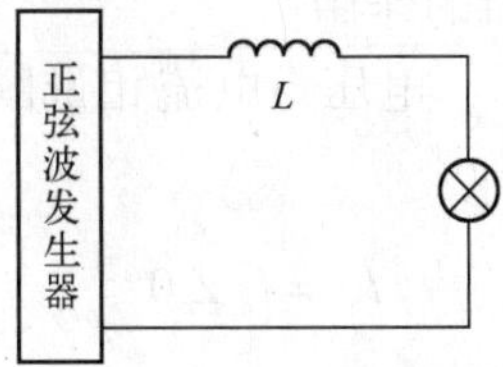

图 2-17　电感元件在交流电路中

（2）电感元件在正弦交流电路中的特点　电压、电流、电动势的参考方向如图 2-18a

所示。

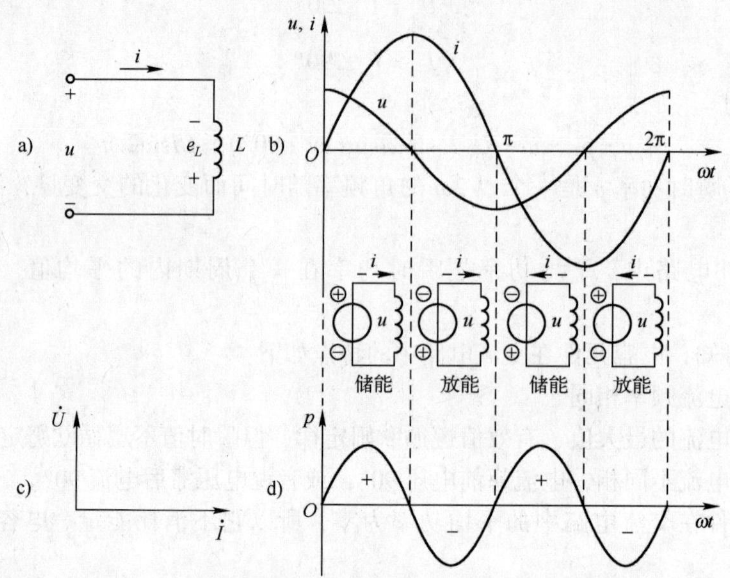

图 2-18 电感元件在正弦交流电路中波形

a）电路 b）电压与电流波形 c）电压与电流相量图 d）功率波形

设电流为

$$i = I_m \sin\omega t$$

则根据基尔霍夫定律有

$$u = -e_L = L\frac{di}{dt} = L\frac{dI_m \sin\omega t}{dt} = \omega L I_m \sin(\omega t + 90^\circ) = U_m \sin(\omega t + 90^\circ) \tag{2-21}$$

在式（2-21）中，有

$$U_m = \omega L I_m$$

$$\frac{U_m}{I_m} = \frac{U}{I} = \omega L \tag{2-22}$$

由此可知，在电感元件电路中，电压的最大值（有效值）与电流的最大值（有效值）之比值为 ωL，它的单位为欧姆。当电压一定时，ωL 越大，则电流越小。显然它对交流电流具有阻碍作用，所以称为感抗，用“X_L”来表示。

$$X_L = \omega L = 2\pi f L \tag{2-23}$$

感抗 X_L 与电感 L、频率 f 成正比。因此，电感线圈对高频电流的阻碍作用很大，而对直流则可视作短路。电感具有隔交通直的作用。

电压与电流波形如图 2-18b 所示，电压与电流相量图如图 2-18c 所示。电压与电流的相量表示为

$$\dot{I}_m = I_m \angle 0^\circ$$

$$\dot{U}_m = U_m \angle 90^\circ$$

其瞬时功率为

$$p = p_L = ui = U_m I_m \sin\omega t \sin(\omega t + 90^\circ) = UI\sin 2\omega t \tag{2-24}$$

由上式可见，瞬时功率 p 是一个幅值为 UI，并以 2ω 的角频率随时间而变化的交变量，其波形如图 2-18d 所示。

在电感元件电路中，平均功率是瞬时功率在一个周期内的平均值。显然，平均功率$P=0$。

综上分析，电感元件在交流电路中的特点如下：

1）电压与电流频率相同。

2）电压与电流的最大值、有效值遵循欧姆定律，但瞬时值不遵循欧姆定律。

3）电压与电流不同相，电压超前电流 90°，或者说电流滞后电压 90°。

4）电感元件在交流电路中的平均功率为零，所以它不消耗能量。电感能将电能转化为磁能进行存储。

5）电感元件在交流电路中对电流有阻碍作用，其感抗与电感 L、频率 f 成正比。

分析与讨论：实验中灯泡的亮暗变化如何？试解释。

【例 2-8】 把一个 0.1H 的电感元件接到电压为 $u=10\sqrt{2}\sin 314t\,\mathrm{V}$ 的正弦电源上，试求：

1）电流是多少，写出电流的瞬时表达式。

2）若将频率调到 5000Hz，而电源电压保持不变，这时电流将为多少？

解：1）当 $\omega=314\mathrm{rad/s}$ 时，有

$$X_L=\omega L=314\times 0.1\Omega=31.4\Omega$$

$$I=\frac{U}{X_L}=\frac{10}{31.4}\mathrm{A}=318\mathrm{mA}$$

$$i=0.318\sqrt{2}\sin(314t-\frac{\pi}{2})\mathrm{A}$$

2）当频率调到 5000Hz 时，有

$$X_L=\omega L=2\pi fL=2\times 3.14\times 5000\times 0.1\Omega=3140\Omega$$

$$I=\frac{U}{X_L}=\frac{10}{3140}\mathrm{A}=3.18\mathrm{mA}$$

任务 2.2 认知三相交流电路

三相交流电路在生产实际中应用最为广泛。发电与输电一般都采用三相制。在汽车电源系统中，汽车发电机同样是三相交流发电机，所产生的电动势是三相交流电动势。

一、三相交流电源

1. 三相交流电动势的产生

在图 2-4 中，匀强磁场中只有一匝线圈，产生的正弦交流电动势是单相电动势。如果在匀强磁场的空间放置三组线圈，且三组线圈彼此相差 120°。在外力的作用下切割磁力线时，则产生三相交流电动势。通常将三相线圈固定不动，而使磁场在外力作用下旋转。

图 2-19 所示为三相交流发电机的原理示意图。

三相交流发电机主要由定子与转子两大部分构成。定子是固定不动的部分，是在冲有槽的铁心上放置三个几何尺寸与匝数相同的线圈（称为三相绕组或定子绕组）。三相绕组排列在圆周上的位置彼此相差 120°，分别用 $\mathrm{U_1-U_2}$、$\mathrm{V_1-V_2}$、$\mathrm{W_1-W_2}$表示。$\mathrm{U_1}$、$\mathrm{V_1}$、$\mathrm{W_1}$分别

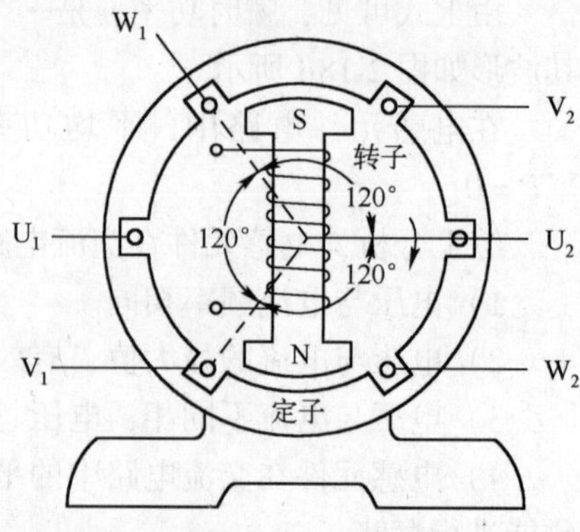

图 2-19 三相交流发电机的原理示意图

代表三相绕组的始端，U_2、V_2、W_2分别代表三相绕组的末端。各绕组的电动势的参考方向规定为由绕组的末端指向始端。转子是旋转的部分，是磁极。磁极在铁心上绕有励磁绕组，励磁绕组通电产生磁场。

当发电机的转子在外力（汽车发动机）的带动下按顺时针方向以角速度 ω 匀速转动时，就相当于每相绕组以角速度 ω 逆时针方向匀速旋转，作切割磁力线运动，因而产生三相感应电动势 e_U、e_V 和 e_W。由于三个绕组结构相同，切割磁力线的速度相同，在空间相差120°的角度，因此产生的电动势幅值相同，频率相同，相位彼此相差 120°，这种三相电动势称为三相对称电动势。以 e_U 为参考正弦量，则三相电动势的瞬时表达式为

$$\begin{aligned} e_U &= E_m \sin\omega t \\ e_V &= E_m \sin(\omega t - 120°) \\ e_W &= E_m \sin(\omega t + 120°) \end{aligned} \tag{2-25}$$

它们的波形图与相量图如图 2-20 所示。

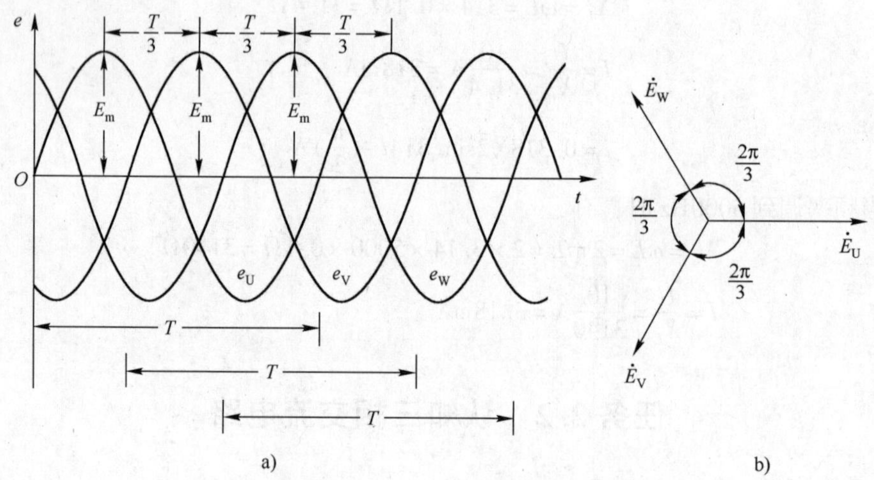

图 2-20 三相交流电源的波形图与相量图
a）波形图 b）相量图

显然，三相对称电动势在任一瞬间的相量之和为零。即

$$\begin{aligned} e_U + e_V + e_W &= 0 \\ \dot{E}_U + \dot{E}_V + \dot{E}_W &= 0 \end{aligned} \tag{2-26}$$

三相电动势随时间按正弦规律变化，它们先后达到最大值的顺序，叫做相序。图 2-20 的相序为 U-V-W。

2. 三相电源的连接

三相电源本身具有六个引线端 U_1、U_2、V_1、V_2、W_1、W_2。将这六个引线端连接起来向外电路供电的方法一般有两种。

（1）星形联结法——Y联结　把三相绕组的末端 U_2、V_2、W_2 连接成一个公共点，叫做中性点（零点），用“N”表示，如图 2-21 所示。从中性点引出的导线叫中性线（零线）。中性线一般接地，又叫做地线。从三相绕组的始端 U_1、V_1、W_1 分别引出三根导线，称做相线（火线）。这种供电方式称为三相四线制。

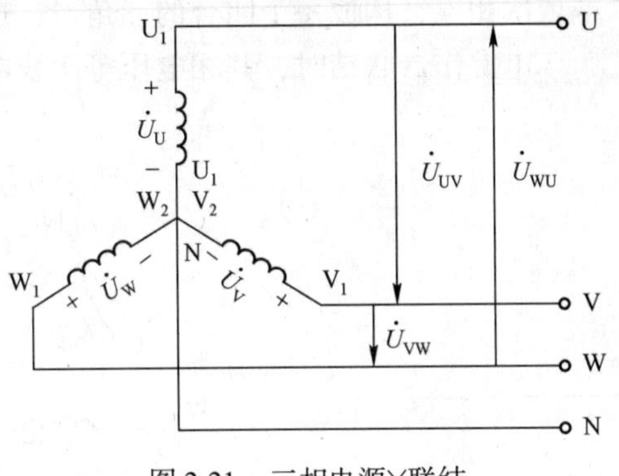

图 2-21　三相电源Y联结

星形联结用符号“Y”表示。

相线与中性线之间的电压称为相电压。U_U、U_V、U_W 分别表示其有效值。若忽略发电机内阻，相电压在数值上就等于各相绕组的电动势，相差为 120°，所以三个相电压是对称的。

相线与相线之间的电压称为线电压。它们与相电压之间的关系是

$$\begin{aligned} \dot{U}_{UV} &= \dot{U}_U - \dot{U}_V \\ \dot{U}_{VW} &= \dot{U}_V - \dot{U}_W \\ \dot{U}_{WU} &= \dot{U}_W - \dot{U}_U \end{aligned} \tag{2-27}$$

作出相电压的相量图，用平行四边形法则可以求出线电压，如图 2-22 所示。一般线电压用 U_L 表示，相电压用 U_P 表示，则相电压与线电压的关系是

$$\dot{U}_L = \sqrt{3}\dot{U}_P \angle 30° \tag{2-28}$$

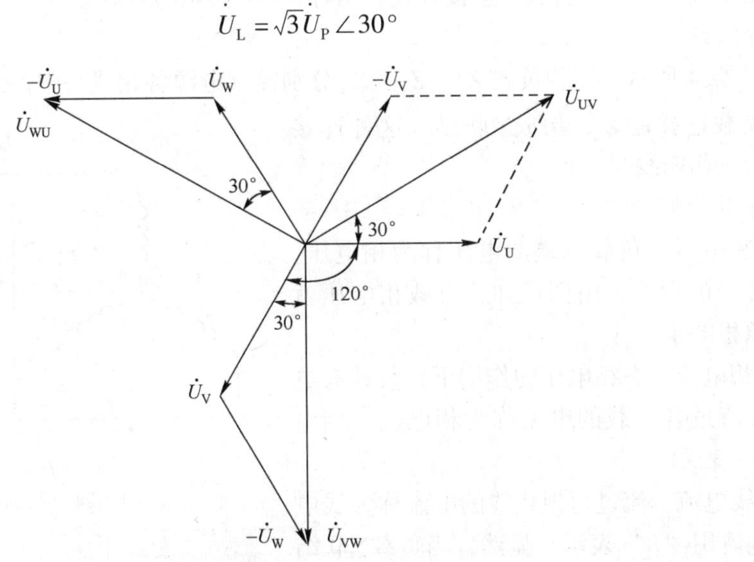

图 2-22　相电压、线电压相量图

可见，在数量关系上，线电压是相电压的 $\sqrt{3}$ 倍。在相位上，线电压超前相应相电压 30°。三个线电压也是对称的。

由以上分析可知，三相电源Y联结可以同时供给两种电压，一种是相电压，另一种是线电压。

小常识：日常照明用电就是三相四线制。其相电压为 220V，线电压为 380V。现在都采用三相五线制，即三根相线，一根中性线，一根地线（保护用）。

（2）三角形联结——△联结　如图 2-23 所示，将每一相绕组的末端与另一相绕组的始端依次相连，构成一个闭合的三角形，这种连接方式称为三角形联结，用“△”表示。

电源作△联结时，其相电压等于线电压。即

$$U_L = U_P$$

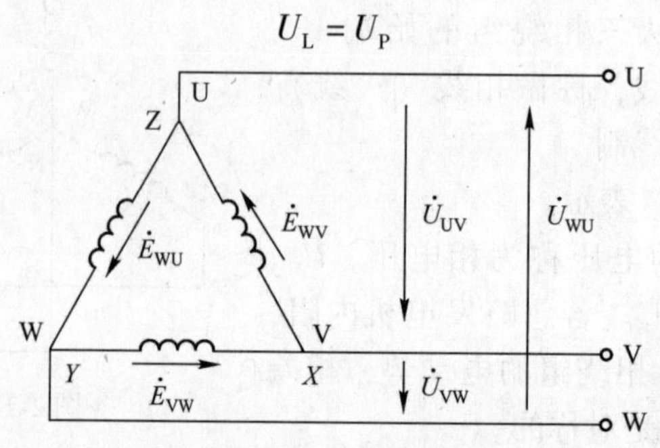

图 2-23　三相电源△联结

注意：电源作△联结时，各相绕组的末端与始端绝对不能接错，否则将在电源内部引起较大的环流将电源损坏。

在实际应用中，一般不采用△联结。

二、三相负载的连接

负载接入电源需遵循两个原则，一是电源电压应与负载的额定电压相同；二是全部负载应均匀地分配给三相电源。负载应按一定规则连接起来，组成三相负载。

三相交流电路中，负载的连接方式有两种——Y联结与△联结。

1. Y联结

如图 2-24 所示，三相负载 Z_U、Z_V、Z_W 分别接于电源各相线与中性线之间，四根导线将电源与负载连接起来，构成Y联结。这种连接方式称为三相四线制。

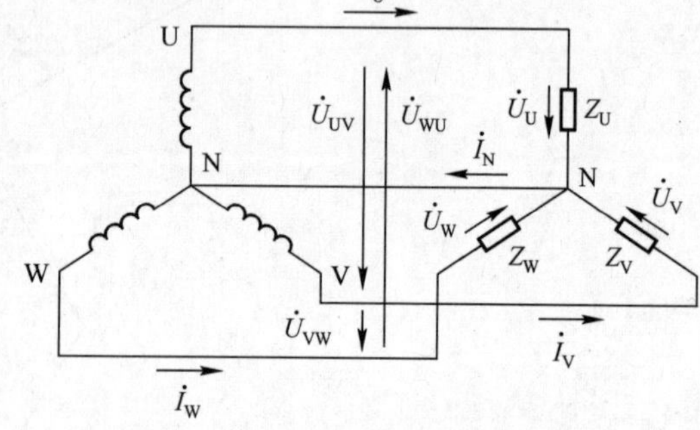

图 2-24　三相负载Y联结

（1）几个概念

1）相电压：负载两端的电压称为相电压。由于中性线的存在，由图可知，负载相电压就等于电源相电压。

2）相电流：在相电压的作用下，负载有电流流过。流过各负载的电流称为相电流。相电流用“I_P”表示。

3）线电流：流过每根相线的电流称为线电流。线电流用“I_L”表示。显然，当负载Y联结时，相电流等于线电流，即 $I_P = I_L$。

4）中性线电流：流过中性线的电流为中性线电流，用“I_N”表示。中性线电流等于各相电流之和，即

$$\dot{I}_N = \dot{I}_U + \dot{I}_V + \dot{I}_W \tag{2-29}$$

5）对称负载：三相负载的大小与性质都相等时，称为对称负载。

由于相电压是对称的，所以负载对称时，根据欧姆定律，线电流（相电流）也是对称

的。即线电流（相电流）大小相等，相位互差120°。当负载不对称时，线电流（相电流）的大小也不对称，其相位关系也随负载的性质不同而改变。

（2）各电流、电压之间的基本关系 综上分析可知，负载Y联结时：

1）线电压是相电压的$\sqrt{3}$倍，且线电压超前相应相电压30°。用相量表示为

$$\dot{U}_L=\sqrt{3}\dot{U}_P\angle 30° \tag{2-30}$$

2）线电流等于相电流。即$I_P=I_L$。

3）当负载对称时，中性线电流等于零。即

$$\dot{I}_N=\dot{I}_U+\dot{I}_V+\dot{I}_W=0 \tag{2-31}$$

【例2-9】 在图2-24中，电源电压对称，每相电压均为$U_P=220V$，负载均为白炽灯组，在额定电压下：

1）$R_U=R_V=R_W=22\Omega$时，求负载相电压、负载相电流及中性线电流。

2）当R_U开路时，求负载相电压、负载相电流及中性线电流。

3）当R_U短路时，求负载相电压、负载相电流及中性线电流。

解：

1）在负载对称且有中性线的情况下，负载相电压与电源相电压相等，所以

$$U_P=220V$$

$$I_P=U_P/Z=220V/22\Omega=10A$$

$$I_N=0$$

2）因为有中性线，Z_U开路，不影响V相与W相，所以

$$U_{PV}=U_{PW}=220V, U_{PU}=0V$$

$$I_{PV}=I_{PW}=10A, I_{PU}=0A$$

$$I_N=5A$$

3）因为有中性线，Z_U短路，不影响V相与W相，所以V相与W相负载相电压不变，仍为220V。Z_U因短路，其相电压为0V，相电流也为0A。中性线电流I_N仍为V相与W相之和5A。

思考与讨论：

当负载不对称时，各线电压、相电压、线电流、相电流及中性线电流又有什么关系？

2. △联结

三相负载△联结如图2-25所示。

各电压、电流之间的关系是：

1）负载相电压等于电源线电压。

2）各线电流与相电流的关系由基尔霍夫第一定律得到，即

$$\begin{aligned}\dot{I}_U&=\dot{I}_{UV}-\dot{I}_{WU}\\ \dot{I}_V&=\dot{I}_{VW}-\dot{I}_{UV}\\ \dot{I}_W&=\dot{I}_{WU}-\dot{I}_{VW}\end{aligned} \tag{2-32}$$

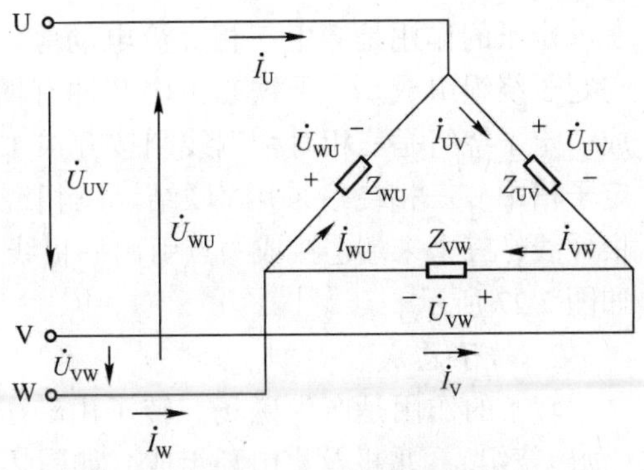

图2-25 三相负载△联结

当负载对称时，线电流对称，相电流也对称。线电流是相电流的$\sqrt{3}$倍，且滞后相应相电流 30°。即

$$\dot{I}_L = \sqrt{3}\dot{I}_P \angle -30° \tag{2-33}$$

当负载不对称时，上述关系不再成立。

任务 2.3 拆装汽车交流发电机

现代汽车发电机均采用三相交流发电机，它的主要优点是结构简单，体积小，重量轻；故障少且容易维修，使用寿命长；功率大，发动机低速运转时也能向蓄电池充电；转换成直流时电路简单。

一、汽车交流发电机的构造

下面以 JF1512 型交流发电机为例进行讲解。它主要由电刷装置、整流器、转子总成、定子总成、风扇等构成，如图 2-26 所示。

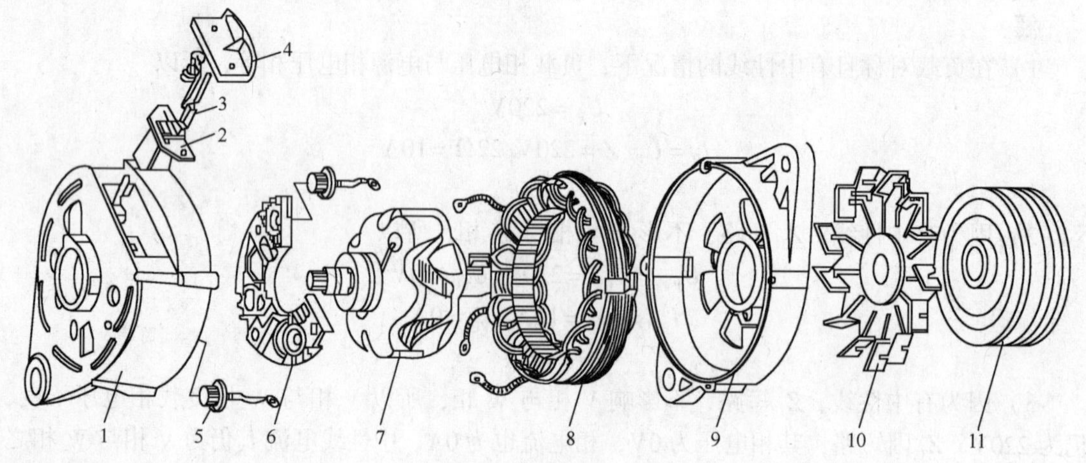

图 2-26 发电机结构图

1—后端盖 2—刷架 3—电刷 4—电刷弹簧压盖 5—硅二极管 6—散热板 7—转子 8—定子总成 9—前端盖 10—风扇 11—带轮

1. 定子总成

定子的作用是产生三相交流电动势。定子由定子铁心与定子绕组组成。定子铁心由内圆冲有槽的硅钢片叠压而成。定子绕组是三相对称铜线圈按互成 120°的规律安装在定子槽中。三相绕组采用Y联结。三相绕组的始端各引一根导线，三个末端连接成一点引出一根线，共 4 个引线端，如图 2-27 所示。

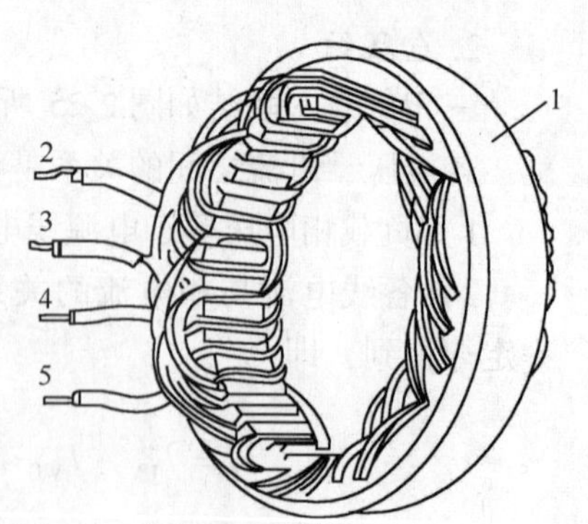

图 2-27 定子

1—定子铁心

2、3、4、5—定子绕组引线

2. 转子总成

转子的作用是产生磁场。转子由转子铁心、转子绕组（励磁绕组）、爪极及集电环组成，如图 2-28 所示。

转子绕组绕在转子铁心上，并压装在转子轴上置于两

块爪极之间。当转子绕组有电流流过时，产生轴向磁通，使两块爪极磁化，一块为N，另一块为S，从而形成了六对相互交错的磁极。

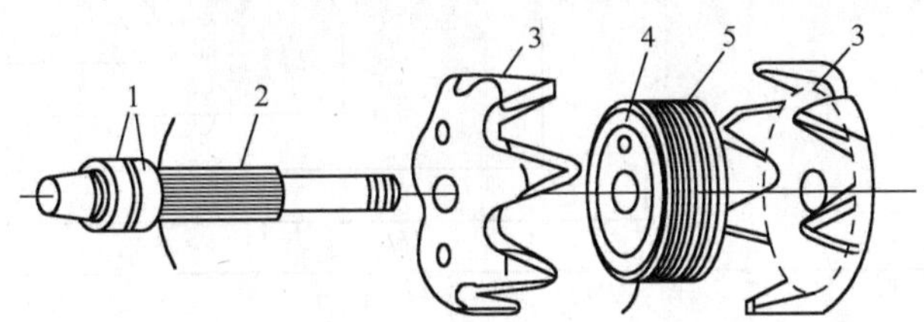

图2-28 转子

1—集电环 2—转子轴 3—爪极 4—转子铁心 5—转子绕组

集电环由彼此绝缘的两个铜环构成，装在转子轴上与转子一起旋转，它与转子轴是绝缘的。转子绕组的两个引线端分别从爪极孔中引出，一根接内侧铜环，另一根接外侧铜环。两个铜环分别与两个电刷接触。

3. 电刷装置

电刷装置的作用是将外电源引入转子绕组，使转子绕组中有电流流过。

电刷装置由电刷架、电刷、电刷弹簧等构成。两只电刷装在电刷架中的导孔中，借弹簧的压力与集电环保持接触。

4. 整流器

整流器的作用是将三相交流电转换成直流电（其工作原理详见学习情境5）。

二、汽车交流发电机的工作原理

基础链接：

1）什么是电流的磁效应，磁场的方向如何判断？

2）什么是法拉第电磁感应定律？

由蓄电池经电刷通过集电环将直流电压加至转子绕组，于是转子绕组产生轴向磁场，两个爪极得到磁化，一块爪极为“N”极，另一块爪极为“S”极。发动机通过带轮带动转子旋转，产生旋转磁场。三相绕组在旋转磁场中作切割磁力线运动，产生三相电动势。由于三相绕组是对称的，所以产生的电动势也是对称电动势，其瞬时表达式见式（2-25）。

交流发电机产生的三相交流电动势经整流后转换成直流电，再经调压器进行稳压后供给各负载（详见学习情境5）。

三、汽车交流发电机的型号

汽车发电机种类繁多，结构各异。不同型号的发电机，其结构、发电电压、功率、设计序号、调整臂位置也不相同。

例：JF173表明了该产品为交流发电机，标称电压为12V，额定功率为750W，设计序号为3，调整臂在中间位置。

JF2511Y表明了该产品为交流发电机，标称电压为24V，额定功率为500W，设计序号为11，调整臂在右侧。

根据相关规定，汽车发电机的型号由以下几个部分组成：

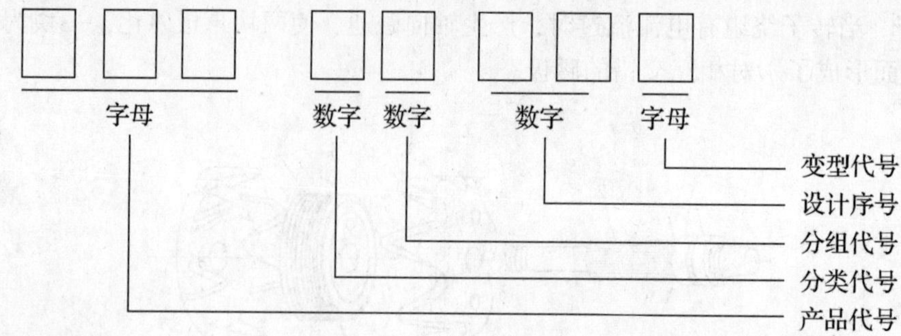

1. 产品代号

按产品名称顺序，取汉语拼音的头一个字母组成。“J”指交流，“F”指发电机，“Z”指整体式，“W”指无刷，“B”指带泵。

“JF”为交流发电机；

“JFZ”为整体式交流发电机；

“JFB”为带泵交流发电机；

“JFW”为无刷交流发电机。

2. 分类代号

在发电机的型号中，以电压等级为分类代号。“1”指12V，“2”指24V。

3. 分组代号

分组代号指的是功率等级，单位为“W”。

代号	1	2	3	5	7	8	9
功率	=180	>180–250	>250–350	>350–500	>500–750	>750–1000	>1000

4. 设计序号

按产品设计顺序，以阿拉伯数字表示。

5. 变型代号

在发电机型号中，以调整臂位置标记作变型代号。调整臂在中间不作标记，在右侧以“Y”作标记，在左侧以“I”作标记。发电机顺时针旋转不作标记，逆时针旋转以“N”为标记。

四、汽车交流发电机的拆装

以丰田系列5A-FE/8A-FE型为例，对汽车发电机进行拆解与清洗。交流发电机零件分解图如图2-29所示。

1. 拆装工具

1）平台、大小一字、十字螺钉旋具各一把，开口、梅花扳手各一套。

2）拉器、V形铁一对。

3）油盆、毛刷，适量清洗剂、润滑脂、“00”号纱布及棉纱。

2. 拆装注意事项

1）拆卸轴承端盖时，不要硬敲乱撬，要使用拉器。

2）拆卸时所有螺钉与部件按顺序摆放，不可丢失零件。

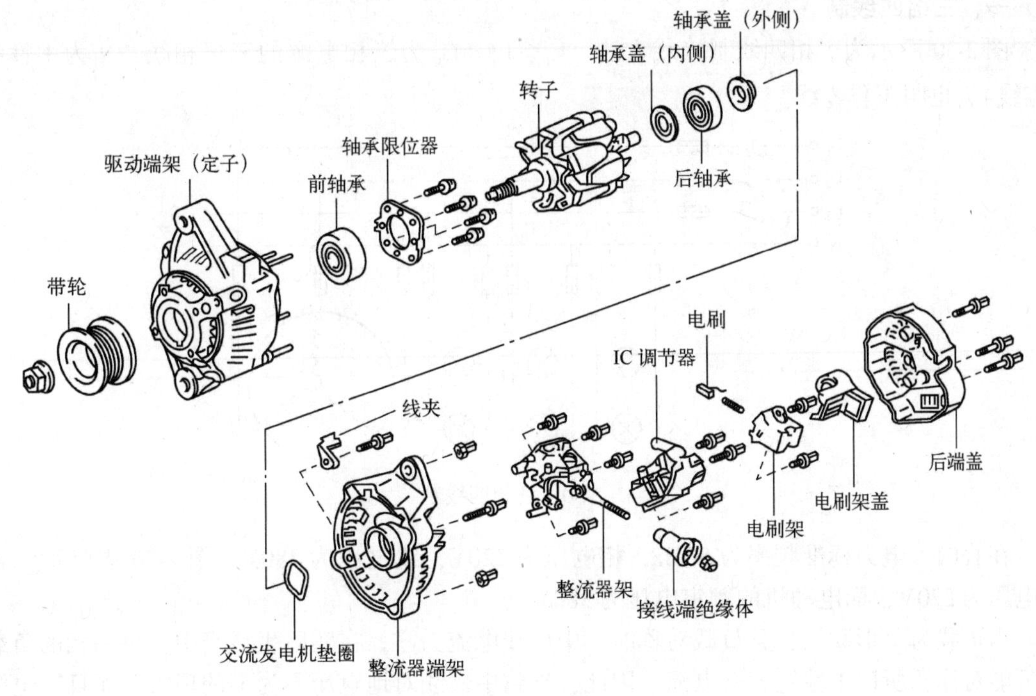

图 2-29　交流发电机零件分解图

3. 拆卸操作步骤

1）拆下带轮。

2）拧下“B”端子上的固定螺母并取下绝缘套管。

3）拆下后端盖罩。

4）拧下电刷架和 IC 调节器的固定螺钉，取下电刷架和 IC 调节器（注意：电刷要轻取）。

5）将与整流器相连接的三相绕组引线及中性点引线的连接螺钉用十字螺钉旋具拧下，取下整流器。

6）拆卸整流器端座。

7）从驱动端盖里取出转子。用棉纱蘸适量清洗剂擦洗转子绕组、定子绕组、电刷及其他机件。

4. 安装步骤

按拆解的反顺序装复。装复后，转动发电机带轮，转子转动应平顺，无摩擦及碰击声。

任务 2.4　了解生活用电

现代工业、企业、民用生活用电等均是三相交流电。发电厂的发电机几乎都是三相交流发电机，它由定子与转子两大部分构成。汽车交流发电机的转子由发动机带动，而发电厂的转子由火力、风力或水力带动。

生活用电均采用三相四线制，负载的连接同样也是三相四线制连接。

一、三相四线制

图 2-30 所示为三相四线制接线方法。L_1、L_2、L_3 为三相电源的三根相线，N 为中性线（零线），也叫工作零线。

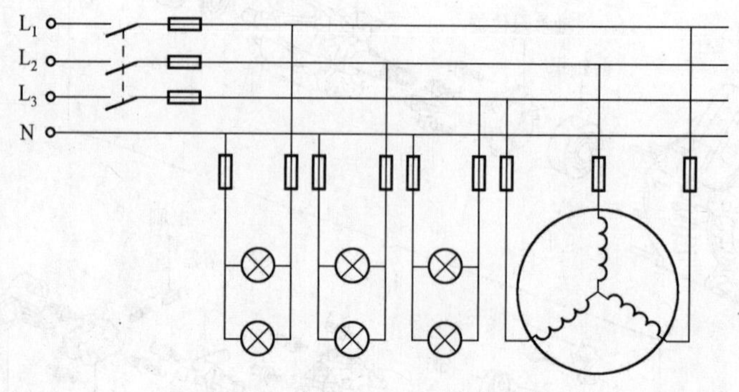

图 2-30　三相四线制

在我国，电力标准频率为 50Hz，相电压为 220V，线电压为 380V。图 2-30 中灯泡的额定电压为 220V，而电动机的额定电压为 380V。

当负载为星形联结，且负载对称时，中性线电流为零。在实际生活当中，每一相的负载不可能对称，所以中性线就有电流。因此，导致中性线对地电压不为零的现象，而且距电源越远电压则越高。但一般在安全值以下，并无危险性。

二、三相五线制

为了避免触电事故，要确保用电设备外壳对地电压为零，所以专设保护零线 PE。这样就成了三相五线制。

工作零线在进建筑物入口处要接地，进户后再另设一根保护零线。所有的用电设备都通过三孔插座（L、N、E）接到保护零线上。正常工作时，中性线上有电流，而保护零线上不应有电流。图 2-31 中的 1 为正确连线方法。

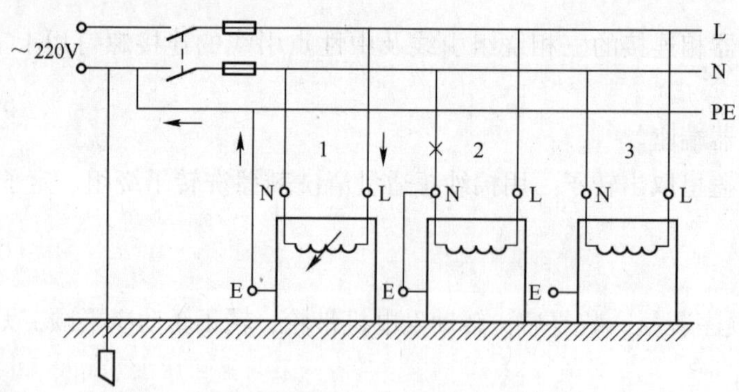

图 2-31　三相五线制

当绝缘损坏或相线碰壳时，用电设备外壳带电，若没有保护零线，人触及外壳就有触电的危险。外壳通过保护零线接地后，一旦出现外壳带电，则相电流直接流经保护零线进入大地，构成短路电流迅速将熔断器（俗称保险丝）烧断，使用电设备断电，从而避免了触电事故的发生。

图2-31中的2接零不正确，不能起到保护的作用，而图2-31中的3忽略了保护零线的接入。

三、安全用电常识

1. 电流对人体的危害

当人体接触带电体时，电流通过人体就造成触电。一旦触电人体就会受到不同程度的伤害，如不能迅速脱离带电体，则会导致死亡事故。

事实表明，触电对人体的伤害程度与以下因素有关：

（1）人体电阻的大小　人体电阻越大，相同的电压作用下，电流越小，伤害程度也就越轻。据研究表明，当皮肤完好且干燥时，人体电阻为10～100kΩ，不同人其体电阻差别很大。当表皮损伤或湿润时，电阻可降至800～1000Ω。

（2）电流流过人体的时间长短　电流流过人体的时间越长，则危害越大；电流流过人体的时间越短，则伤害越小。

（3）电流流过人体的大小　流过人体的电流越大，则伤害越大。电流达50mA时，就有生命危险。以人体电阻为800Ω计算，人体接触40V电压生命就有危险，所以把36V作为安全电压。在潮湿的环境下安全电压等级更低，为24V或12V。

（4）电流的频率　直流与频率为50Hz的工频交流对人体的伤害最大，而高于20kHz的交流对人体没有伤害。

2. 安全用电

现代人的生活中，电如同水与空气一样重要，已经渗透到我们生活的方方面面。事实表明，不论是直流电还是交流电，均可导致触电事故的发生，所以安全用电是劳动保护教育与安全技术中重要的组成部分。安全用电的注意事项如下：

1）确保用电设备的金属外壳保护接零。

2）用电设备应使用漏电保护装置。

3）保持身体与表皮的干燥，不要在潮湿的环境中带电操作，防止触电事故的发生。

4）不要用手去碰触带电体的金属部分。

5）不小心触电时请迅速脱离电源，防止伤害升级。

6）电工在作业时，应穿胶鞋戴绝缘手套，并注意单手操作。

【项目实施】

从上面的学习中，已经详细地了解了三相交流电的产生与汽车交流发电机的构造以及基本工作原理。针对交流发电机的故障，只要熟悉其结构，理解其工作原理，就不难对它进行检测与检修。

在检测交流发电机之前，首先要了解发电机的型号。因为不同的发电机其检测参考数据也有所差别。下面以整体式汽车交流发电机为例。

一、发电机就车检查

1. 充电指示灯检查

打开点火开关，不起动发动机，查看仪表充电指示灯是否点亮，如图2-32所示。如不亮，应检查相应电路或充电指示灯的熔丝是否熔断，指示灯灯泡是否损坏，如有，应更换。

图 2-32　充电指示灯

如果充电指示灯亮，则起动发动机，当发动机正常运转时，充电指示灯应熄灭，否则应检查发电机。

2. 发电机检查

在发动机运转状态下用一金属物体（如梅花启）检查发电机的转子轴有无磁性，如有磁性，会明显感觉到金属物体受到吸引，说明发电机励磁电路良好，如图 2-33 所示。如没有磁性，则应进一步检查发电机励磁电路有无输入电压。如无电压，则检查蓄电池到发电机励磁电路之间的连接是否松脱。如果有电压，则说明从电刷、集电环到励磁绕组之间的电路有故障。

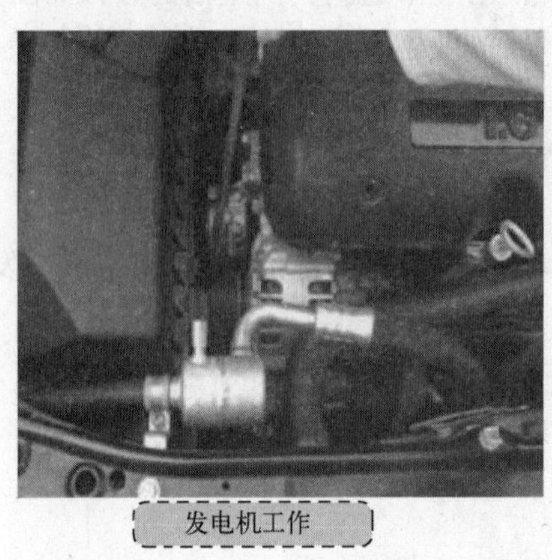

发电机工作

发电机不工作

图 2-33　发电机励磁电路检查

检查发电机输出电压（在发动机转速为 2500r/min 时为 12V 或 24V），发电机输出电压应大于 12V 或 24V，小于 14. 8V 或 27V。否则应检查整流器及定子绕组有无损坏。

二、发电机的整体检测

在经过上两步的检查后，就要将交流发电机从汽车上拆下来。首先对它进行不解体检测，对故障部位进行初步判断。对于电压调节器在外的交流发电机，通过整体检测，可以对励磁线路包含电刷、集电环、励磁绕组等以及整流器作初步判断。

对交流发电机的不解体检测通常有万用表检测、实验法检测、示波器检测等方法。用万用表检测简单、直接、经济、安全。下面以万用表检测为例进行介绍。

检测前需要知道，汽车交流发电机的引线端分别为B、F、E。E为搭铁端子，B为整流后电压输出端，F为励磁电压端，如图2-34所示。

根据电路及发电机结构分析，F与E端内为励磁绕组，中间经过了电刷与集电环。电路正常时，只有励磁绕组的直流电阻，其值相当小。

而B端子是发电机三相电动势经整流二极管整流后的输出端，当二极管其中任意一个出现开路故障时，用万用表的二极管档进行检测，与正常时的数据无差别。所以不解体检测时，对B与E端子的检测结果是不确定的。

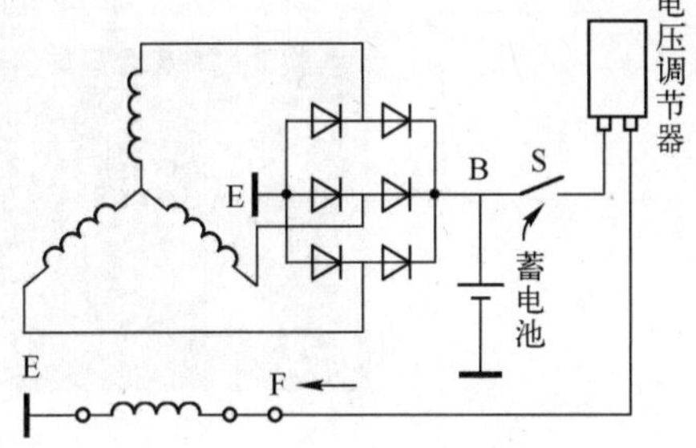

图2-34 发电机引线端示意图

用数字万用表200Ω档测量F、E端子，其测量数值及故障分析见表2-1。

表2-1 测量数值及故障分析

正常值	异常情况	故障原因分析
6～8Ω	阻值大于标准值	电刷与集电环接触不良
	阻值小于标准值	励磁绕组局部短路
	阻值为∞	励磁绕组断路
	阻值为0	则“F”接柱搭铁或两只集电环短路

三、发电机的解体检测与维修

硅整流发电机每运转750h（相当于30000km），应拆开检修一次。图2-35所示为发电机的解体图。解体检测主要检查电刷和轴承的状况。新电刷的高度是14mm，磨损至7～8mm时应更换。轴承如有明显松动，应更换。硅整流发电机若不发电，其主要原因多是硅二极管损坏，励磁绕组或定子绕组有断路、短路和搭铁（绝缘不良）等故障所致。

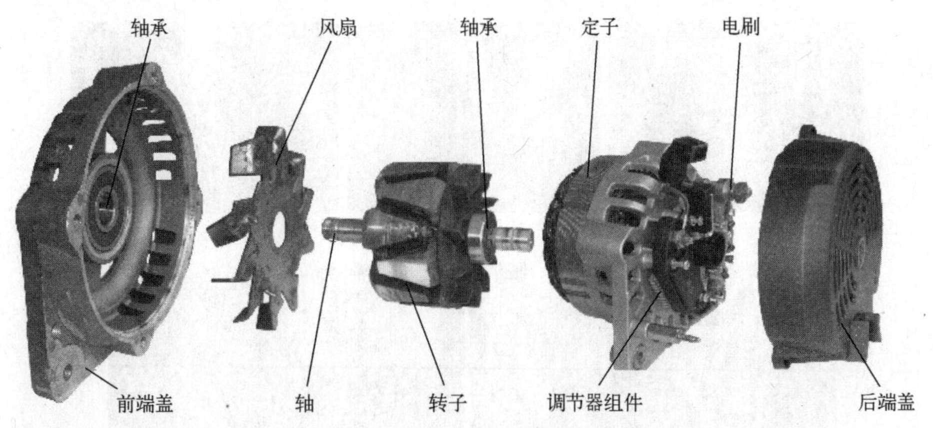

图2-35 发电机的解体图

1. 励磁绕组的检测与维修

励磁绕组的两个引线端分别接到集电环的两个相互绝缘的铜环上，所以测量两个铜环之间的电阻值，即可测量出励磁绕组的通断情况。

选择数字式万用表的200Ω档，检查磁场绕组的阻值及绕组与转子铁心的绝缘性，如图

2-36 所示。励磁绕组的检测情况与故障排除见表 2-2。

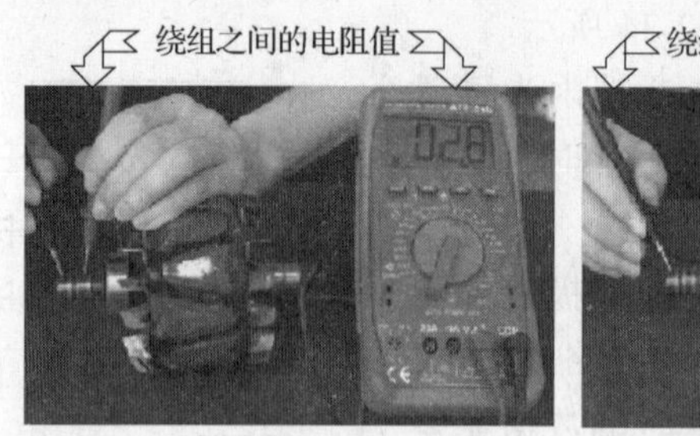

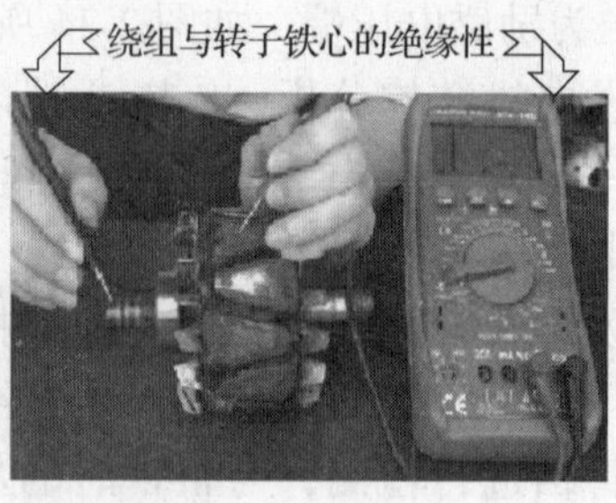

图 2-36　励磁绕组的检测

表 2-2　励磁绕组的检测情况与故障分析

检测内容	情况分析			
	正常值	异常情况	故障分析	故障排除方法
励磁绕组阻值	2 ~ 4Ω	电阻值为∞	励磁绕组断路或焊点断路	更换转子总成或重焊断点处
		电阻值为 0	两绕组短路	更换转子总成
		电阻值小于标准值	励磁绕组有局部短路	更换转子总成
绕组与铁心绝缘性	∞	电阻值小于标准值	绕组或集电环有搭铁	更换转子总成

注意：型号不同的发电机其测量的标准值有一定的差别，要根据实际情况加以分析。

2. 定子绕组的检测与维修（见图 2-37）

定子绕组的故障一般有断路、短路、搭铁等。有断路故障时，用万用表的电阻档可以判断，但如果定子绕组短路，由于本身电阻很小，很难用万用表的电阻档测量出来，所以要借助其他的方法进行判断，例如用示波器测量电压波形可判断绕组的短路情况。

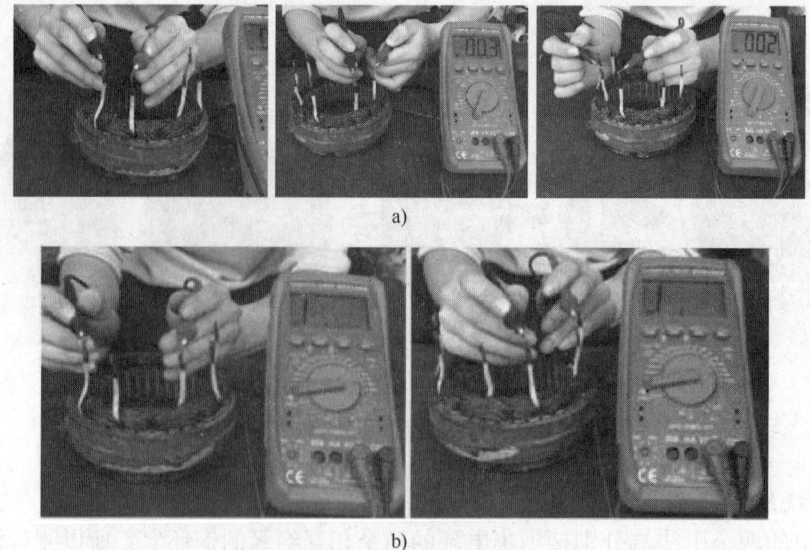

图 2-37　定子绕组的检测

a）检测三相绕组电阻　b）检测绕组间的绝缘性能

一般情况下，由于定子绕组的铜线较粗，很少出现中间断路的情况，而短路的情况也少见，所以发电机故障少，易维修。定子绕组的检测情况及故障分析见表 2-3。

表 2-3　定子绕组的检测情况及故障分析

检测内容	情况分析			
	正常值	异常情况	故障分析	故障排除方法
定子绕组阻值	150～300 mΩ	电阻值为∞	定子绕组断路或接点断路	更换定子总成或重接断点处
			定子绕组短路	更换定子总成
			励磁绕组有局部短路	更换定子总成
绕组间的绝缘性	∞	电阻值小于标准值	绕组间有搭铁	更换定子总成

3. 集电环的检测与维修

使用游标卡尺测量集电环直径，如图 2-38 所示。当直径小于标准直径的最小值时，可更换转子。当集电环表面有轻微烧蚀时，可用砂布打磨，使其表面光滑。打磨后用万用表检测两铜环间的绝缘性，必须保证两者间是绝缘的。若烧蚀严重，应更换转子总成。

4. 电刷及电刷弹簧的检测与维修

新的电刷高度为 14mm，在发电机工作过程中，电刷在电刷弹簧的压紧下与集电环接触并高速旋转，时间长了会有磨蚀。如果其高度为 7～8mm，就需要更换电刷。电刷弹簧弹性不足，将会导致接触不良，所以当弹簧不紧时要及时调整或更换。

用游标卡尺测量发电机的电刷高度如图 2-39 所示。

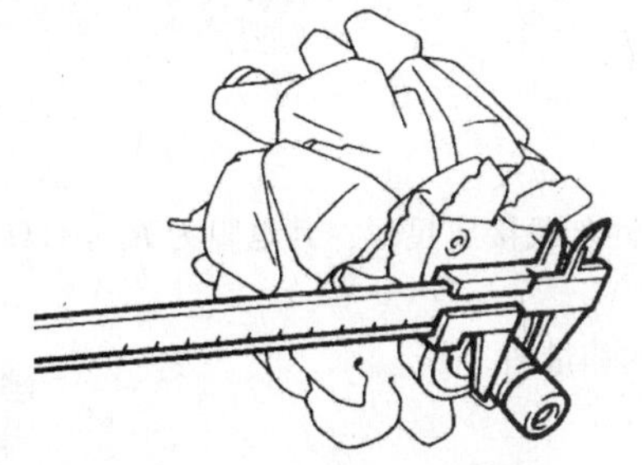

图 2-38　测量集电环的直径

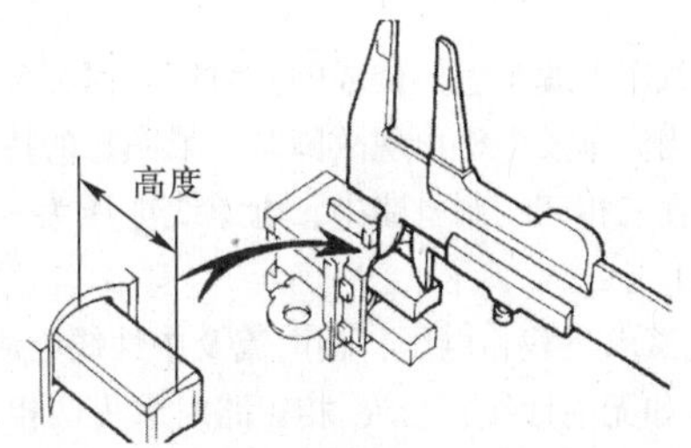

图 2-39　测量发电机的电刷高度

【小结】

本学习情境主要是对汽车交流电路的学习。在汽车交流电路中，以汽车交流发电机的检修为重点，分析了交流发电机不工作的故障现象，学习了交流发电机的结构、工作原理及检测与维修。同时也学习了正弦交流电及三相交流电路的基本知识。

1. 维修项目

汽车交流发电机的检修：

1）故障现象：蓄电池不充电，充电指示灯不熄灭。

2）汽车电源系统由蓄电池与交流发电机两大部分构成。

3）故障分析与诊断：汽车交流发电机不工作。

2. 正弦交流电

1）正弦交流电是指电流或电压的大小与方向随时间按正弦规律作周期性的变化。

2）最大值、频率、初相位是正弦交流电的三要素。

3）用复数表示正弦量的方法称为相量法，根据复数的运算关系或相量图可以分析正弦交流电路。

4）纯电阻元件在交流电路中，其电压与电流同频同相。纯电感元件在交流电路中，对交流电流有阻碍作用，且电压超前电流 90°。纯电容元件在交流电路中，对交流电流有阻碍作用，且电压滞后电流 90°。

5）三相交流电源指三个大小相等、频率相同、相位互差 120°的三个正弦交流电。三相交流电源有Y联结与△联结两种方式，通常以Y联结居多。Y联结时，其线电压是相电压的$\sqrt{3}$倍，且在相位上超前对应相电压 30°。

6）三相负载有Y联结与△联结两种方式。Y联结时其线电流等于相电流。

3. 汽车交流发电机

1）汽车交流发电机主要由定子、转子、电刷、整流器等构成。

2）汽车交流发电机的工作原理是利用了电的磁效应及电磁感应定律。

4. 汽车交流发电机的检测与检修

1）就车检测：判断是发电机本身的故障还是线路故障。

2）发电机整体检测：对故障部位进行初步判断。

3）发电机解体检测：包括励磁绕组的检测、定子绕组的检测、集电环与电刷及电刷弹簧的检测。

思考与练习

1. 汽车电源是怎样构成的，它们如何配合工作？

2. 当汽车发电机出现故障时，最明显的特征是什么？

3. 在三相四线制电路中，电源线电压为 380V。三个电阻性负载接成星形，其电阻为 $R_1=11\Omega$，$R_2=R_3=22\Omega$。

1）试求负载相电压、相电流及中性线电流，并画出它们的相量图。

2）如无中性线，当 R_1 相短路时求另两相电压。

3）如无中性线，当 R_1 相断路时求另两相电压。

4）在上述 2）、3）如有中性线又会如何呢？

4. 已知 $i_1=15\sin(314t+45°)\text{A}, i_2=10\sin(314t-30°)\text{A}$，试求：

1）两者之间的相位差为多少？谁超前，谁滞后？

2）写出两个电流的相量表达式，画出相量图。

3）求两个电流的频率、周期、初相位、最大值、有效值分别是多少。

5. R、L、C 在交流电路中其电压与电流从频率、大小、相位上比较有什么特点？

6. 什么是三相对称电源？当三相电源Y联结时，其线电压、相电压、线电流、相电流有什么关系？

7. 什么是对称负载？在Y联结中，当负载对称时，各相电压、相电流有什么关系，中性线电流有什么特点？画出相电流的相量图。

8. 交流发电机主要由哪些部分构成，各组成部分的作用是什么？

9. 在对汽车交流发电机做解体检测时，其检测的主要内容有哪些，检测意义是什么？

10. 简述生活当中，你是如何做到安全用电的？

学习情境3　检修汽车磁路及电磁元件

【学习目标】

知识目标

1. 掌握磁路的基本概念。
2. 理解变压器的基本结构和原理。
3. 了解汽车常用电磁元件的基本结构和原理。

技能目标

1. 能用万用表检测汽车电路中的电磁元件。
2. 会对汽车的传统点火系统电路进行故障分析。

【项目描述】

磁脉冲式点火信号发生器工作原理图如图3-1所示，请运用磁路的磁阻公式、磁路欧姆定律及电磁感应定律分析其工作原理，并分析相关电气元件和电路的原理。

1）信号发生器的磁通路径。

2）运用磁路的磁阻公式分析主磁路总磁阻的变化。

3）运用磁路欧姆定律分析传感器线圈中磁通的变化。

4）运用电磁感应定律分析传感器线圈中感应电动势的变化。

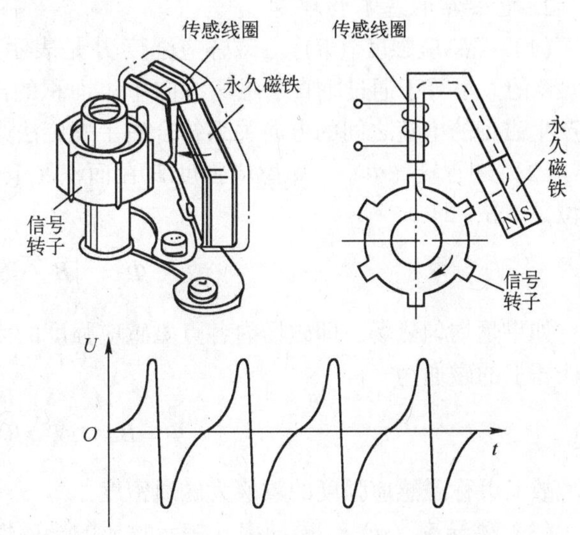

图3-1　磁脉冲式点火信号发生器工作原理图

任务3.1　认知磁场的基本物理量

在电动机、变压器、电磁铁等实际电路中有大量电感元件的线圈中有铁心。线圈通电后铁心就构成磁路，磁路又影响电路。因此电工技术不仅有电路问题，同时也有磁路问题。

磁性是物质能吸引铁、镍、钴等金属的特性，而具有磁性的物质称为磁铁。磁铁可分为天然磁铁和人造磁铁。常见的磁铁有条形、马蹄形等。

1. *磁场*

任何磁体都有两个磁性最强的区域——磁极，磁体无论怎样分割都有两个磁极，在无外力阻碍下，其中指向地球南极的磁极称为南极，用S表示；指向地球北极的磁极称为北极，用 N 表示。磁体的磁极间具有相互作用力——磁力，它们表现为同性磁极相互排斥，异性磁极相互吸引。

磁体周围存在磁力作用的空间叫磁场，磁场可看成一种传递磁力作用的特殊物质，磁场是有强弱和方向的，磁场中某点的磁场方向，常用在该点处放一个能自由转动的小磁针的方法判断，小磁针静止时 N 极所指的方向，规定为该点的磁场方向。为了形象地描述磁场而引出磁感线这一概念，规定在磁感线上每一点的切线方向为该点的磁场方向。磁场的强弱用磁力线的疏密程度来表示。磁铁的磁场如图 3-2 所示。

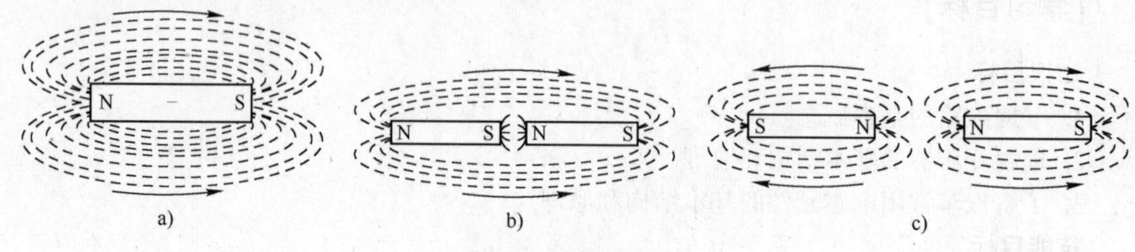

图 3-2　磁铁的磁场

a）条形磁铁的磁场　b）异性磁极相互吸引　c）同性磁极相互排斥

2. 电磁学的基本物理量

（1）磁感应强度（B）　磁感应强度 B 是表示磁场空间某点的磁场强弱和方向的物理量。B 的大小等于通过垂直于磁场方向单位面积的磁力线数目，其方向即该点磁场的方向，与产生磁场的电流之间的方向关系符合右手螺旋法则。它的单位是特斯拉（T）。

（2）磁通量（Φ）　磁感应强度 $\boldsymbol{B}$ 在面积 $\boldsymbol{S}$ 上的通量积分称为磁通量，也简称为磁通，单位是 Wb，即

$$\Phi = \int_S \boldsymbol{B} \cdot \mathrm{d}\boldsymbol{S} \tag{3-1}$$

如果是均匀磁场，即磁场内各点磁感应强度的大小和方向均相同，且与面积 $\boldsymbol{S}$ 垂直，则该面积上的磁通为

$$\Phi = BS \quad \text{或} \quad B = \frac{\Phi}{S} \tag{3-2}$$

故又可称磁感应强度的数值为磁通密度。

（3）磁导率（μ）　磁导率 μ 表示物质的导磁性能，单位是 H/m。

真空的磁导率 $\mu_0 = 4\pi \times 10^{-7}$ H/m，为一常数。一般磁介质的磁导率 μ 和真空的磁导率 μ_0 的比值，称为该物质的相对磁导率 μ_r，即

$$\mu_r = \frac{\mu}{\mu_0} \tag{3-3}$$

根据相对磁导率的不同，往往把材料分成两大类，第一类为铁磁性材料，如钢、铁、钴、镍及其合金，它们的磁导率很高，相对磁导率 μ_r 远远大于 1，能使磁场大大增强；如电动机、变压器和电磁铁线圈中的铁心是用铁磁物质制成的，以增强磁场。第二类为非铁磁性材料，相对磁导率 μ_r 约等于 1，其中有些材料 μ_r 略小于 1，如铜、银等，有些材料 μ_r 略大于 1，如各类气体、非金属材料、铝等。

（4）磁场强度（H）　磁场中某一点磁感应强度 B 与磁导率 μ 的比值称为该点的磁场强度 H，其单位为 A/m，即

$$H=\frac{B}{\mu} \tag{3-4}$$

磁场强度 H 与磁感应强度 B 的名称很相似，H 是为计算的方便引入的物理量，通过它可以确定磁场与电流之间的关系。

任务 3.2 认知磁路的基本定律

一、电流的磁场——安培定则

1. 直流电流产生的磁场

当电流流过导体时，在导体周围会产生磁场，通常将载流导体产生磁场的现象称为电流的磁效应。磁场的方向由右手螺旋定则确定。

通电直导体产生的磁场方向判定方法是：以右手拇指所指的方向跟电流的方向一致，则弯曲四指的指向即为磁场方向。通电直导体产生的磁场如图 3-3 所示。通电直导体产生的磁场强弱与流过导体的电流大小成正比。

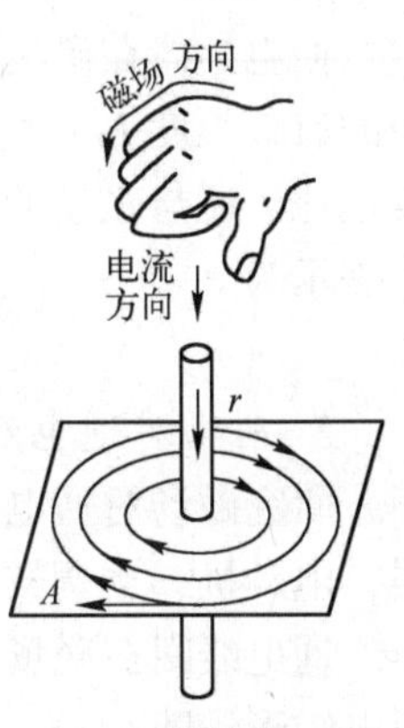

图 3-3 通电直导体产生的磁场

2. 环形电流产生的磁场

当电流流过线圈时，在线圈周围也会产生磁场，磁场方向的判定方法是：以右手弯曲的四指所指方向跟电流的方向一致，则大拇指所指的方向就是磁场方向，即大拇指指向通电线圈的 N 极。通电线圈产生的磁场如图 3-4 所示。

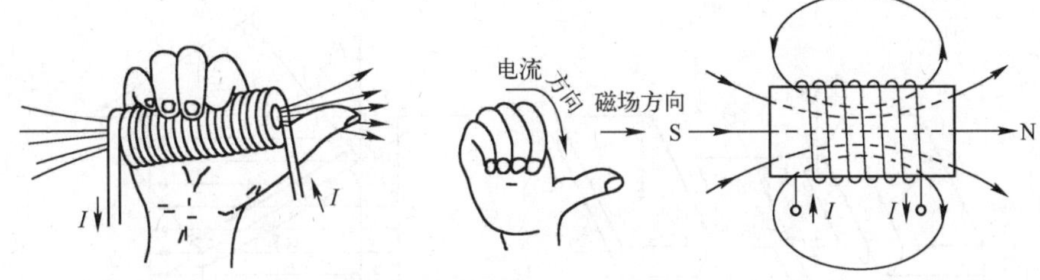

图 3-4 通电线圈产生的磁场

通电线圈产生磁场的强弱与流过线圈的电流大小和线圈的匝数成正比，另外还与线圈中有无铁心有关。若要使线圈的磁场更强，可在线圈中央插入用软铁制成的铁心，如图 3-5 所示。软铁是一种具有高磁导率的材料，它为穿过线圈中央的磁场提供优良的导磁体。

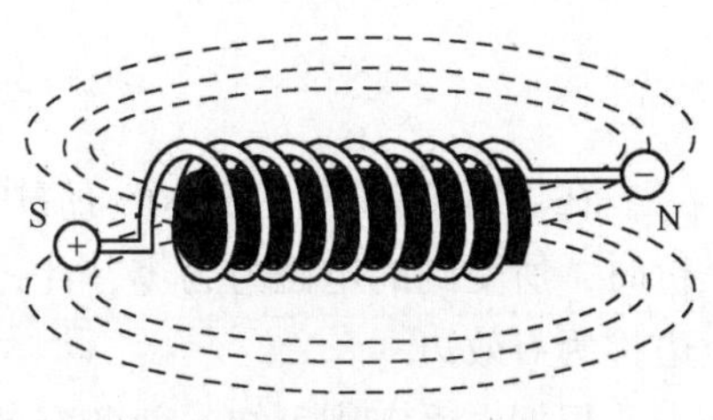

图 3-5 线圈中加入铁心

磁场的强弱通常是以流过线圈的电流乘以线圈的匝数（IN）来度量的。利用通电线圈所产生的电磁吸力可制成电磁铁，电磁铁的应用在汽车上很广泛。

二、磁场对电流的作用——左手定则

1. 磁场对通电直导线的作用

在磁铁的两极中悬挂一根直导体与磁力线方向垂直，当导体中没有电流流过时，导体静止不动；而导体中有电流流过时，导体就会在磁铁中移动；若改变电流的流向，导体移动的方向也相应改变。由此可见，通电导体在磁场中受到磁场力的作用。通常把通电导体在磁场中所受到的作用力称为电磁力。电动机就是根据这一原理工作的。

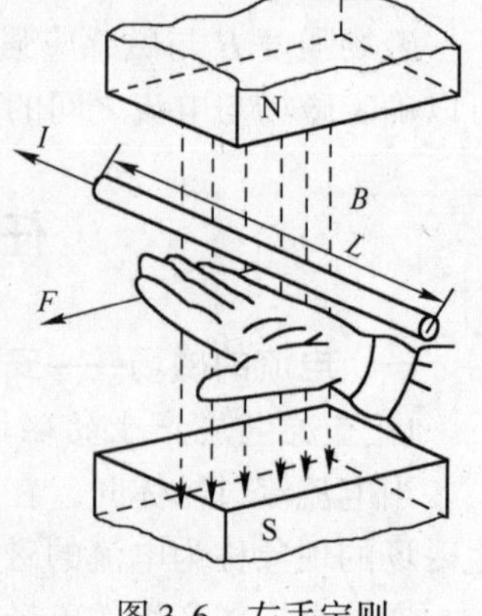

图 3-6 左手定则

如图 3-6 所示，电磁力的方向可用左手定则进行判断。即平伸左手，使拇指与其余四指垂直并在一个平面内，手心正对磁场的 N 极，四指指向电流的方向，则拇指的指向就是通电导体的受力方向。

通电导体在磁场中受到的电磁力 F 的大小，与导体在磁场中的有效长度 L（垂直磁力线的导体长度）、通电电流 I 的大小成正比，还与磁场的强弱有关。磁场越强电磁力越大。电磁力可表示为

$$F = BIL\sin\alpha \tag{3-5}$$

2. *磁场对通电线圈的作用*

研究磁场对通电线圈的作用更有实际意义，因为在汽车电器中许多直流电动机，如刮水器、电动机、空调鼓风机和起动机的直流电动机等都是利用这一原理制成的。

通电线圈在磁场中的受力分析如图 3-7 所示，在均匀磁场中放置一个可绕轴 OO'转动的通电矩形线圈 $abcd$。已知 $ad = bc = L_1$；$ab = cd = L_2$。当线圈与磁感线平行时，因 ab 边和 cd 边与磁感线平行，所受电磁力为零，而 ad 边和 bc 边与磁感线垂直，所受电磁力最大，而且 $F_1 = F_2 = BIL_1$。

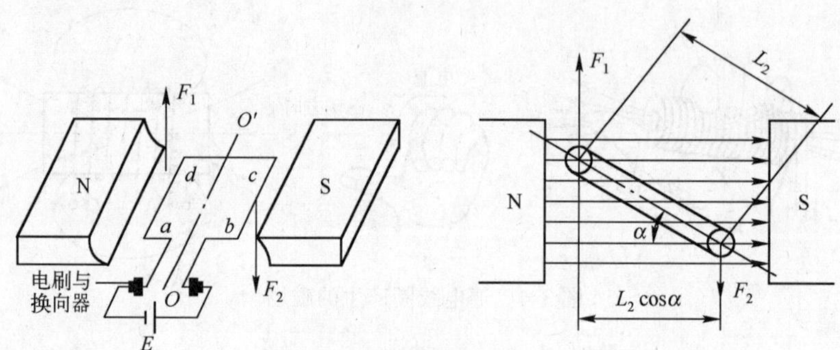

图 3-7 通电线圈在磁场中的受力分析

在均匀磁场中放置一个可绕中心轴旋转的线圈，给线圈通电后，当磁力线与线圈边框平行时，所受到的电磁力为零，此边称为无效边；而与磁力线垂直的边受到的电磁力最大，此边称为有效边。

根据左手定则可知，两条有效边的受力方向正好相反且不在同一条直线上，因而形成一对力偶，使线圈绕中心轴转动。

通电线圈在磁场中的转矩等于力偶中的任意一个力与力偶臂的乘积，即

$$M = F_1\frac{ab}{2} + F_2\frac{ab}{2} = F_1 ab = BIS \tag{3-6}$$

式中 M——线圈中受到的电磁转矩，单位为 N · m；

B——均匀磁场的磁感应强度，单位为 T；

I——线圈中的电流，单位为 A；

S——线圈的面积，单位为 m^2。

如图 3-7 所示，若线圈转角为 α，则线圈的转矩为

$$M = BIS\cos\alpha \tag{3-7}$$

3. *磁场对通电半导体元件的作用*

如图 3-8 所示，当电流 I 通过放在磁场中的半导体基片（霍尔元件）且电流方向和磁场方向垂直时，在垂直于电流和磁通的半导体基片的横向侧面上即产生一个电压，这个电压称为霍尔电压 U_H。U_H 的大小与通过的电流 I 和磁感应强度 B 成正比，可表示为

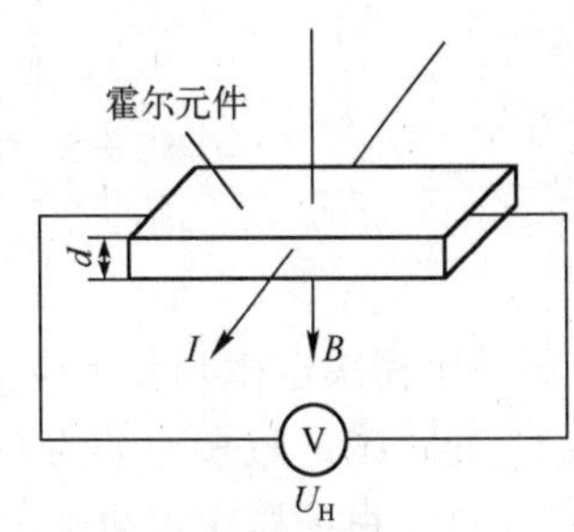

图 3-8　霍尔效应

$$U_H = \frac{R_H}{d}IB \tag{3-8}$$

式中，R_H 为霍尔系数；d 为半导体厚度，单位为 mm；I 为电流，单位为 A；B 为磁感应强度，单位为 T。

由式（3-8）可知，当通过的电流 I 为定值时，产生的霍尔电压与磁感应强度 B 成正比。即霍尔电压随磁感应强度的大小而变化。

利用霍尔效应可制成霍尔式传感器，如汽车上的霍尔式位置和转速传感器及霍尔式电子点火器等。

三、电磁感应

1. *导体中产生的感应电动势——右手定则*

如图 3-9 所示，在磁场中的导体作切割磁力线运动时，就会在导体中产生感应电动势，若磁场中的导体构成闭合回路，就会在导体中产生感应电流。感应电动势或感应电流的方向可用右手定则来判断。

右手定则：平伸右手，使大拇指与其余四指垂直，并且都跟手掌在一个平面内，让掌心正对磁场 N 极，大拇指指向导体的运动方向，则四指所指的方向就是感应电动势（感应电流）的方向，即四指所指向的一端为感应电动势的正极。

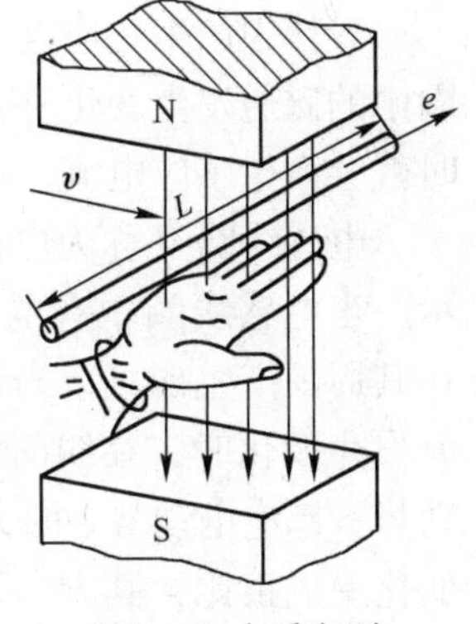

图 3-9　右手定则

导体中感应电动势的大小与磁感应强度 B、导体的有效长度 L 及导体切割磁力线运动的速度 v 成正比，即

$$e = BvL\sin\alpha \tag{3-9}$$

汽车上的发电机就是根据电磁感应原理工作的。右手定则又称为发电机定则。

2. *楞次定律*

通电导体周围存在磁场，即电能生磁，反之磁也能生电。当穿过闭合电路的磁通量发生变化时，闭合电路中就有电流产生，这种利用磁场产生电流的现象称为电磁感应现象。

如图 3-10 所示，线圈中感应电动势的方向可用楞次定律判断。即线圈中感应电流的磁场总是阻碍引起感应电流的磁通（原磁通）的变化，这就是楞次定律。此定律用于导体不作运动但磁通变化，从而引起闭合电路产生感应电动势（感应电流）的方向判定。

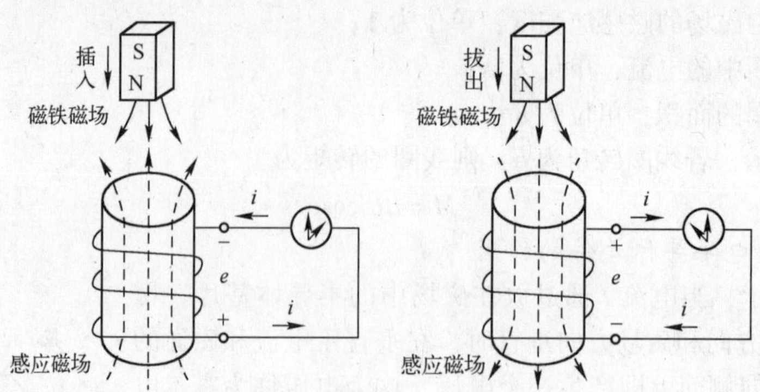

图 3-10 线圈中磁通发生变化时产生的感应电动势

用楞次定律判断感应电动势方向的步骤如下：

1）确定原来磁场的方向及变化趋势（增加还是减少）。

2）根据楞次定律确定感应电流产生的磁场方向（当原磁场增加时，感应电流产生磁场的方向与原磁场方向相反，反之则相同）。

3）根据感应电流产生磁场的方向，用右手螺旋定则判断出感应电动势的方向。

3. *法拉第电磁感应定律*

楞次定律说明了感应电动势的方向，而没有探讨感应电动势的大小。线圈中感应电动势的大小与穿过线圈的磁通的变化率以及线圈的匝数成正比，这就是著名的法拉第电磁感应定律。

电动机、变压器、汽车点火系统、起动电动机等的工作原理都基于电磁感应原理。

导体中产生感应电动势和感应电流的条件是：导体与磁场作切割磁力线的相对运动或线圈中的磁通发生变化时，就会在导体或线圈中产生感应电动势；当导体或线圈构成闭合回路时就会产生感应电流。

电感线圈又称为电感，用字母 L 表示。当电感线圈中有电流 i 通过时，将在其周围产生磁场。当通过线圈的磁通 Φ 发生变化时，在线圈中将产生感应电动势。感应电动势 e 的大小与磁通 Φ 的变化率成正比，其方向取决于磁通的变化情况，习惯上规定感应电动势 e 的参考方向与磁通 Φ 的参考方向之间符合右手螺旋定则，如图 3-11 所示。感应电动势 e 的表达式为

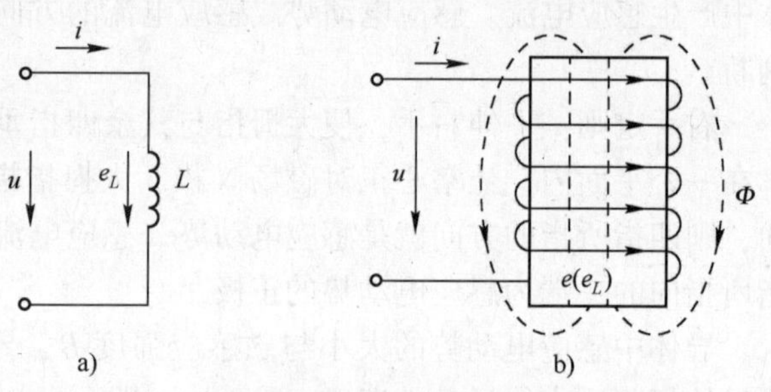

图 3-11 电感元件

a）电感元件符号

b）电感元件中电压、电流和磁通的方向

$$e=-N\frac{\mathrm{d}\Phi}{\mathrm{d}t} \tag{3-10}$$

若电感线圈的匝数是 N，通过每匝线圈的磁通为 Φ，则线圈的匝数 N 与穿过线圈的磁通 Φ 的乘积 $N\Phi$ 称为线圈的磁链。通常线圈中的磁通或磁链是由通过线圈的电流 i 产生的，当线圈中没有铁磁材料时，电感元件中的磁通或磁链与电流 i 成正比（线性电感），则

$$N\Phi = Li \text{ 或 } L = \frac{N\Phi}{i} \quad (3\text{-}11)$$

式中 L 称为电感元件的电感，又称为自感，是一个常数。线圈的电感与线圈的尺寸、匝数及介质的导磁性能等有关。电感元件是一个储能（磁场能量）元件。

如图 3-11 所示，当在电感元件两端加一交变电压 u 时，通过电感元件的电流 i 也随时间变化，从而引起磁通变化，在电感线圈中产生自感电动势 e_L。

电感元件的 u、i、e_L 的参考方向选定如图 3-11 所示，其中电压与电流参考方向一致；电流产生的磁通方向由右手螺旋定则确定；感应电动势的方向与磁通的方向之间符合右手螺旋定则。则有

$$e_L = -\frac{\mathrm{d}N\Phi}{\mathrm{d}t} = -L\frac{\mathrm{d}i}{\mathrm{d}t} \text{ 或 } u = -e_L = L\frac{\mathrm{d}i}{\mathrm{d}t} \quad (3\text{-}12)$$

即电感元件的端电压 u 与电流 i 对时间的变化率 $\frac{\mathrm{d}i}{\mathrm{d}t}$ 成正比。对于恒定电流（直流）来说，电感元件的自感电动势 e 和端电压 u 等于零，故电感元件对直流电路来说相当于短路。

4. 自感和互感

将两个线圈 N_1、N_2 绕在同一铁心上，如图 3-12 所示。当线圈 N_1 的电流发生变化时，引起磁场变化，在 N_1 中产生感应电动势，称为自感电动势；其大小与电流的变化率和线圈匝数成正比；这种由线圈本身电流变化引起磁场变化而在线圈本身产生感应电动势的现象称为自感现象。而线圈 N_1 变化的磁场也穿过线圈 N_2，会使线圈 N_2 中产生感应电动势，这种由一个线圈的电流发生变化而在另一个线圈中产生感应电动势的现象叫做互感现象。N_2 中的电动势就叫做互感电动势。如图 3-12 所示，互感电动势的大小与穿过线圈 N_2 的磁通变化率成正比，与线圈 N_2 的匝数成正比。互感和自感电动势的方向由楞次定律来判定。

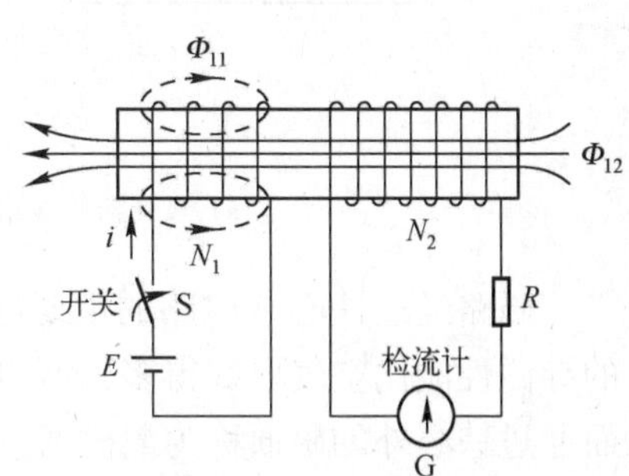

图 3-12　互感及互感电动势

变压器及汽车上的点火线圈就是利用自感和互感原理工作的。

互感现象在生产实际中应用非常广泛，如变压器、交流电动机都是利用互感原理制成的。在图 3-13 中，一次绕组匝数少，仅 300 匝左右，而二次绕组匝数多，通常在 20000 匝以上，是一次绕组的 60 多倍。这样做的目的在于当一次绕组电流变化时能在二次绕组中产生很高的互感电压。点火的过程如下：在触点断开瞬间，由于一次绕组的电流发生变化，因此会在二次绕组中产生高达 10kV 以上的互感电压。这么高的电压加在火花塞电极两端，会引起火花塞极间跳火，从而点燃气缸中的可燃混和气，使发动机工作。

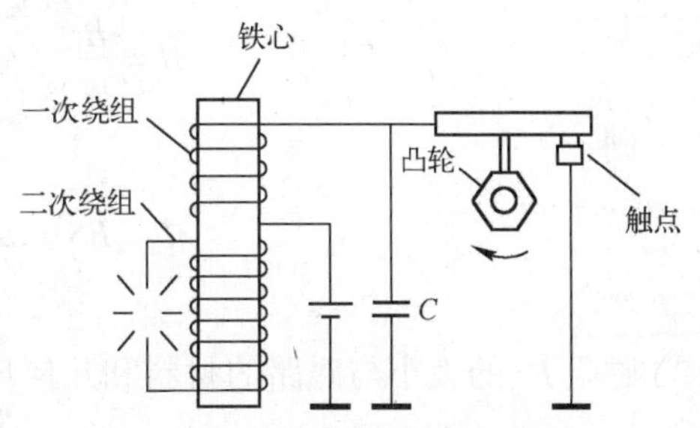

图 3-13　汽车点火电路的原理图

互感现象也会带来危害，如在电子设备中，若线圈之间的位置安排不当，则线圈之间会因为互感耦合而产生不必要的干扰，影响各自的工作，为此常把线圈的距离加大或垂直安

放，以避免相互影响。又如对电磁干扰比较敏感的电子设备，常常制作屏蔽罩，以屏蔽外磁场的影响。屏蔽原理是，由铁磁材料制作的屏蔽罩其磁阻很小，因而外磁场的绝大部分磁通沿罩壁通过，进入罩内的磁通极少，起到了屏蔽作用。

四、磁路的形成及欧姆定律

1. *磁路的形成*

在变压器、电动机和电磁铁中常用铁磁材料做铁心。这是由于铁磁材料具有很高的磁导率，铁心线圈中只要通过很小的电流，便能得到较强的磁场或较大的磁通。由于存在高磁导率铁心，电流产生的磁通或磁感线基本都被约束在铁心的闭合路径中，周围弱磁性物质中的磁场则很弱。磁力线通过的闭合路径称为磁路。图 3-14 是变压器、直流电动机、电磁继电器等的磁路。

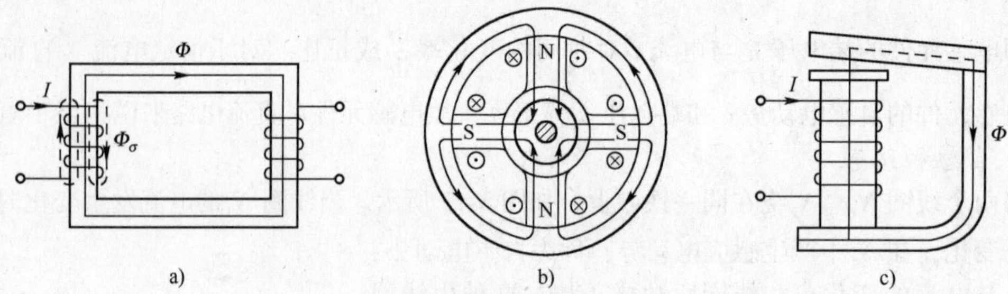

图 3-14　常见设备的几种磁路

a）变压器的磁路　b）直流电动机的磁路　c）电磁继电器的磁路

磁路经过铁心（磁路的主要部分）、空气隙（有时磁路没有空气隙）而闭合。由于铁心的导磁性能比空气要好得多，所以绝大部分磁通将在铁心内通过，这部分磁通称为主磁通。而通过铁心外的磁通称为漏磁通。一般漏磁通远小于主磁通，故常忽略不计。

2. *磁路的欧姆定律*

磁路中的磁通量 Φ 与磁通势 NI（线圈的匝数和电流的乘积）成正比，与磁阻 R_m 成反比，如图 3-15 所示，这一关系与电路中的欧姆定律在形式上相近，通常称为磁路的欧姆定律。因为

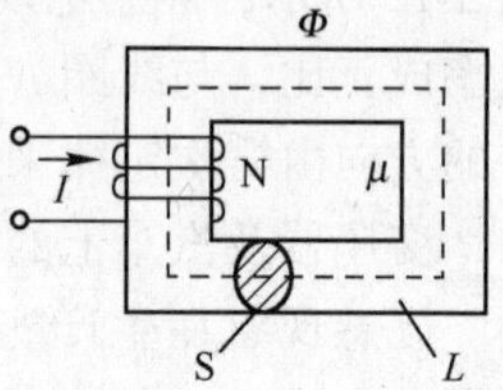

$$H=\frac{B}{\mu}$$

图 3-15　磁路的欧姆定律

则

$$\Phi=BS=\mu HS=\mu\frac{HL}{L}S=\frac{HL}{\frac{L}{\mu S}}=\frac{F}{R_m} \tag{3-13}$$

磁阻 R_m 的大小与磁路的材料和几何尺寸有关，其计算公式为

$$R_m=\frac{L}{\mu S} \tag{3-14}$$

式中　L——磁路的平均长度，单位为 m；

S——磁路的横截面面积，单位为 m^2；

μ——该种磁路材料的磁导率，单位为 H/m；

F——磁动势，单位为 A。

又根据安培环路定律

$$\oint_l \boldsymbol{H} \cdot \mathrm{d}\boldsymbol{l} = \sum I = NI \tag{3-15}$$

式（3-15）左侧为磁场强度矢量沿闭合回线的线积分；右侧是穿过由闭合回线所围面积的电流的代数和。

则在单一电流励磁的闭合单磁路中，$\Phi = \dfrac{NI}{R_m}$是磁路欧姆定律的另一种表达形式，可方便地用于磁路的定性分析。

磁路和电路相比具有某些相似之处。例如在电路中，电动势是形成电流的原因，而在磁路中磁通势是产生磁通的原因；通电线圈所产生的磁通与线圈匝数 N 和通过电流 I 的乘积成正比，电路中有电阻，而在磁路中亦有磁阻；磁通经过磁路时受到磁阻的阻碍作用，磁阻 R_m的大小与磁路的长度 L 成正比，与磁路的横截面面积 S 成反比，并与组成磁路材料的磁导率有关。在磁路长度和横截面面积相同的情况下，铁磁性材料的磁阻比空气的磁阻要小得多。

任务 3.3　检测汽车传统点火系统电路

一、变压器的基本结构和工作原理

变压器是利用电磁感应原理工作的电气设备，具有传递能量、变换电压、变换电流和变换阻抗的功能，因此在各个领域中有着广泛的应用。

变压器的种类繁多，如在电子电路中用到的整流变压器、振荡变压器、脉冲变压器等；另外，还有互感器、自耦变压器及各种专用变压器。不同的变压器其外形、体积及工作性能各有特点，但它们的基本结构和工作原理是相同的。

目前已有节能型变压器替代高能耗的老旧变压器。

1. 变压器的结构

如图 3-16 所示，变压器主要由铁心和绕组两大部分构成。普通的双绕组变压器有铁心式和铁壳式两种结构形式。铁心式变压器的特点是绕组包围铁心。铁壳式变压器的特点是部分绕组被铁心包围，可以不要专门的变压器外壳，适用于容量较小的变压器。变压器的绕组有一次绕组和二次绕组，一次绕组与电源相连，二次绕组与负载相连。

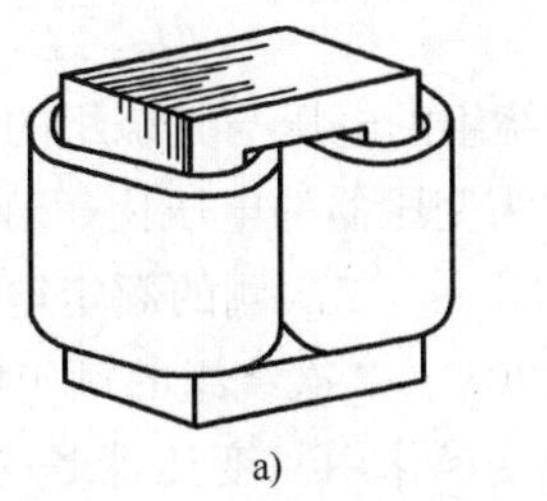
a)

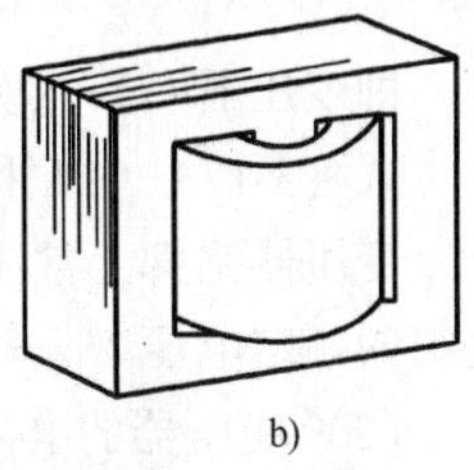
b)

图 3-16　变压器的结构
a）铁心式　b）铁壳式

2. 变压器的原理

变压器铁心上的一次绕组和二次绕组之间有磁耦合关系，变压器是依靠“磁耦合”，把能量从一次绕组传输到二次绕组的，如图 3-17 所示。当匝数为 N_1的一次绕组接上交流电压 u_1时，一次绕组中将产生交流电流 i_1，磁通势 $i_1 N_1$产生的交变磁通大部分通过铁心而闭合，因此，根据电磁感应定律将同时在一、二次绕组中产生感应电动势 e_1和 e_2。对负载而言，二次绕组中的感应电动势就相当于电源的电动势，该电动势加在负载回路上产生二次电流 i_2，

磁通势 i_2N_2 产生的磁通也大部分通过铁心而闭合。这样，铁心中的主磁通 Φ 是一个由一、二次绕组的磁通势共同产生的合磁通，这时 e_1 和 e_2 也自然是由合磁通 Φ 产生的。另外，磁通势 i_1N_1 和 i_2N_2 还要产生漏磁通 Φ_{01} 和 Φ_{02}，它们在各自的绕组中分别产生漏磁电动势 e_{01} 和 e_{02}。

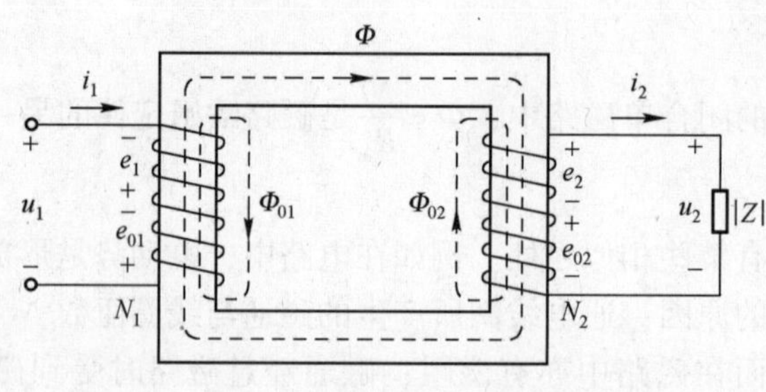

图 3-17 变压器的负载运行

3. 变压器的作用

(1) 变压器的电压变换作用　变压器一次绕组施加额定电压，二次绕组开路（不接负载）的情况，称为空载运行。

设变压器一次绕组通过的为正弦变化的交流电，则产生的磁通也为正弦变化，根据电磁感应定律 $e=-N\dfrac{d\Phi}{dt}$，经推导得出两个绕组的电压分别为

$$U_1\approx E_1=4.44fN_1\Phi_m \qquad U_{20}\approx E_2=4.44fN_2\Phi_m \tag{3-16}$$

式中　f——电源的频率；

Φ_m——铁心中主磁通的最大值；

U_1——电源电压；

U_{20}——空载时二次侧的电压。

由式（3-16）可得一、二次绕组的电压之比为

$$\frac{U_1}{U_{20}}=\frac{E_1}{E_2}=\frac{N_1}{N_2}=K \tag{3-17}$$

即变压器一、二次绕组的电压与其绕组的匝数成正比。

式（3-17）中 K 称为变压器的电压比。若 $K<1$，则为升压变压器。

变压器铭牌上常注明一、二次侧的额定电压，如“220V/20V”（$K=11$），这表明一次绕组的额定电压 $U_{1N}=220V$，二次绕组的额定电压 $U_{2N}=20V$。

(2) 变压器的电流变换作用　变压器是一个能量传输设备，忽略自身的损耗，则二次侧获得的功率等于一次侧从电网吸取的功率，即 $P_1=P_2$。又由 $P=UI\cos\varphi$，得 $U_1I_1\approx U_2I_2$。

则一、二次绕组电流有效值的关系为

$$\frac{I_1}{I_2}\approx\frac{N_2}{N_1}=\frac{1}{K} \tag{3-18}$$

即变压器一、二次绕组的电流与其绕组的匝数成反比。

变压器一、二次绕组的电流之比为变压器电压比的倒数。由式（3-18）可知，当电压比不变时，负载增大，I_2 和 I_2N_2 增大，I_1 和 I_1N_1 也要相应地增大，以抵偿二次绕组的电流和磁通势对主磁通的影响，从而维持主磁通的最大值近似不变。

(3) 变压器的阻抗变换作用　当变压器的负载阻抗 Z 变化时，i_2变化，i_1也要随着变化，Z 对 i_1 的影响可以用一个接在一次侧的等效阻抗 Z'来代替，如图 3-18 所示。可得出阻抗 Z'和负载阻抗 Z 的关系。

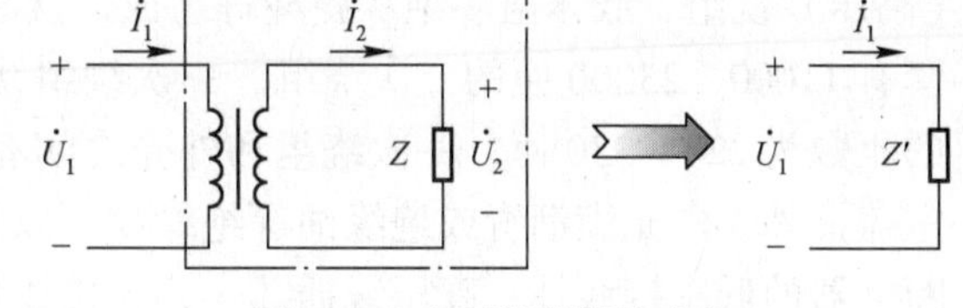

图 3-18　变压器的阻抗变换

由　$|Z| = \dfrac{U_2}{I_2}$　　$|Z'| = \dfrac{U_1}{I_1}$

得

$$|Z'| = \frac{U_1}{I_1} = \frac{KU_2}{I_2/K} = K^2\frac{U_2}{I_2} = K^2|Z| \tag{3-19}$$

即变压器的等效负载阻抗 Z'是负载阻抗 Z 的 K^2倍。

由式（3-19）可知，一次侧的等效阻抗值不仅与 Z 有关，还与变压器的匝数比 K 有关，所以在实际中经常采用不同的匝数比，把负载阻抗 Z 变换为所需要的比较合适的数值。这种变换方法称为阻抗匹配。在电子电路中常用变压器来变换阻抗，以使负载获得最大功率。

变压器的原理是通过线圈中的电流变化引起磁通发生变化，从而在线圈中产生感应电动势。即变压器的电压变换、电流变换和阻抗变换作用是对交流电而言的，不能改变直流电压。而汽车上的点火线圈之所以能改变直流电压，是因为通过一次绕组的直流电流的大小变化，从而引起磁通变化而产生感应电动势。

二、汽车传统点火系统

1. 点火线圈

点火线圈根据磁路和结构的不同可分为开磁路点火线圈和闭磁路点火线圈。

开磁路点火线圈多用于传统点火系统及普通电子点火系统；闭磁路点火线圈体积小，可直接装在分电器盖上，不仅结构紧凑，而且省去了点火线圈与分电器之间的高压导线，并可使二次侧电容减小，所以在电子点火系统中广泛使用。

开磁路点火线圈的结构如图 3-19 所示。点火线圈由铁心、一次（低压）绕组、二次

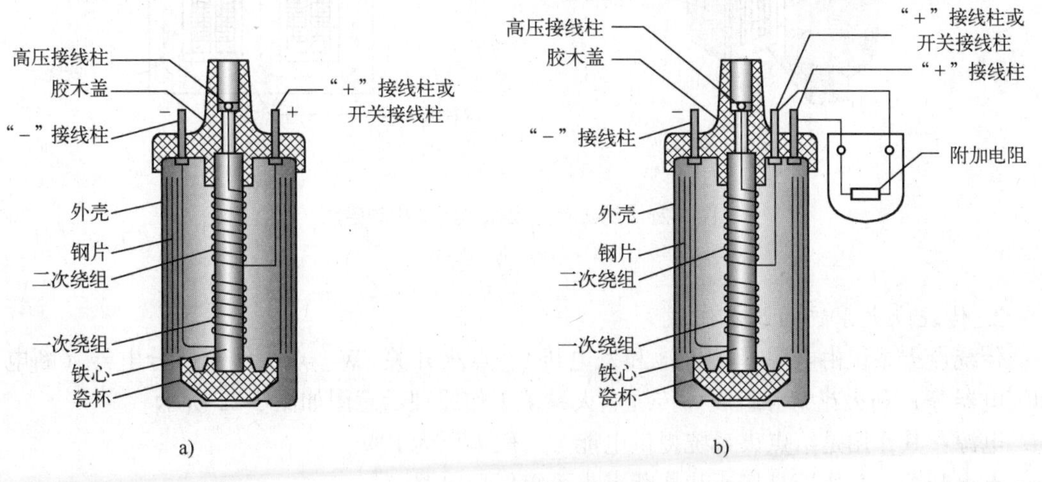

图 3-19　开磁路点火线圈

a）二接线柱式　b）三接线柱式

（高压）绕组、胶木盖、绝缘瓷杯等组成。铁心由硅钢片叠制而成，包在硬纸套中。纸套上套有11000～23000匝的二次绕组。一次绕组绕在二次绕组的外部，有利于散热。一次绕组的匝数为220～330匝。一次绕组和外壳之间有导磁用的钢片，底部有绝缘瓷杯，上部有胶木盖，外壳内充满沥青或绝缘油等绝缘物，以加强绝缘性，防止潮气侵入。胶木盖上有连接断电器的低压接线柱、高压线插孔、开关接线柱和“+”接线柱。

当一次电流流过一次绕组时，使铁心磁化，其磁路如图3-20所示。由于磁路的上、下部分都是从空气中通过的，铁心未构成闭合磁路，所以称为开磁路点火线圈。

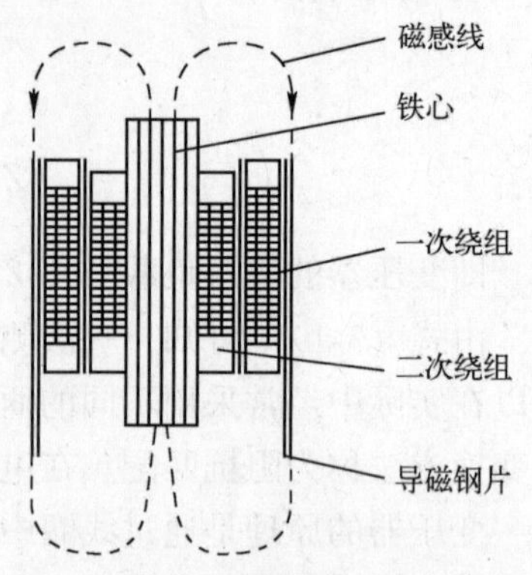

图3-20 开磁路点火线圈的磁路

两接线柱式点火线圈的低压接线柱上分别标有“+”、“-”的标记。三接线柱式点火线圈与二接线柱式的主要区别是外壳上装有一个附加电阻，为固定该电阻，又增加了一个低压接线柱。如图3-19所示，附加电阻就接在标有“开关”和“+”的两个接线柱上。

附加电阻可由低碳钢丝、镍铬丝或纯镍丝制成。具有受热时电阻迅速增大，而冷却时电阻迅速降低的特性。因此，在发动机工作时，可自动调节一次电流，改善高速时的点火特性。

闭磁路点火线圈的结构如图3-21a所示。在“日”字形铁心内绕有一、二次绕组，在一次绕组外绕有二次绕组，其磁路如图3-21b所示。为减小磁滞损耗，磁路中只有很小的气隙，故漏磁较少，磁路磁阻与开磁路点火线圈相比要小得多，其绕组的匝数较少，励磁电流较小，使得点火线圈结构紧凑、体积小，能量转换效率也有所提高。

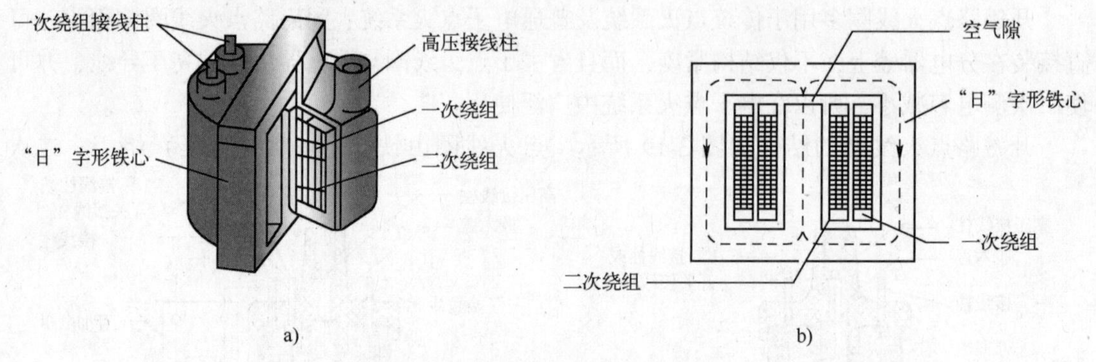

图3-21 闭磁路点火线圈的结构和磁路
a）结构 b）磁路

2. 传统点火系统的基本组成

传统点火系统由电源（蓄电池和发电机）、点火开关SW、点火线圈、分电器（断电器和配电器等）和火花塞等组成。传统点火系统工作原理示意图如图3-22所示。

电源：其作用是给点火系统提供电能，一般电压为12V。

点火开关：其作用是接通和切断点火系统低压电路。

点火线圈：其作用是将12V的低压电转变成为15000～20000V的高压电。

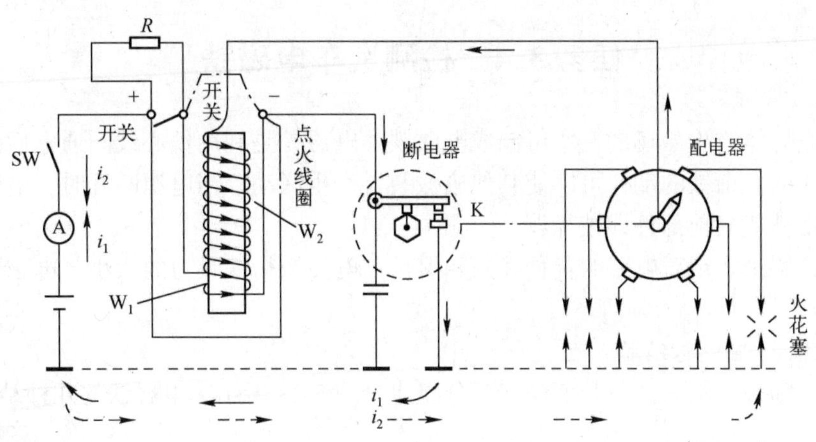

图 3-22　传统点火系统工作原理示意图

分电器：其作用是接通或断开点火线圈的低压电路，使点火线圈产生高压电，并按各气缸的点火顺序，将高压电分送到火花塞。分电器主要由配电器和断电器组成，断电器的作用是接通和切断低压电路，以使点火线圈产生高压电；配电器的作用是按发动机的点火顺序向各气缸火花塞分配高压电。

电容器：与断电器并联，其作用是当断电器触点断开时吸收一次绕组的自感电动势，减小断电器触点的火花，延长触点的使用寿命，并提高点火线圈的高压电。

火花塞：其作用是将点火线圈产生的高压电引入发动机气缸的燃烧室，并在其间隙中产生电火花，点燃可燃混合气。

3. 传统点火系统的电路原理

在蓄电池点火系统中，由蓄电池或发电机供给的12V低电压，经断电器和点火线圈转变为15～20kV的高压电，再经配电器分送到各气缸的火花塞，使其电极间产生电火花。

（1）低压电路　当发动机工作时，断电器连同凸轮一起在发动机凸轮轴的驱动下旋转，使断电器触点反复地开闭，接通与切断点火线圈一次绕组的电流。在点火开关接通的情况下，断电器触点闭合，点火线圈一次绕组中有电流通过。流过一次绕组的电流称为一次电流 i_1，一次电流所经过的路径称为一次电路或低压电路。其回路为：蓄电池正极⟶电流表⟶点火开关SW⟶附加电阻 R⟶点火线圈一次绕组 W_1⟶断电器触点K⟶搭铁⟶蓄电池负极。

（2）高压电路　触点K打开，切断低压电路，一次绕组中的电流 i_1 迅速下降，使铁心中的磁场也迅速减弱，在二次绕组 W_2 中感应出高压电动势，由于一次电流和磁场迅速降低，二次绕组匝数多，二次绕组中感应电动势可达15～20kV（二次高压），击穿火花塞间隙，产生电火花，点燃可燃混合气。二次电流 i_2 流过的电路，称为二次电路或高压电路。其回路为：点火线圈次级绕组 W_2⟶附加电阻 R⟶点火开关SW⟶电流表⟶蓄电池正极⟶蓄电池负极⟶搭铁⟶火花塞旁电极⟶火花塞中心电极⟶分高压线⟶配电器旁电极⟶分火头⟶中心高压线⟶点火线圈的二次绕组。

从以上分析可见，蓄电池点火系统的工作过程可分为三个阶段，即断电器触点闭合，一次电流增大；触点打开，一次电流迅速减小，二次绕组产生高压电；火花塞间隙被击穿，产生电火花，以点燃气缸中的可燃混合气。

任务3.4 检测汽车电磁铁

根据通电导体产生磁场的现象可制成电磁铁。电磁铁是利用铁心线圈通电后产生的吸引力使衔铁动作的。衔铁的动作可以使其他机械装置产生联动。当电源断开时，电磁铁的磁性随之消失，衔铁或其他部件即被释放。

电磁铁常用来实现对电路的各种控制和保护。电磁铁衔铁吸力的大小与电磁铁的磁性强弱成正比。

1. 电磁铁的组成与结构

电磁铁由励磁线圈、铁心及衔铁三部分组成。图3-23所示为电磁铁的几种结构形式。

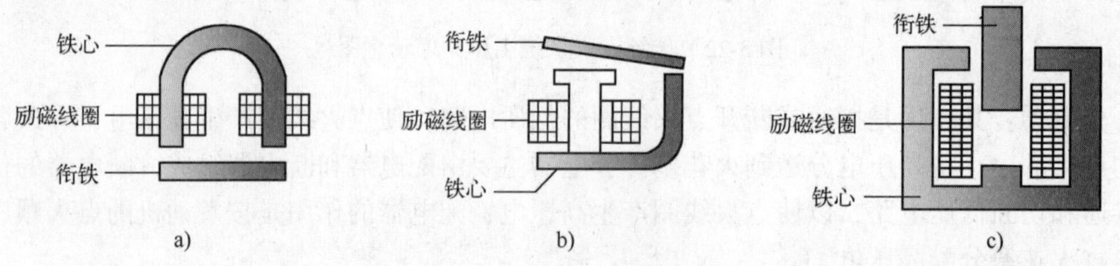

图3-23 电磁铁的几种结构形式
a）马蹄式 b）拍合式 c）螺旋管式

2. 电磁铁的类型

电磁铁广泛地应用在继电器、接触器及自动装置中。电磁铁分为直流和交流两种，在汽车上应用的是直流电磁铁。

1）直流电磁铁。直流电磁铁由励磁线圈、软磁材料铁心和衔铁组成。当励磁线圈通入直流电流时，将产生磁场，使铁心和衔铁磁化，衔铁因受到电磁力的作用而被吸向铁心。则磁路中的空气隙随衔铁的吸合而减小。

2）交流电磁铁。交流电磁铁与直流电磁铁的结构基本相同，也是由励磁线圈、铁心和衔铁组成的。当正弦交流电通入交流电磁铁的励磁线圈时，在铁心中产生的磁通是交变的，当线圈匝数和电源频率一定时，铁心中磁通的最大值与电源电压成正比。当电压不变时，铁心中磁通的最大值也保持恒定不变，与磁路的情况（如铁心材料的磁导率、气隙大小等）无关。

由于交流电磁铁由交流电进行励磁，气隙中的磁感应强度随时间而变化，因此交流电磁铁的吸力也随时间而变化。这将导致衔铁颤动，引起噪声，同时触点容易损坏。为了消除这种现象，可在磁极的部分端面上套一个分磁环（或称短路环）以消除衔铁的颤动和噪声。

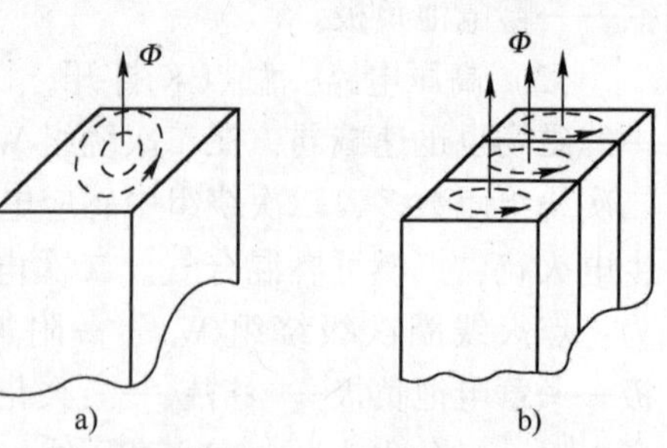

图3-24 减少铁损耗的方法
a）整体铁心的铁损耗
b）硅钢片叠成的铁心以减少铁损耗

磁滞现象使铁磁材料在交变磁化过程中产生磁滞损耗和涡流损耗，称为铁损耗，它使铁心发热，使交流电动机和变压器等损耗增加，效率降低。铁心通常采用片状的硅钢片叠成，以减少铁损耗，如图3-24b

所示。直流电磁铁中的磁通是恒定的，铁心没有损耗，是用整块软钢制成的，如图 3-24a 所示。

3. 电磁铁的应用

在汽车上，许多控制部件或执行部件的各种电磁继电器，都是利用电磁铁的特点制成的，主要用来接通和断开电路。例如各种电磁阀、喷油器和汽车扬声器。

汽车直流电磁铁与电磁阀也属于直流铁心线圈的范畴，如图 3-25 所示，因此，其工作原理与继电器是一样的，都是靠线圈中通过的电流产生电磁力而工作的。所不同的是，继电器中的衔铁运动所带动的是受控电路中触点的打开或闭合；而电磁铁中的衔铁或铁心（柱塞）的运动所带动的是一定的机械传动机构完成某一个所执行的动作；电磁阀中的铁心（柱塞）的运动所带动的是某个流体管路中的阀片（或阀球）的打开或闭合。

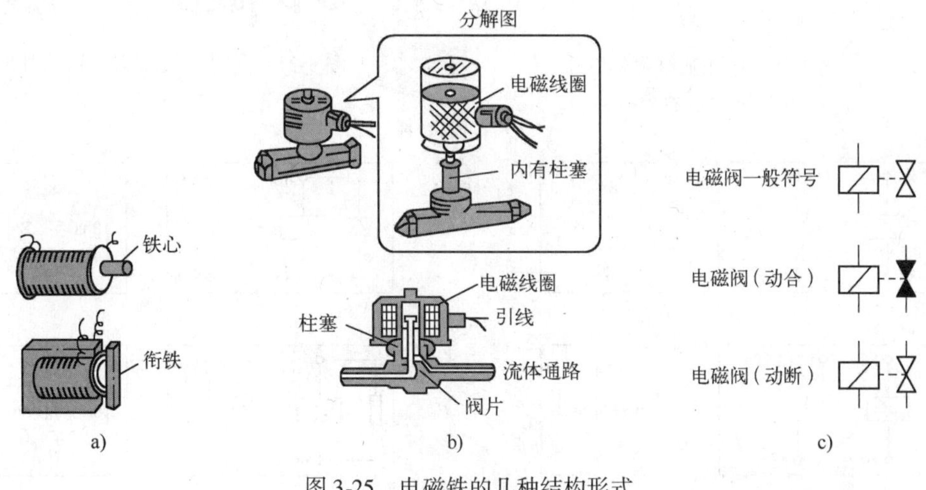

图 3-25　电磁铁的几种结构形式

在机床中常用电磁铁来操纵气动或液压传动机构的阀门，电磁吸盘和电磁离合器中也都使用了电磁铁；另外还可应用电磁铁起重提放钢材。

任务 3.5　检测汽车继电器

一、汽车继电器

汽车继电器常用的有电磁式继电器和干簧式继电器，其中电磁式继电器又可分为接柱式继电器和插接式继电器。

1. 电磁式继电器

电磁式继电器的结构与符号如图 3-26 所示。当线圈两端加上直流电压时，就会有电流流过线圈，线圈的周围就产生磁场，处于线圈中的铁心被磁场磁化产生电磁力。当铁心的吸引力克服复位（返回）弹簧的弹力而使衔铁（动铁心）吸向静铁心时，从而带动常闭触点（图中触点 3、5）断开，而常开触点（图中触点 3、4）闭合，当线圈断电后，磁力消失，衔铁（动铁心）在复位弹簧的作用下返回原来位置，使常闭触点恢复闭合，常开触点恢复打开。

插接式继电器安装方便，体积相对较小，成本较低，便于控制电路采用。图 3-27 所示为几种常见插接式继电器的外形示意图，图 3-28 所示为几种常见插接式继电器的内部结构及插座插脚布置图。

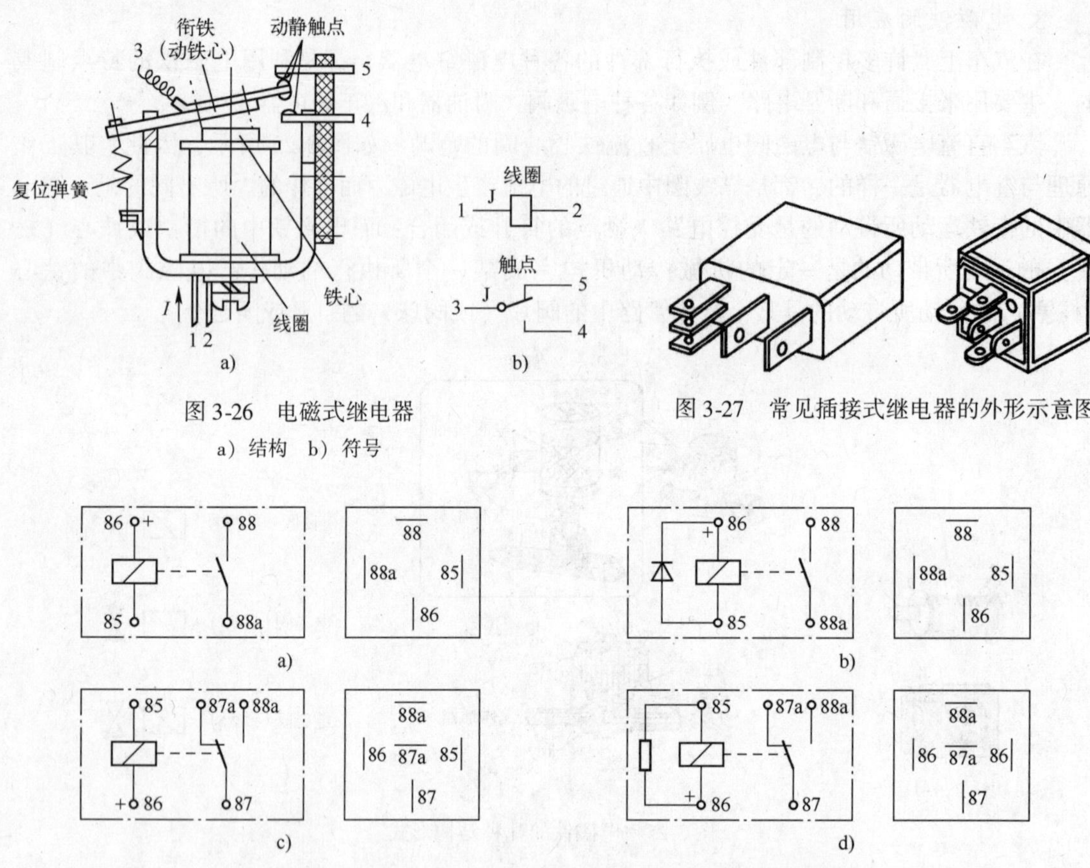

图 3-26 电磁式继电器

a）结构 b）符号

图 3-27 常见插接式继电器的外形示意图

图 3-28 常见插接式继电器的内部结构及插座插脚布置图

a）动合型 b）动合型（带保护二极管） c）混合型 d）混合型（带泄放电阻）

在图 3-28c 中继电器线圈得电，动合触点（87-88a）闭合，动断触点（87-87a）断开。图 3-28b、d 中的二极管和电阻都是起保护继电器的作用。

汽车上许多电器部件需要用开关进行控制。由于汽车电气系统电压较低，具有一定功率的电器部件的工作电流较大，一般在几十安以上，这样大的电流如果直接用开关或按键进行通断控制，开关或按键的触点将因无法承受大电流的通过而烧毁。继电器是一种用小电流控制大电流的器件，所以在汽车上经常利用开关控制继电器的吸合与断开，再利用继电器的触点控制电器部件的通断。在汽车上常用的继电器有起动继电器、喇叭继电器、闪光（转向）继电器、刮水继电器等。

2. 干簧式继电器

图 3-29 所示为干簧式继电器的外形、图形符号及工作原理。干簧管又称干式舌簧管，是一种在玻璃管内封装两个或三个由既导磁又导电材料做成的簧片所组成的开关元件，玻璃管内充有惰性气体（如氮、氦等）。管内平行封装的簧片端部重叠并留有一定间隙，其重叠部位就构成干簧管的开关触点，如图 3-29a 所示。当绕在干簧管上面的线圈通电后形成磁场

使簧片磁化时，或者是永磁体靠近干簧管时，簧片的触点就会感应出极性相反的N极和S极，如图3-29c所示。由于磁极极性相反而相互吸引，当吸引的磁力超过簧片的抗力时，分开的触点便会吸合；当磁力减小到一定值时，在簧片抗力的作用下触点又恢复到初始状态。这样便起到一个开关的作用。

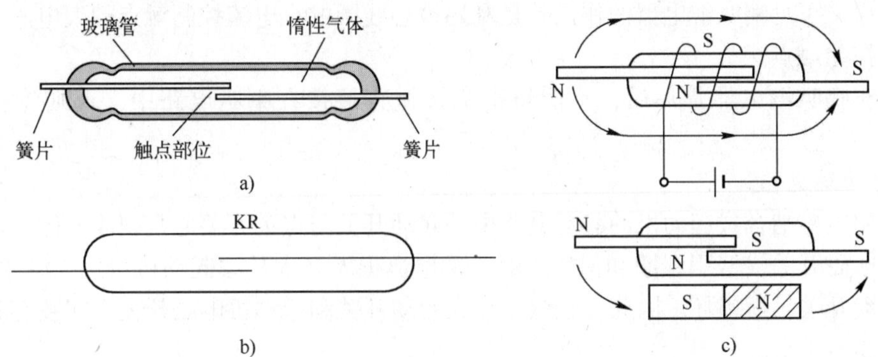

图3-29　干簧式继电器的外形、图形符号及工作原理
a）外形　b）圆形符号　c）工作原理

干簧式继电器是一种小型继电元件，它具有动作速度快、工作稳定、机电寿命长以及体积小等特点，多作为信号采集使用。在自动化、运动技术测量、通信技术等方面得到了广泛应用。

二、汽车继电器电路分析

1. 喇叭继电器

喇叭电路控制的方式有用继电器控制和不用继电器控制两种，不用继电器控制的喇叭是低电流型的；最常用的是用继电器控制的喇叭，因为其耗电较大（15～20A），用按钮直接控制易烧蚀触点，如图3-30所示。

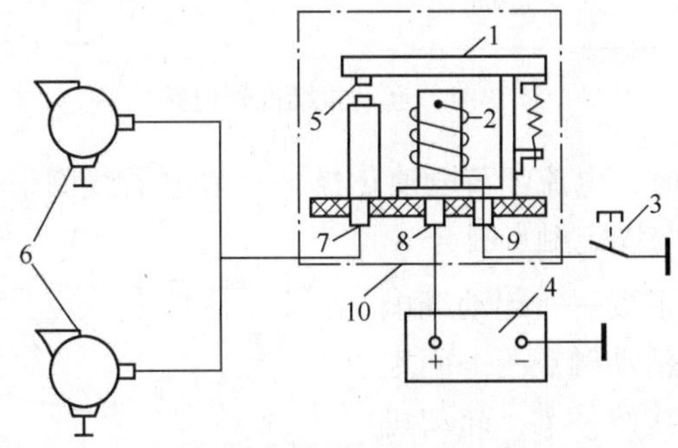

图3-30　继电器与电喇叭的连接
1—触点臂　2—线圈　3—按钮　4—蓄电池　5—触点　6—喇叭
7—喇叭接线柱（H）8—电池接线柱（B）　9—按钮接线柱　10—喇叭继电器

两喇叭并联后与喇叭继电器触点5串联，喇叭按钮3控制继电器线圈2。当按下转向盘上的喇叭按钮3时，蓄电池便经喇叭继电器线圈2通过小电流（电路是蓄电池“+”极⟶电池接线柱8⟶继电器线圈2⟶按钮接线柱9⟶按钮3⟶搭铁⟶蓄电池

“-”极)，使继电器铁心产生电磁吸力，将继电器触点5闭合，接通喇叭电路（大电流)，电路是蓄电池“+”极⟶电池接线柱8⟶继电器支架⟶触点5⟶喇叭接线柱7⟶喇叭6⟶搭铁⟶蓄电池“-”极，使喇叭发出声音。当松开转向盘喇叭按钮3时，继电器线圈2断电，铁心电磁吸力消失，触点5在弹簧弹力作用下张开，切断了喇叭电路，喇叭停止发声。可见喇叭继电器的作用就是利用铁心线圈的小电流控制触点的大电流，从而保护转向盘按钮触点。

当汽车喇叭继电器损坏后，不能将喇叭按钮直接接在喇叭电路中，否则将烧毁喇叭按钮。

2. 起动继电器

在采用电磁啮合式起动机的起动电路中，起动开关与点火开关通常制成一体，但由于通过起动机电磁开关（吸引线圈和保持线圈）的电流很大（大功率起动机可达30~40A)，而使点火起动开关早期损坏。因此，在汽车点火起动开关和起动机电磁开关之间装有起动继电器，如图3-31所示。

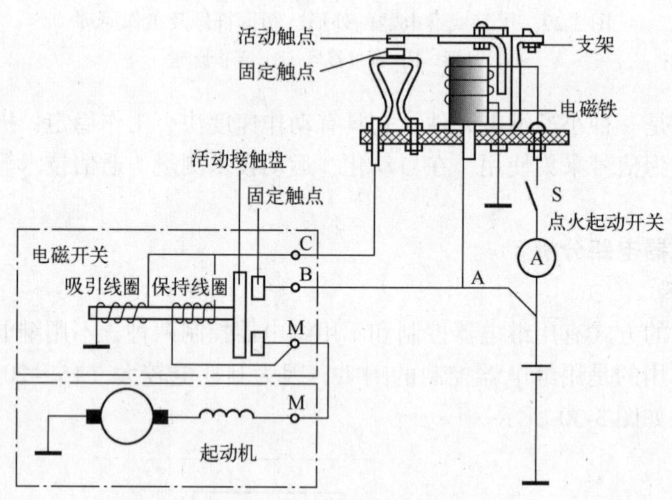

图3-31 起动机继电器电路

点火起动开关S闭合时，电流经蓄电池正极⟶继电器线圈⟶接地，形成闭合回路，继电器动作，使活动触点与固定触点吸合。

此时，电流经蓄电池正极⟶起动继电器接线柱A⟶衔铁⟶活动触点⟶固定触点⟶起动机电磁开关接线柱C，起动机开始工作，使发动机起动。

3. 倒车警报器

为了在倒车时警告车后的行人和车辆，有的汽车尾部装有倒车警报器，它和倒车灯一起由安装在变速器盖上的倒车灯开关控制。倒车警报器电路如图3-32所示。

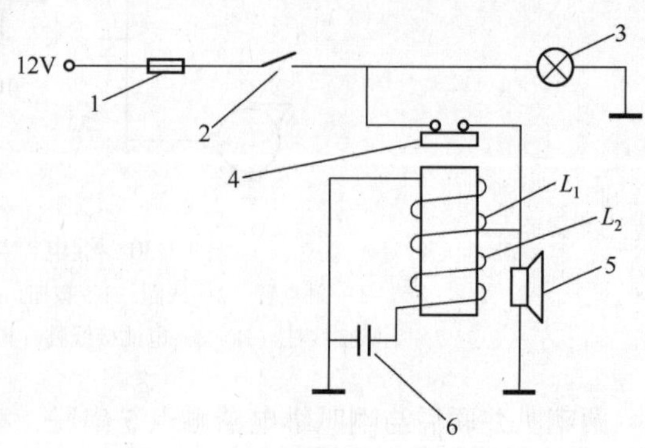

图3-32 倒车警报器电路

1—熔丝 2—倒车灯开关 3—倒车灯
4—继电器触点 5—喇叭 6—电容器

倒车警报器的工作原理：当变速杆挂入

倒挡位置时，接通倒车灯开关，倒车灯被点亮，喇叭也同时发声（通过喇叭的电流由倒车灯开关——→继电器触点——→喇叭——→搭铁）。当喇叭发出响声的同时，电磁线圈 L_1 和 L_2 中均有电流通过，流经线圈 L_2 的电流经电容器构成回路，电容器被充电。此时由于流入线圈 L_1 和 L_2 的电流大小相等，方向相反，产生的电磁力相互抵消，使两电磁线圈产生的电磁合力很弱，触点仍然闭合。由于电容器的充电使电容器两端的电压逐渐升高，流入线圈 L_2 的电流减小。当线圈 L_1 产生的电磁力大于线圈 L_2 产生的电磁力并达到一定值时，即可使触点张开，从而断开喇叭电路，喇叭停止发声。当触点张开后，电容器经线圈 L_2 和线圈 L_1 放电，使两线圈产生的电磁力相同，触点仍然张开。当电容器放电使其两端的电压下降到一定值时，线圈的电磁力大大减弱，触点又重新闭合，喇叭又通电发声；于是电容器又开始充电，以后重复上述过程。使触点反复张开、闭合，倒车警报器就发出断续的响声，从而起到了警报的作用。

倒车灯不受继电器触点控制，只要变速器挂入倒挡，倒车灯便一直发亮。

除以上几种应用外，继电器在汽车上的应用相当广泛，分析应用电路时要抓住继电器用小电流控制大电流这个主要特征。

4. 汽车发电机触点式电压调节器

硅整流发电机输出电压的高低取决于发电机转子的转速和磁极的磁通。要保持输出电压稳定，只能在发电机转速升高时，使磁通相应减弱，即通过减小励磁电流来实现。汽车发电机触点式电压调节器就是利用电磁铁在不同的电流作用下的电磁力变化，使触点张开或闭合，以控制发电机励磁电路的断开和接通，从而达到调节发电机输出电压的目的。

例如东风 EQ1090 型汽车上的 FT-61 型双级触点式电压调节器，其结构及原理电路如图 3-33所示。它的特点是其动触点在两个静触点中间形成一对动断的低速触点 K_1 以及一对动合的高速触点 K_2，能有效地调节两级电压，故称为双级触点式，高速静触点与金属底座直接搭铁。低速触点（一级触点）K_1 和加速电阻 R_1、调节电阻 R_2 并联；高速触点（二级触

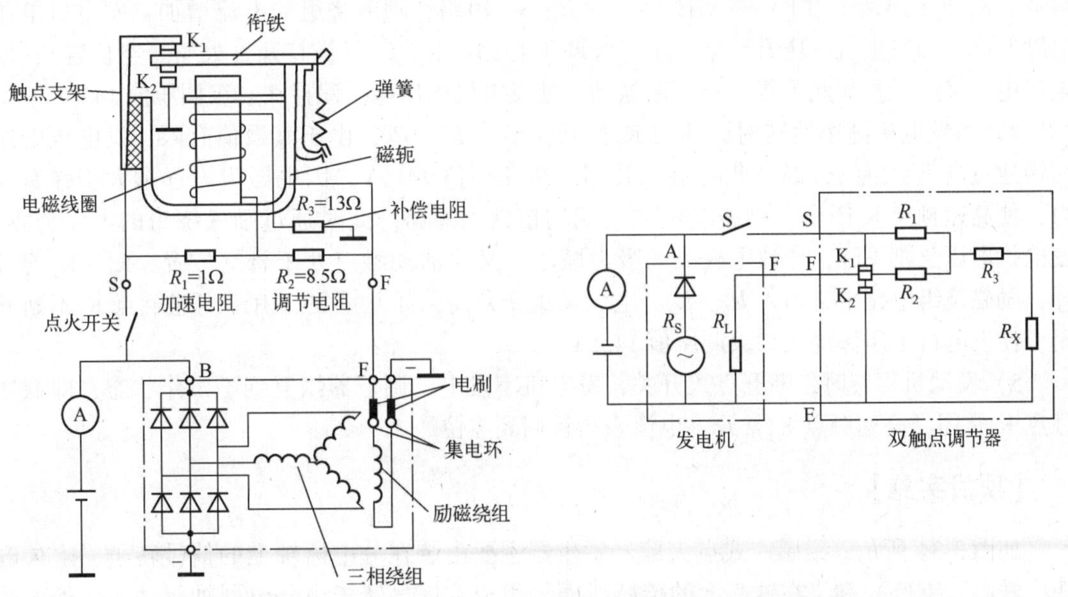

图 3-33 FT-61 型双级触点式电压调节器的结构及原理电路

点）K_2与发电机励磁绕组并联；温度补偿电阻 R_3则串入电磁线圈电路中，另外还有电磁铁心、电磁线圈、活动触点臂衔铁、拉力弹簧等。外部接线柱只有两个：点火（或相线、电枢、A、S、+）和磁场（或 F）。

FT-61 型双级触点式电压调节器调节发电机输出电压的基本原理：

1）当闭合点火开关 S 时，由于发电机转速很低，调节器点火接线柱 S 对地的电压小于 14V，电流流入电磁线圈产生的电磁力不足以克服弹簧的拉力，因此低速触点 K_1仍然闭合。

此时由蓄电池向发电机励磁绕组提供励磁电流（他励），其励磁电流的回路为：蓄电池正极⟶电流表⟶点火开关 S ⟶调节器点火接线柱 S ⟶低速静触点支架⟶低速触点 K_1⟶活动触点臂⟶磁轭⟶调节器磁场接线柱 F ⟶发电机接线柱 F ⟶电刷和集电环⟶励磁绕组⟶滑环和电刷⟶发电机“－”接线柱⟶搭铁⟶蓄电池负极。

由于励磁绕组的电流由蓄电池供给，使发电机的磁场增强，发电机电压很快升高。

2）当发电机转速升高，发电机电压高于蓄电池电压时，则励磁绕组的电流和电磁线圈中的电流均由发电机供给。励磁绕组的自励磁电流回路为：发电机正极⟶点火开关 S ⟶调节器点火接线柱 S ⟶低速静触点支架⟶低速触点 K_1⟶活动触点臂⟶磁轭⟶调节器磁场接线柱 F ⟶发电机接线柱 F ⟶电刷和集电环⟶励磁绕组⟶滑环和电刷⟶发电机“－”接线柱⟶搭铁⟶发电机负极。

3）随着发电机转速升高，当发电机电压达到一级调压值 14V 时，电磁线圈的电磁力增强，克服弹簧拉力，将活动触点臂吸下，使 K_1 打开，但处于中间悬空位置，尚不能使高速触点 K_2闭合。此时励磁电流回路为：发电机正极⟶点火开关 S ⟶调节器点火接线柱 S ⟶加速电阻 R_1⟶调节电阻 R_2⟶调节器接线柱 F ⟶发电机接线柱 F ⟶励磁绕组⟶搭铁⟶发电机负极。由于励磁绕组电路中串入 R_1、R_2，因此励磁绕组的电流减小，发电机电压降低。

当发电机电压下降至略低于一级调压值 14V 后，通过电磁线圈的电流减小，电磁吸力减弱，K_1便在弹簧作用下又重新闭合，使 R_1、R_2短路，励磁绕组的电流增加，发电机电压再度升高。当发电机电压升至略高于一级调压值 14V 时，K_1又被打开（处于悬空位置），发电机电压又降低。如此重复，K_1不断振动，使发电机输出电压保持在一级调压值 14V。

4）当发电机高速运转时，即使 K_1 打开，串入 R_1、R_2，由于其数值有限，发电机电压因转速过高仍会继续升高。此时电压升到二级调压值 14.5V，因电磁吸力远远大于弹簧弹力，使高速触点 K_2闭合，励磁绕组的两端均搭铁而短路。此时通过励磁绕组的电流为零，发电机电压急剧下降，导致电磁线圈吸力减小，又使活动触点处于悬空位置，K_1、K_2均打开，励磁绕组电路中又串入 R_1、R_2，电压又重新升高，如此重复。由于高速触点 K_2不断开闭，使发电机电压保持在二级调压值 14.5V。

5）发动机停转时，断开点火开关，发电机不发电，调节器恢复到不工作状态，即低速触点 K_1常闭，高速触点 K_2常开，电流表指针回到零位。

【项目实施】

如图 3-34 所示，磁感应式点火信号发生器主要由装在分电器轴上的信号转子、永久磁铁、铁心（支座）和绕在铁心上的传感线圈等组成。信号转子由分电器轴驱动，转子上的凸齿数与发动机气缸数相等。

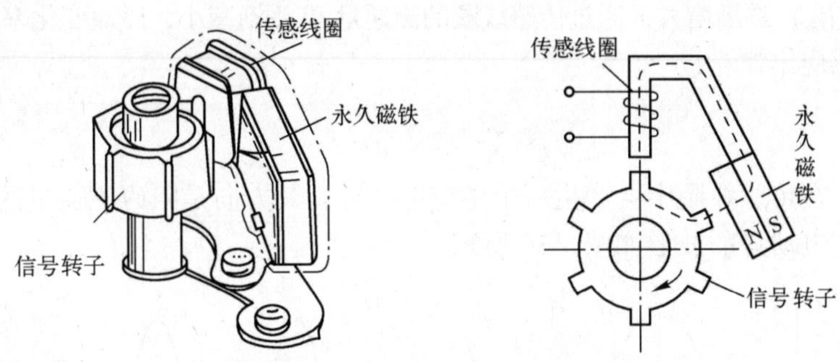

图 3-34　磁感应式点火信号发生器

磁感应式点火信号发生器是利用电磁感应原理工作的。在信号转子转动时，通过传感线圈的磁通发生变化，使线圈内感应电动势的方向发生交变变化，此时将线圈两端输出的交变信号（正脉冲或负脉冲信号）送至点火器输入端，就可控制点火装置的工作。

信号发生器的磁通路径：磁力线穿过的路径为永久磁铁 N 极──→定子与转子间的气隙──→转子凸齿──→转子凸齿与定子磁头间的气隙──→磁头──→导磁板──→永久磁铁 S 极。

根据磁路欧姆定律，即

$$\phi=\frac{NI}{R_{\mathrm{m}}}$$

当磁通势一定的情况下，磁通与磁阻成反比。在信号转子旋转时，磁路中的气隙就会周期性地发生变化，磁路的磁阻和穿过信号线圈磁头的磁通量随之发生周期性变化。根据电磁感应原理，传感线圈中就会感应产生交变电动势。

对信号转子旋转的三个不同状态的分析如下：

1）如图 3-35a 所示，当信号转子凸齿逐渐靠近铁心时，凸齿与铁心之间的空气隙逐渐减小，主磁路的总磁阻（R_{m}）逐渐减小，通过传感线圈的磁通量 Φ 逐渐增大，磁通变化率增大（$\mathrm{d}\Phi/\mathrm{d}t>0$）。

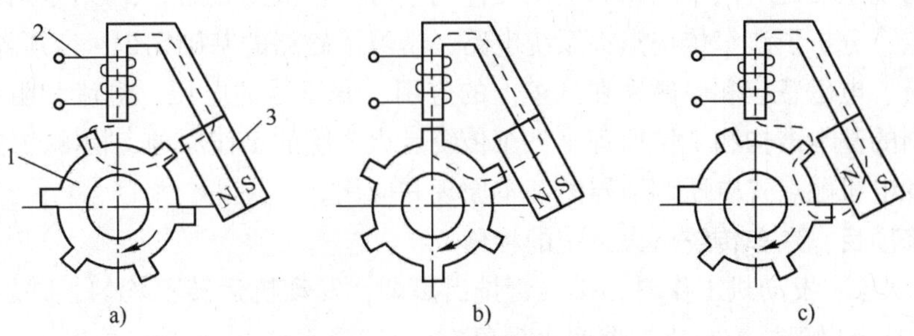

图 3-35　磁感应式传感器的工作原理

a）接近　b）对正　c）离开

1—信号转子　2—传感线圈　3—永久磁铁

2）如图 3-35b 所示，当信号转子凸轮与铁心中心线正好对正时，凸齿与铁心之间的空气隙最小，主磁路的总磁阻（R_{m}）最小，通过传感线圈的磁通量 Φ 最大，但磁通量的变化率 $\mathrm{d}\Phi/\mathrm{d}t=0$。

3）如图 3-35c 所示，信号转子凸齿逐渐离开铁心，凸齿与铁心之间的空气隙逐渐增大，主磁路的总磁阻（R_m）逐渐增大，通过传感线圈的磁通量 Φ 逐渐减小，磁通变化率 $d\Phi/dt<0$。

根据电磁感应定律：

$$e=-N\frac{d\Phi}{dt}$$

磁通交变，在传感线圈中会产生一个感应电动势，其方向是阻碍磁通量的变化，传感线圈中磁通和感应电动势的波形如图 3-36 所示。

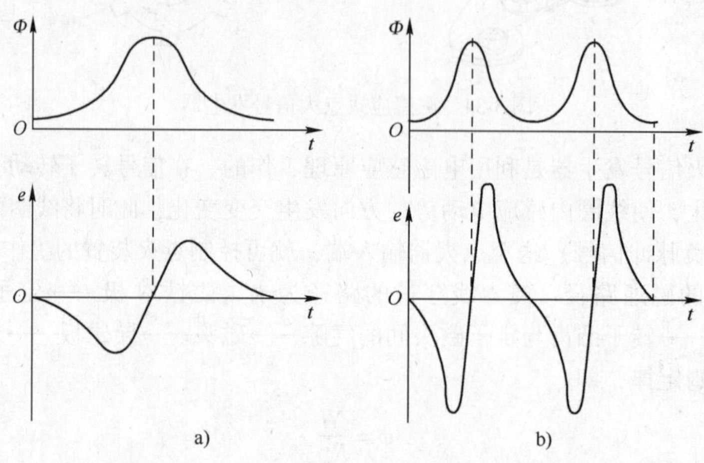

图 3-36 传感线圈中磁通和感应电动势的波形

a）低速 b）高速

通过分析可知，对于 6 缸发动机，转子每转过一圈就会产生 6 次周期交变的电动势信号，而且其幅值与转速成正比。

【小结】

本学习情境主要是对汽车磁路和电磁元件的学习。在汽车磁路中，以汽车传统点火系统的电路为重点，分析了汽车传统点火系统电路，学习了磁路的基础知识、变压器的基本结构和原理、电流、电磁感应和电磁铁在汽车上的应用、变压器的电压、电流和阻抗变换关系、汽车点火线圈的基本结构和工作原理、汽车传统点火系统的工作原理、检测与维修。同时也学习了汽车发电机触点式电压调节器的基本原理和应用。

一、维修项目：汽车传统点火系统的检修

1）故障现象：发动机工作时，排气管排出黑烟，发动机运转不均匀，并发出有节奏的“突突”声，甚至出现放炮或化油器回火现象。

2）故障原因：

① 高压分线脱落、错乱或受潮漏电。

② 火花塞潮湿、积炭过多或绝缘体击穿漏电。

③ 分电器盖旁的插座漏电或导电不良。

④ 分电器触点间隙调整不当或凸轮磨损不均，分电器轴松旷。

⑤ 高压火花过弱。

3）故障分析与诊断：检查哪个气缸缺火。用旋具将火花塞接线柱逐个搭铁，如果被搭铁的气缸原来是缺火的，发动机工况不变；如果该气缸原来正常工作，搭铁后发动机动力下降，运转不均匀现象也会加剧；根据火花塞的温度也可以判断哪个气缸缺火，不着火的火花塞温度低。

二、磁路和电磁元件

1）磁铁周围和电流周围都存在着磁场。和电场相似，磁场也具有力和能的特性，是一种特殊物质。磁力线能形象地描述磁场，它们是互不交叉的闭合曲线，在磁体外部由 N 极指向 S 极，在磁体内部由 S 极指向 N 极；磁力线的切线方向表示磁场方向，其疏密程度表示磁场的强弱。

2）描述磁场的两个物理量：磁感应强度 $B=\frac{F}{IL}$，它是表示磁场中某点强弱和方向的物理量；磁通 $\Phi=BS$，是表示磁场在空间分布的物理量。

3）电流产生的磁场方向可用安培定则判断。电流受到的电磁力方向可用左手定则判断。

4）电磁感应的实质是变化的磁场在导体中引起感应电动势，所以常把电磁感应叫做“动磁生电”。产生感应电动势的条件是导体相对磁场运动而切割磁力线或线圈中的磁通发生变化；产生感应电流的条件除必须具备感应电动势外，导体或线圈必须是闭合电路的一部分。

5）楞次定律的基本内容是：感应磁通永远阻碍原磁通的变化。法拉第电磁感应定律的基本内容是：感应电动势的大小与磁通的变化率成正比，通常用前者来判断感应电动势的方向，用后者来计算感应电动势的大小。

6）直导线是线圈不到一匝的特殊情况，它产生的感应电动势方向可用右手定则来判断。

7）自感和互感都是电磁感应，前者是由流过线圈本身的电流变化引起的电磁感应；后者则是由一个线圈中的电流变化在另一线圈中引起的电磁感应。对于线性电感来说，自感电动势的大小与电流的变化率成正比。

8）虽然自感和互感电动势的方向都可用楞次定律来判别，但通常用自感电流的方向永远与原电流的变化趋势相反来判断自感电动势的方向；用同名端判别法来判断互感电动势的方向较方便。

9）变压器的工作过程是一个能量传递过程，它的基本工作原理是电磁感应原理。根据电源的不同，变压器可分为单相变压器和三相变压器。汽车点火线圈是根据变压器原理工作的。

三、汽车传统点火系统

1）传统点火系统由电源、点火线圈、分电器、火花塞、点火开关和附加电阻等组成。

2）传统点火系统的电路可分为低压电路和高压电路两部分。低压电路的作用是控制点火线圈一次电路的通断，使点火线圈内磁场产生突变而使点火线圈二次绕组产生高压电。低压电路主要包括：蓄电池、电流表（有些车辆没有）、点火开关、附加电阻、点火线圈一次绕组、断电器、电容器等。高压电路的作用是在点火线圈一次电路被切断时感应出高压电，击穿火花塞间隙，点燃可燃混合气。高压电路主要包括：点火线圈二次绕组、中心高压线、配电器、分缸高压线、火花塞等。

四、汽车传统点火系统的检测与维修

1）熟悉传统点火系统的工作过程。

2）掌握传统点火系统的故障诊断与排除方法。

思考与练习

1. 左手定则和右手定则各用来判别什么？怎样使用？
2. 简述磁场四个物理量的相互关系。
3. 电磁感应的实质是什么？
4. 简述磁路的欧姆定律。
5. 为什么变压器的铁心要用硅钢片叠成？能否采用整块的铁心？为什么？
6. 有一“220V/12V”的变压器，一次绕组为2200匝，问二次绕组为多少匝？
7. 简述汽车常用电磁元器件的工作原理。
8. 简述传统点火系统的组成。
9. 简述传统点火系统电路的工作过程。
10. 简述汽车发电机触点式电压调节器的工作原理。
11. 简述汽车传统点火系统的检修方法。

学习情境4　检修汽车直流电动机

【学习目标】

知识目标

1. 掌握直流电动机的基本结构和工作原理。
2. 理解串励直流电动机的机械特性。
3. 了解永磁电动机在汽车上的应用。

技能目标

1. 能用万用表检测汽车起动机总成。
2. 会对汽车永磁电动机应用电路进行分析。

【项目描述】

汽车起动机的内部组成结构如图4-1所示，请分析相关电气元件的结构与检测方法：

1）能知道起动机的类型与型号。
2）能分析起动机的工作原理。
3）能检修起动机的转子总成。
4）能检修起动机的电刷总成。
5）能检修起动机的定子绕组。

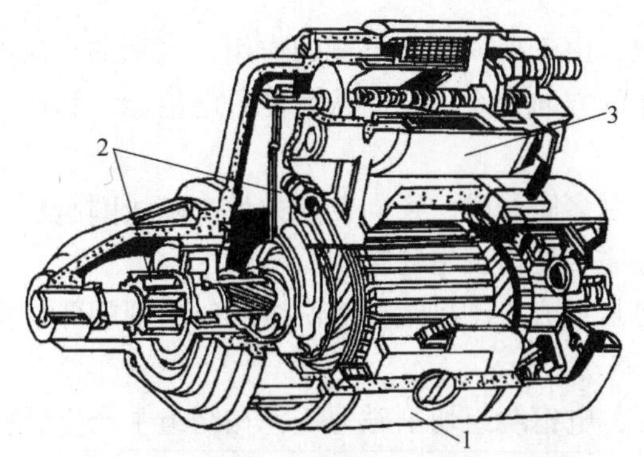

图4-1　汽车起动机的内部组成结构
1—直流电动机　2—传动机构　3—操纵装置

任务4.1　认知直流电动机的工作原理

一、直流电动机的工作原理

直流电动机利用磁场的相互作用将电能转化成机械能，在磁场内通电导线受到磁场力的作用，而产生移动的倾向。图 4-2 所示为直流电动机的工作原理示意图。

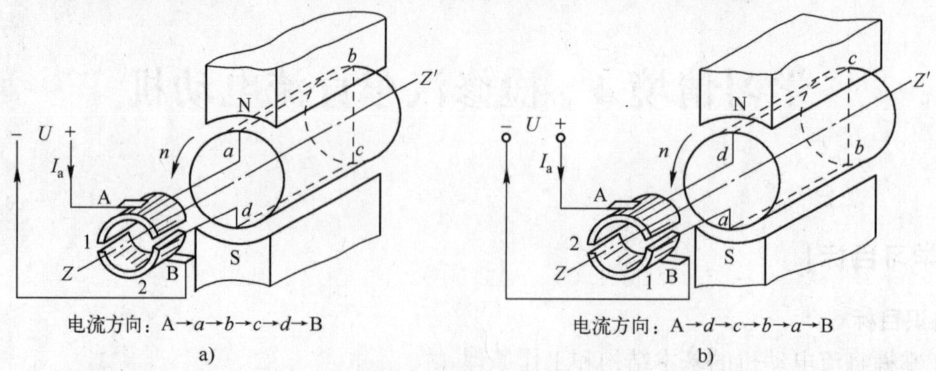

图 4-2 直流电动机的工作原理示意图

a）初始位置 b）转过 180°后的位置

1、2—开口的环形换向器 A、B—电刷

直流电动机接通直流电源之后，电刷两端加了电压 U，A 刷为正，B 刷为负，换向器 1 与 A 刷接触，电流 I_a 方向：正极性端→电刷 A（+）→换向器 1→线圈 $abcd$→换向器 2→电刷 B（-）→负极性端。

用左手定则可以判断 ab 边受到的力垂直 ab 边水平向左，cd 边受到的力垂直 cd 边水平向右，这一对力使电枢产生电磁转矩，使得电枢沿逆时针方向转动起来。

电枢转过 180°之后，ab 边在下，cd 边在上，因为电刷固定不动，换向器与电枢一起转动，所以此时换向器 1 与 B 刷接触，换向器 2 与 A 刷接触，电流 I_a 方向：正极性端→电刷 A（+）→换向器 2→线圈 $abcd$→换向器 1→电刷 B（-）负极性端。电枢绕组中的电流已经反向。此时用左手定则可以判断，ab 和 cd 边产生的电磁转矩仍然使电枢沿逆时针方向转动，所以电枢旋转方向始终不变。

从以上分析可以知道，由于换向器和电刷的作用，电源的直流电流在电枢绕组中转换成交流，保持了磁场与电流的方向关系不变，从而使得电枢能一直旋转下去，通过转轴便可带动其他工作机械。

实际电动机的电枢采用多匝线圈，换向器的数量也随线圈匝数的增多而增多。

二、直流电动机的电磁转矩与反电动势

电磁转矩与反电动势是直流电动机运行中两个同时出现的非常重要的物理量。

1. 直流电动机的反电动势

当直流电动机转动时，电枢绕组切割磁力线，在绕组中产生感应电动势，该电动势的方向与电枢电流的方向相反，因而称为反电动势。根据电磁感应定律，电枢绕组一根导线的平均反电动势表达式为

$$e_a = \boldsymbol{B}_a L v \tag{4-1}$$

式中 $\boldsymbol{B}_a$——一个主磁极下的平均气隙磁感应强度，单位为 T；

L——导线的有效长度，单位为 m；

v——导线切割磁力线的线速度，单位为 m/s。

电刷间的反电动势 E_a 与每根导线中的平均反电动势 e_a 成正比，线速度 v 与电枢的转速

n 成正比，所以反电动势可表示为

$$E_a = C_e \Phi n \tag{4-2}$$

式中，C_e 是与电动机结构有关的常数，称为电动势常数。

磁通 Φ 的单位为 Wb，电动机转速 n 的单位为 r/min，反电动势的单位为 V。由式（4-2）可知，直流电动机的感应电动势与电动机结构、气隙磁通和电动机转速有关。当电动机制造好以后，电动机结构常数 C_e 不再变化，因此电枢电动势仅与气隙磁通和电动机转速有关，改变转速和磁通均可改变电枢电动势的大小。

根据基尔霍夫定律，在串励电动机稳定运行时，满足方程

$$U = E_a + I_a R_a + I_a R_f \tag{4-3}$$

式中 U——加于电枢绕组两端的电压，单位为 V；

R_a——电枢电阻，其中包括电枢绕组的电阻和电枢与换向器的接触电阻，单位为 Ω；

R_f——励磁绕组等效电阻，单位为 Ω。

式（4-3）称为直流电动机的电动势平衡方程式。

2. 直流电动机的电磁转矩

当电枢绕组中有电枢电流流过时，通电的电枢绕组在磁场中将受到电磁力，该力与电动机电枢铁心半径之积称为电磁转矩。由电磁力定律可知，一根导体在磁场中所受电磁力的大小为

$$F_a = \boldsymbol{B}_a L i_a \tag{4-4}$$

式中 $\boldsymbol{B}_a$——一个主磁极下的平均气隙磁感应强度，单位为 T；

L——导体的有效长度，单位为 m；

i_a——导体中的电流，单位为 A。

对于给定的电动机，总的电磁转矩 T 与平均电磁力 F_a 成正比，每极主磁通 Φ 与平均气隙磁感应强度 B_a 成正比，导线的有效长度 L 是一个常数，电枢总电流 I_a 与一根电枢导体中流过的电流 i_a 成正比，所以总的电磁转矩表示为

$$T = C_T \Phi I_a \tag{4-5}$$

式中，C_T 是与电动机结构有关的常数，称为转矩常数。

由式（4-5）可知，电动机电磁转矩 T 与每极主磁通 Φ 和电枢电流 I_a 的乘积成正比。电磁转矩的方向由 Φ 与 I_a 的方向决定，只要改变其中一个量的方向，电磁转矩的方向也随之改变，从而电动机的转向也就改变。

三、直流电动机的转矩自动调节过程

由式 $E_a = C_e \Phi n$ 和 $U = E_a + I_a R_a + I_a R_f$ 可知，在直流电动机刚接通电源的瞬间，电枢转速 n 为零，电枢反电动势 E_a 也为零。此时，电枢绕组中的电流达到最大值，即 $I_{amax} = U/(R_a + R_f)$；由式 $T = C_T \Phi I_a$ 可知，将相应产生最大电磁转矩 T_{max}，若此时的电磁转矩大于电动机的阻力矩 T_L，电枢开始加速转动。随着电枢转速的上升，E_a 增大，I_a 下降，电磁转矩 T 也就随之下降。当 T 下降至与 T_L 相平衡（$T = T_L$）时，电枢就以此转速运转。如果直流电动机在工作过程中负载发生变化，就会出现如下的变化。

工作负载增大时，$T < T_L \to n\downarrow \to E_a\downarrow \to I_a\uparrow \to T\uparrow \to T = T_L$，达到新的平衡；

工作负载减小时，$T > T_L \to n\uparrow \to E_a\uparrow \to I_a\downarrow \to T\downarrow \to T = T_L$，达到新的平衡。

可见，当负载变化时，电动机能通过转速、电流和转矩的自动变化来满足负载的需要，

使之能在新的转速下稳定工作。因此直流电动机具有自动调节转矩的功能。

任务 4.2 认知汽车起动机用直流电动机

起动机将蓄电池的电能转化为机械能，驱动发动机飞轮旋转实现发动机的起动，而起动机的主要部件就是直流电动机。

汽车起动机用直流电动机由磁极、电枢、换向器等组成，如图 4-3 所示，电枢绕组与励磁绕组串联的直流电动机又称为串励直流电动机。

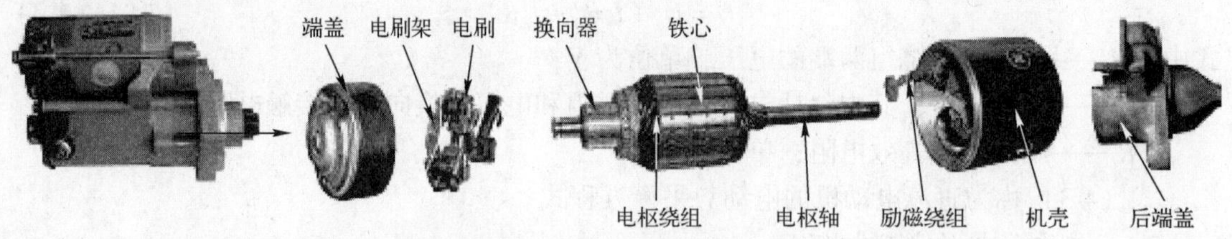

图 4-3 汽车起动机用直流电动机的组成

1. 机壳

起动机机壳的一端有四个检查窗口，中部只有一个电流输入接线柱，并在内部与励磁绕组的一端相连。端盖分前、后两个，前端盖由钢板压制而成，后端盖由灰铸铁浇制而成，呈缺口杯状。它们的中心均压装着青铜石墨轴承套或铁基含油轴承套，外围有两个或四个组装螺孔。电刷装在前端盖内，后端盖上有拨叉座，盖口有凸缘和安装螺孔，还有拧紧中间轴承板的螺钉孔。

2. 磁场绕组

磁场绕组由绕在极靴上的线圈构成，如图 4-4 所示。磁场绕组固定到起动机外壳里面，它与机壳的组装如图4-5所示。用铸钢制造的极靴和起动机外壳连接在一起，可增加磁场绕组的磁场强度，4 磁场绕组形成的磁场如图 4-6 所示。

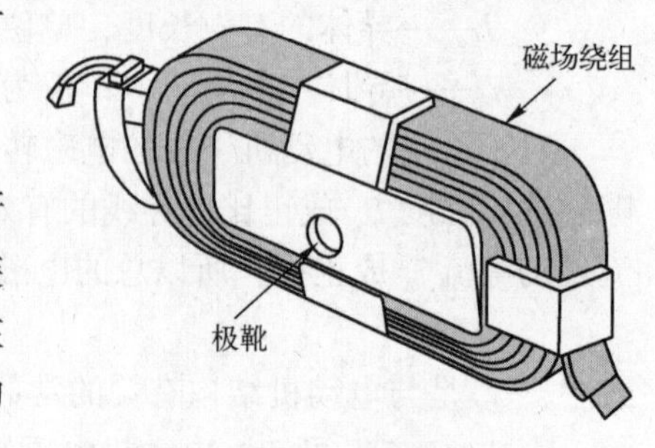

图 4-4 磁场绕组

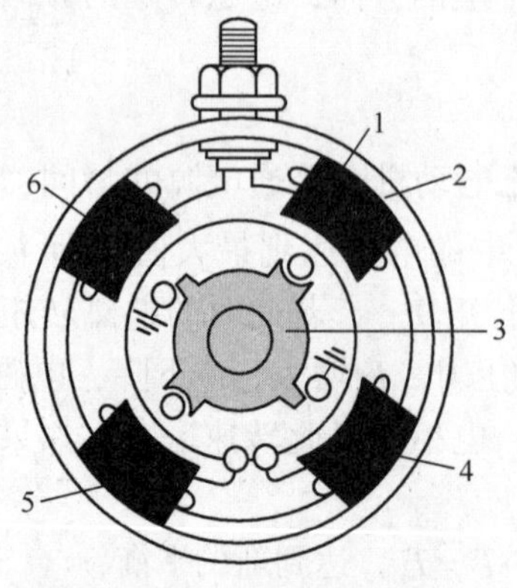

图 4-5 磁场绕组与机壳的组装

1、4、5、6—磁场绕组 2—外壳 3—电枢

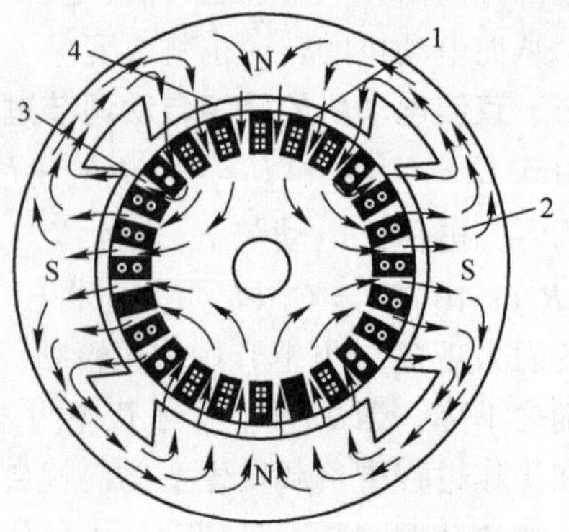

图 4-6 4 磁场绕组形成的磁场

1—电枢绕组 2—极靴 3—电枢 4—气隙

当电流流过磁场绕组时，便建立强大、静止的电磁场，磁场根据绕组围绕在极靴的方向，分为 S 极和 N 极。将磁场绕组的极性对调，便产生相反的磁场。

磁场绕组的连接方式有两种：一种是 4 个绕组串联后再与电枢绕组串联，如图 4-7a 所示；另一种是两个绕组先串联后并联，然后再与电枢绕组串联，如图 4-7b 所示。

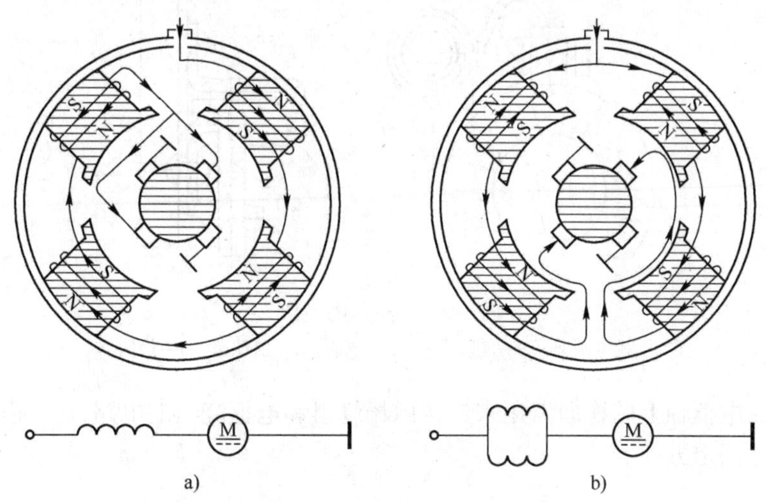

图 4-7　磁场绕组的连接方式

a）四个绕组相互串联　b）两个绕组并联后再串联

现代汽车起动机普遍采用后一种连接方式，其目的是减小电阻，增大电流和电磁转矩。大多数起动机采用 4 个磁场绕组。功率大于 7.35 kW 的起动机有时也采用 6 个磁场绕组。

3. 电枢

图 4-8 所示为电枢总成。电枢的作用、组成和结构如下：

1）电枢的作用：产生电磁转矩。

2）电枢的组成：主要由电枢铁心、电枢绕组和换向器组成。

3）电枢的结构：电枢铁心由相互绝缘的硅钢片叠装而成，其圆周上制有安放电枢绕组的线槽，内孔借花键槽压装在电枢轴上。电枢绕组绕制在电枢铁心的线槽内，绕组两端分别焊接在换向器的铜片上。为了获得较大的电磁转矩，流经电枢绕组的电流很大（小功率起动机 300A 左右，大功率起动机 1000A 以上），因此电枢绕组也采用横截面面积较大的矩形或圆形（切诺基吉普车）裸体铜线绕制。

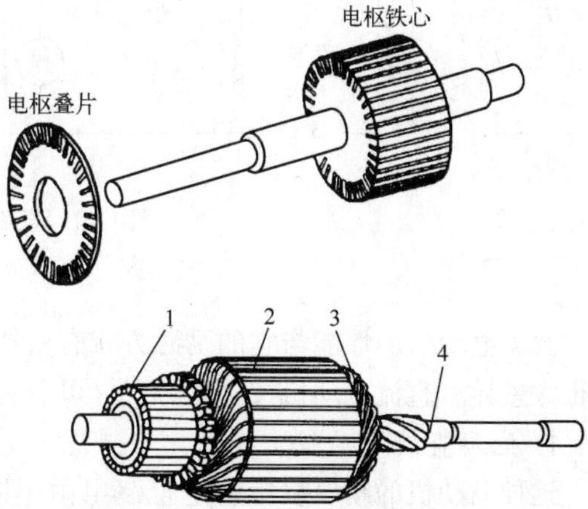

电枢铁心

电枢叠片

1　2　3　4

图 4-8　电枢总成

1—换向器　2—铁心　3—绕组　4—电枢轴

4. 换向器及电刷

换向器由许多换向片组成，换向片的内侧制成燕尾形，嵌装在轴套上，其外圆车成圆形。换向片与换向片之间均用云母绝缘。电刷架一般为框式结构，其中正极刷架与端盖绝缘安装，负极刷架直接搭铁。刷架上装有弹性较好的盘形弹簧。电刷由铜粉与石墨粉压制而成，呈棕红色，装在端盖上的电刷架中，通过电刷弹簧保持与换向片之间具有适当的压力。电刷与电刷架如图 4-9 所示。

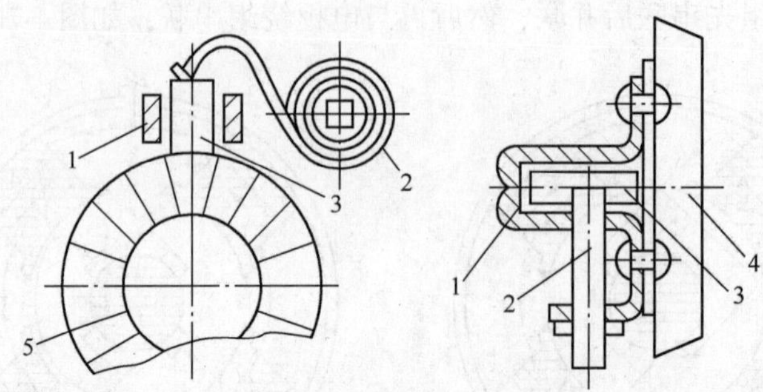

图 4-9 电刷与电刷架

1—框式电刷架 2—盘形弹簧 3—电刷 4—前端盖 5—换向器

电刷和装在电枢轴上的换向器用来连接磁场绕组和电枢绕组的电路，并使电枢轴上产生的电磁转矩保持固定方向。

任务 4.3 认知直流电动机的励磁方式

直流电动机的主磁场由励磁绕组中的励磁电流产生，根据不同的励磁方式，直流电动机可分为他励直流电动机、并励直流电动机、串励直流电动机和复励直流电动机，如图 4-10 所示。

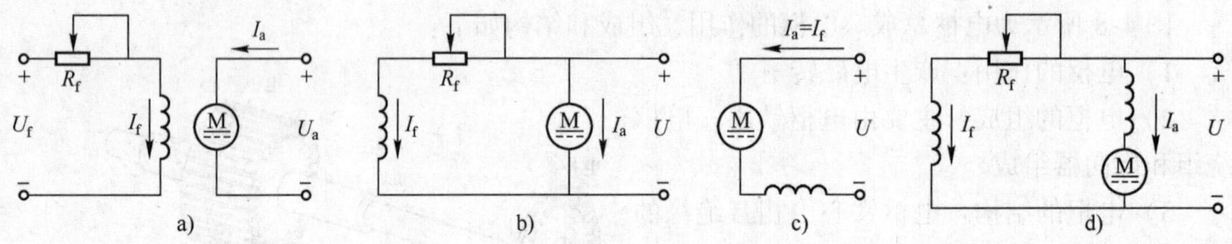

图 4-10 直流电动机的分类

a）他励 b）并励 c）串励 d）复励

直流电动机的性能与它的励磁方式有密切的关系，励磁方式不同，电动机的运行特性就有很大差异。直流电动机按励磁方式，可分为以下几类：

1. 他励直流电动机

这种电动机的励磁绕组与电枢绕组由不同的直流电源供电，两者不相连接，如图 4-11 所示。图中变阻器 R_f 用来调节励磁电流的大小，励磁电流 I_f 仅取决于他励电源的电动势和励磁电路的总电阻，而不受电枢端电压的影响。

2. 并励直流电动机

这种电动机的励磁绕组和电枢绕组相并联，如图 4-12 所示。由图可见，并励直流电动机的励磁电流 I_f 不仅与励磁电路的电阻有关，而且还受电枢端电压的影响。由于励磁绕组承受着电枢两端的全部电压，其值较高，为了减小励磁绕组的铜损耗，励磁绕组必须具有较大的电阻，所以励磁绕组匝数较多，导线较细。

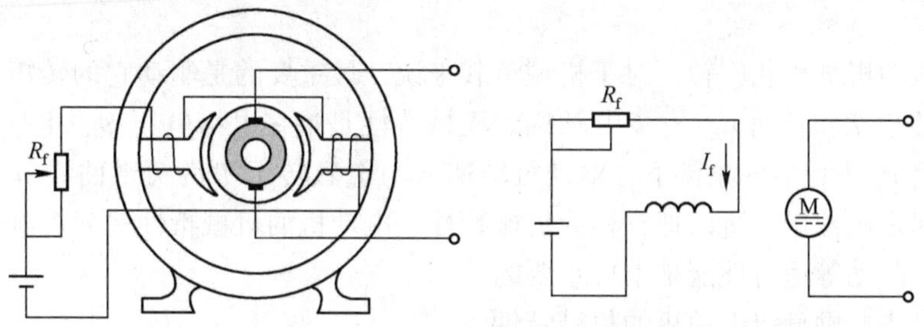

图 4-11　他励直流电动机

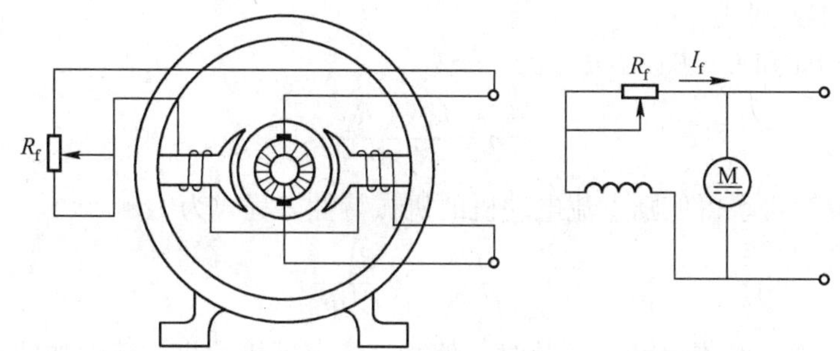

图 4-12　并励直流电动机

3. 串励直流电动机

这种电动机的励磁绕组和电枢绕组相串联，如图 4-13 所示。由于通过励磁绕组的电流 I_f 就是电枢电流 I_a，为了减小励磁绕组的电压降和铜损耗，励磁绕组应具有较小的电阻，因此励磁绕组一般匝数较少，导线较粗。

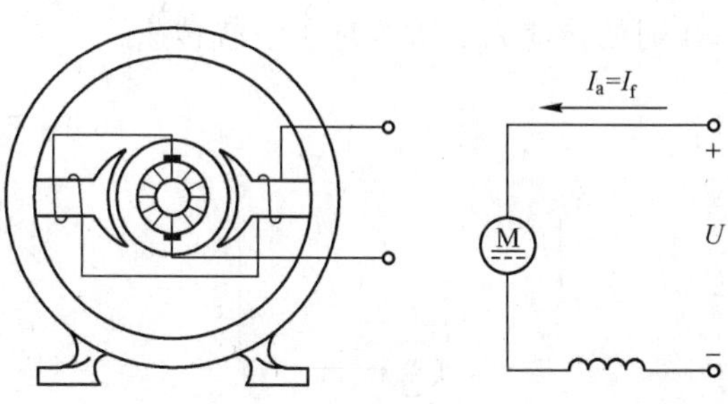

图 4-13　串励直流电动机

4. 复励直流电动机

这种电动机的励磁绕组分成两部分：一部分与电枢绕组并联，称为并励绕组；另一部分与电枢绕组串联，称为串励绕组。当两部分励磁绕组产生的磁通方向相同时，称为积复励直流电动机；方向相反时则称为差复励直流电动机，如图 4-14 所示。

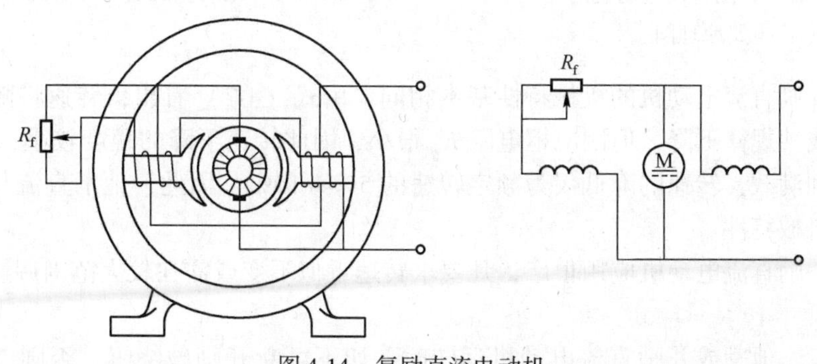

图 4-14　复励直流电动机

任务4.4　认知直流电动机的机械特性

电动机拖动机械负载旋转，对于机械负载来说，最重要的是驱动它的转矩和转速，即电动机的电磁转矩 T 和转速 n。直流电动机的机械特性是指在电枢电压 U、电枢电路电阻 R_a、励磁电路电阻 R_f 为恒值的条件下，电动机转速 n 与电磁转矩 T 的关系曲线 $n=f(T)$。由于转速和转矩都是机械量，所以把它称为机械特性。电动机的机械特性对分析电力拖动系统的起动、调速、制动等运行性能是十分重要的。

一、他励或并励直流电动机的机械特性

图4-15是他励直流电动机的电路原理图，他励直流电动机的机械特性方程式可由他励直流电动机的基本方程式导出。

由式 $E_a=C_e\Phi n$ 和 $U=E_a+I_aR_a$ 得

$$n=\frac{U-I_aR_a}{C_e\Phi} \tag{4-6}$$

再由 $T=C_T\Phi I_a$ 可求得他励直流电动机的机械特性方程式为

$$n=\frac{U}{C_e\Phi}-\frac{R_a}{C_eC_T\Phi^2}T \tag{4-7}$$

当 U = 常数、R_a = 常数、Φ = 常数时，他励直流电动机的机械特性如图4-16所示，是一条向下倾斜的直线，这说明加大电动机的负载，会使转速下降。特性曲线与纵轴的交点为 $T=0$ 时的转速 n_0，称为理想空载转速。

$$n_0=\frac{U}{C_e\Phi} \tag{4-8}$$

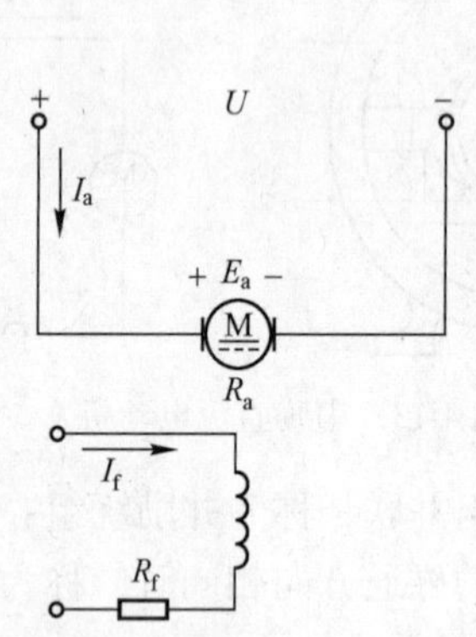

图4-15　他励直流电动机的电路原理图

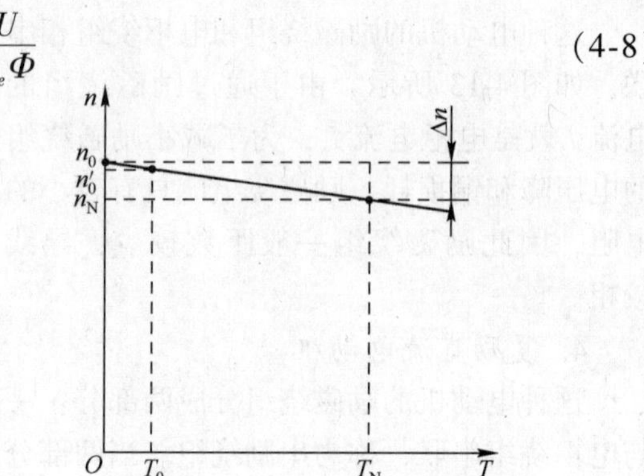

图4-16　他励直流电动机的机械特性

他励与并励直流电动机的机械特性基本相同，由式（4-7）看出，转速将随转矩的增加而近似地按线性规律下降，但因电枢电阻 R_a 很小，因此转速下降的程度较小，如图4-16所示。从空载到满载，转速的降低仅为额定转速的5%～10%。因此，他励直流与并励直流电动机具有硬机械特性。

他励或并励直流电动机应用很广，凡要求转速近似不变或需在较大范围调速的生产机械都可采用。

必须注意，他励或并励直流电动机运转时，切不可断开励磁绕组。否则，励磁电流为

零，磁极上仅有微弱的剩磁，反电动势很小，电动机的电流和转速都将急剧增大，以致超过安全限度，发生“飞车”现象。所以他励或并励直流电动机运转时一般要设置失磁保护，当电动机的励磁消失时，能自动跳闸，切断电源，使电动机停止运转。

二、串励直流电动机的机械特性

图 4-17 是串励直流电动机的电路原理图，因为串励直流电动机的励磁绕组与电枢电路串联，所以电枢电流 I_a 即为励磁电流 I_f，电枢电流 I_a（负载）的变化将引起主磁通 Φ 的变化。

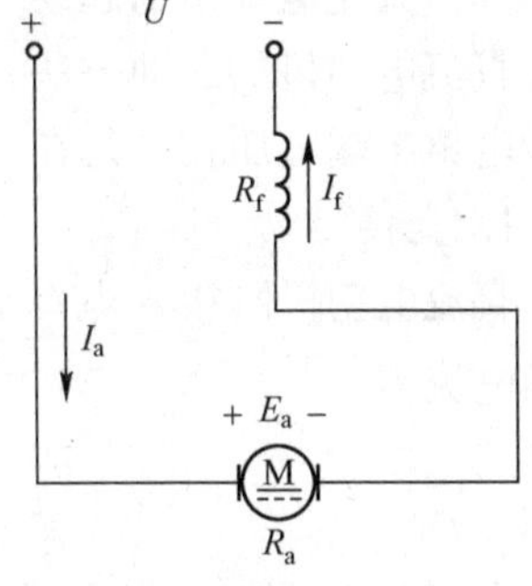

图 4-17　串励直流电动机的电路原理图

当磁路未饱和时，可认为磁通 Φ 与电枢电流 I_a 成正比，即

$$\Phi = KI_a \tag{4-9}$$

式中，K 为比例常数。则串励直流电动机的电磁转矩为

$$T_M = C_T\Phi I_a = C_T K I_a^2 \tag{4-10}$$

由此可得

$$I_a = \sqrt{\frac{T_M}{C_T K}} \tag{4-11}$$

由 $E_a = C_e\Phi n$ 和 $U_N = E_a + I_aR_a + I_aR_f$ 得

$$n = \frac{U_N - I_aR_a - I_aR_f}{C_e\Phi} \tag{4-12}$$

将式（4-9）代入式（4-12）得

$$n = \frac{U_N}{C_eKI_a} - \frac{R_a + R_f}{C_eK} \tag{4-13}$$

将式（4-11）代入式（4-12）得

$$n = \frac{\sqrt{C_TK}}{C_eK}\frac{U_N}{\sqrt{T_M}} - \frac{R_a + R_f}{C_eK} = \frac{A}{\sqrt{T_M}} - B \tag{4-14}$$

式中，$A = \dfrac{\sqrt{C_TK}U_N}{C_eK}$；$B = \dfrac{R_a + R_f}{C_eK}$。

式（4-14）表明转速 n 与 $\sqrt{T_M}$ 成反比，其机械特性如图 4-18 中 AB 段。

当 I_a 较大，磁路饱和时，Φ 基本保持不变，此时机械特性与他励直流电动机的机械特性相似，为较“硬”的直线特性，如图 4-18 中 BC 段。

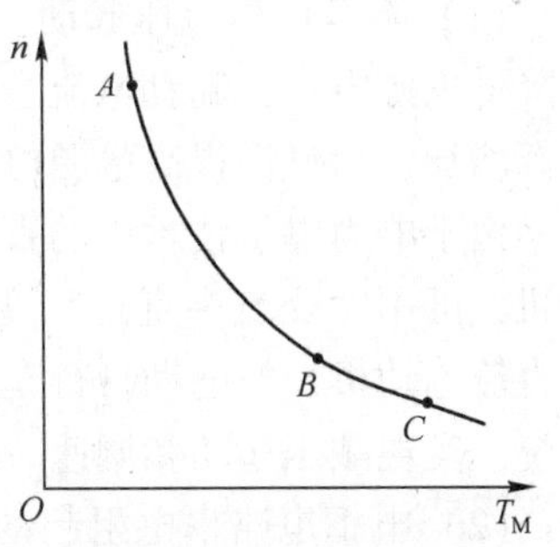

图 4-18　串励直流电动机的机械特性

由机械特性曲线可以看出：

1）特性为非线性“软”特性，负载增大（减小）时，转速自动减小（增大），保持功率基本不变，牵引性能好。

2）理想空载转速为无穷大，实际上由于有剩磁磁通存在，n_0 一般可达（5 ~ 6）n_N，空载运行会出现“飞车”现象。因此，串励直流电动机是不允许空载、轻载运行或用传动带传动的。

3）由于 T 与 I_a 的二次方成正比，因此串励直流电动机的起动转矩大，过载能力强。

任务 4.5　直流电动机的起动、制动、反转和调速

一、直流电动机的起动

直流电动机的起动方法有直接起动和减压起动两种。其中减压起动又有两种方法：一是降低电枢的端电压；二是在电枢电路中串联电阻。

1. 直接起动

直流电动机刚接入电源起动时，因为电动机转速等于零，电枢上的反电动势 E_a 为零，起动电流为

$$I_{st}=\frac{U-E_a}{R_a}=\frac{U}{R_a} \tag{4-15}$$

由于电枢电阻 R_a 很小，一般小于 1Ω，所以起动电流很大，可达到额定电流的 10～20 倍，这样会对电源造成很大的冲击，波及同一电网上的其他用户，甚至造成电动机换向器及电枢绕组的烧坏，因此，直接起动只适用于小功率直流电动机。

另外，直接起动的起动转矩为

$$M_{st}=K_T\varphi I_{st} \tag{4-16}$$

由于起动电流本身很大，所以起动转矩更大，较大的起动转矩对电动机的机械传动部件产生很大的冲击力，造成机械性损伤，这也说明直接起动方法对较大容量的直流电动机是不合适的。

2. 减压起动

对较大功率的直流电动机的起动，必须限制其起动电流，但又要考虑起动转矩不因起动电流减小太多而影响起动能力，一般限制起动电流为额定电流的 1.5～2.5 倍。减压起动有两种方法：一是在电枢电路串电阻；二是降低电枢端电压。较大功率的直流电动机宜采用减压起动。

（1）降低电枢电压起动　降低电枢电压的起动方法需要专用的可调直流电源，起动时先降低电源电压，起动电流会随之降低。随着起动过程的进行，转速逐渐升高，反电动势也逐渐增加，再慢慢提高电源电压，直到达到电源电压的额定值。

由于电力电子技术中的直流调压电子技术快速发展，对于使用交流电网为电源的直流电动机，可用“交流—直流”变换调压系统，实现减压起动和调速。对于使用蓄电池为电源的直流电动机，如电动自行车和电动汽车中的直流电动机，可用“直流—直流”变换调压系统，实现减压起动和调速。

（2）电枢电路串电阻起动　电枢电路串电阻起动时，电源电压不变，在电枢电路中串入电阻。起动时，所串联的电阻全部接入电路，相当于降低了电枢绕组两端的电压，从而使得电枢电流减小。随着转速的升高，逐级切除所串联的起动电阻，待转速接近额定转速时，切除全部电阻，起动过程就此结束。

使用直流电动机时，需特别注意磁场问题。直流电动机在起动时，应该保证首先有主磁通，所以在接通电枢电压之前应先接通励磁电路。另外，直流电动机在工作时，励磁绕组必须可靠连接，不允许磁场突然消失。因为上述两种情况都会产生很大的电枢电流，如果电动

机原来处于空载运行，还会造成转速急剧上升，出现“失磁飞车”事故，这样会危及设备和操作人员的安全。

二、直流电动机的制动

直流电动机的制动方式有机械制动和电气制动。

电气制动是指通过某种方法，让电动机的电磁转矩与电动机的转动方向相反，从而形成制动转矩的一种方法，它又分为能耗制动、反接制动和回馈制动三种方法。电气制动的制动转矩大，操作方便，无噪声，所以应用场合较多。电气制动时，一般保持励磁方向不变，改变电枢电流的方向以获得制动转矩。这里主要介绍能耗制动的方法，其电路图如图4-19所示。

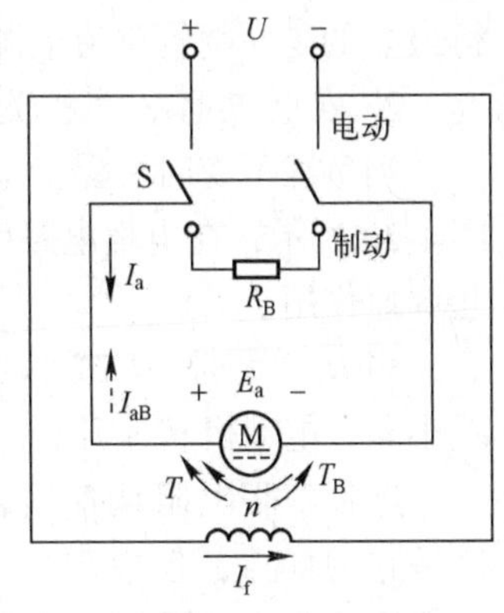

图4-19 能耗制动电路图

开关S接电源侧为电动运行状态，此时电枢电流 I_a、电枢电动势 E_a、转速 n 及电磁转矩 T 的方向如图4-19所示。当需要制动时，将开关S扳向制动电阻 R_B 上，电动机便进入能耗制动状态。因为磁通保持不变，初始制动时，电枢存在惯性，其转速 n 保持原来的方向旋转，于是 n 和 E_a 的方向均不改变。但是，E_a 在闭合回路内产生的电枢电流 I_{aB} 却与电动状态时的电枢电流 I_a 的方向相反，由此而产生的电磁转矩 T_B 也与电动状态时的电磁转矩 T 的方向相反，变为制动转矩，于是电动机处于制动运行。制动运行时，电动机靠生产机械惯性力的拖动而发电，将电能消耗在回路的电阻上，直到电动机停止转动为止，所以这种制动方式称为能耗制动。能耗制动较经济，但制动时间较长。

三、直流电动机的反转

实际生产中，经常要求电动机能够实现反转。直流电动机的转向取决于电磁转矩的方向。因此要实现反转，只要设法改变电磁转矩的方向即可。

由电磁转矩公式可知，改变电磁转矩方向的方法有两种：

1）保持电枢电流方向不变，改变励磁电流的方向（换接电源线）。并励直流电动机用这种方法励磁换向时，因为励磁电路的电感很大，时间较长，一般很少采用。

2）保持励磁电流的方向不变，改变电枢电流的方向。这种方法只要将电枢电源的两条线对调即可，容易实现，所以常被用来实现电动机的反转（并励直流电动机常采用该方法）。

四、直流电动机的调速

电动机调速是指通过改变电动机的电路参数来改变电动机的转速，从而改变生产机械的传动速度。根据直流电动机的机械特性表达式，即

$$n=\frac{U-(R_f+R_a)I_a}{K_e\Phi} \tag{4-17}$$

由式（4-17）可知，直流电动机的调速方法有三种（以并励式直流电动机为例说明）：

第一种：当负载不变时，通过改变电源电压 U 进行调速。

第二种：通过改变电枢电路中的电阻 R_a 来调速。

第三种：通过改变励磁磁通 Φ 进行调速。

1. *改变电源电压 U 调速*

由前面转速的公式可知，若保持励磁电路中的磁通 Φ 不变，则当改变电源电压 U 时，可以实现平滑地调节转速，还可以实现无级调速。但应该注意 U 不能超过额定电压，所以这种调速方法也只能在额定转速以下作均匀调速，而且需要由单独的可调电源供电。目前用得最多的是晶闸管整流电源。

2. *在电枢电路中串联电阻调速*

当负载不变时，保持电源电压与励磁磁通不变，如图 4-20 所示，在电枢电路中串联一个可调电阻器 R_S，可起调速作用。

当 R_S 增大时→I_S 减小→电动机转速降低；反之，R_S 减小时，电动机转速升高。

这种串联电阻调速所需要的设备简单，操作方便，这是它的优点，但由于功耗大，低速时运行稳定性差，不能连续调速，因此一般应用于调速范围要求不大且机械特性硬性要求不高的场合。例如，汽车上的空调鼓风电动机调速就采用了这种方法。

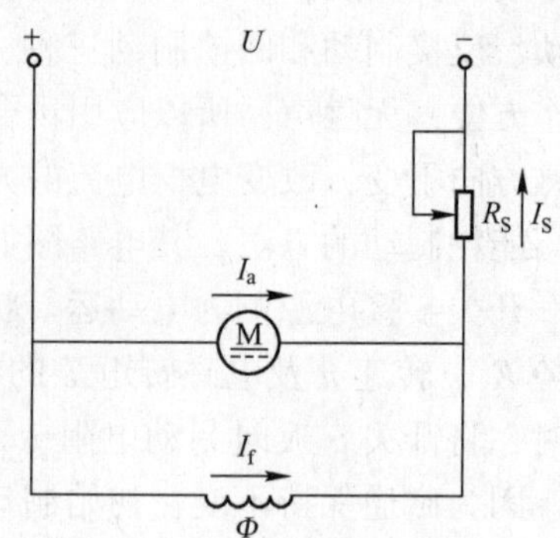

图 4-20 电枢电路中串联电阻调速

3. *改变励磁磁通 Φ 调速*

如图 4-21 所示，在并励直流电动机的励磁电路中串联一只励磁变阻器 R_f，保持电枢电压及电枢电阻不变，通过改变励磁电路中串联的励磁变阻器 R_f，从而改变励磁电流和励磁磁通，实现调速。

随着 R_f 增大→励磁电流减弱→励磁磁通 Φ 变小→电动机转速上升；反之，励磁变阻器 R_f 减小，则电动机转速降低。

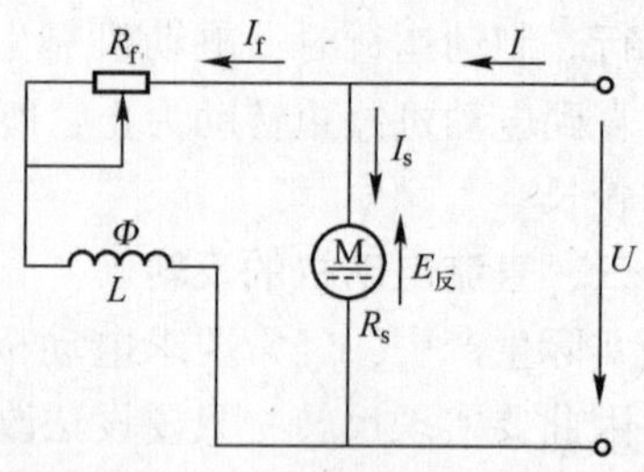

图 4-21 并励直流电动机调速电路

任务 4.6 检测汽车永磁电动机

此外，在小型直流电动机中也有用永久磁铁作为主磁极的，称为永磁电动机，永磁电动机可视为他励电动机的一种。

电动机磁极用永磁材料（铁氧体或铁硼等）制成。由于取消了磁场线圈，因此结构简化，体积小，质量小，噪声小，故被现代汽车广泛采用。如轿车配用的起动机、电动风扇刮水器、电动车窗、中控门锁、电动座椅、电动天窗、电动后视镜等机件中的电动机均采用了永磁材料作为磁极。

一、汽车刮水电动机

直流电动机除了转子、定子双线圈结构外，还有由永久磁铁构成定子的永磁直流电动机，简称为永磁电动机。图 4-22 所示为刮水器永磁电动机的结构示意简图。永磁电动机在汽车上应用比较广泛。

刮水器可以清除风挡玻璃上的雨水、雪或灰尘。目前汽车上广泛采用电动刮水器，电动刮水器的主要动力部件就是刮水电动机。刮水电动机大多是永磁电动机。图 4-23 所示为美国福特公司采用的永磁刮水电动机。

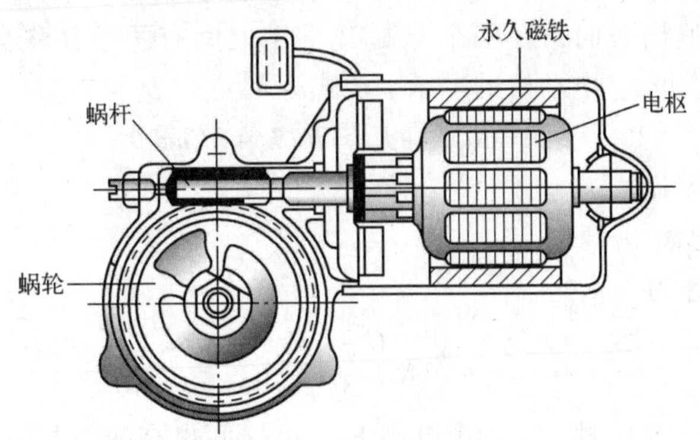

图 4-22　刮水器永磁电动机的结构示意简图

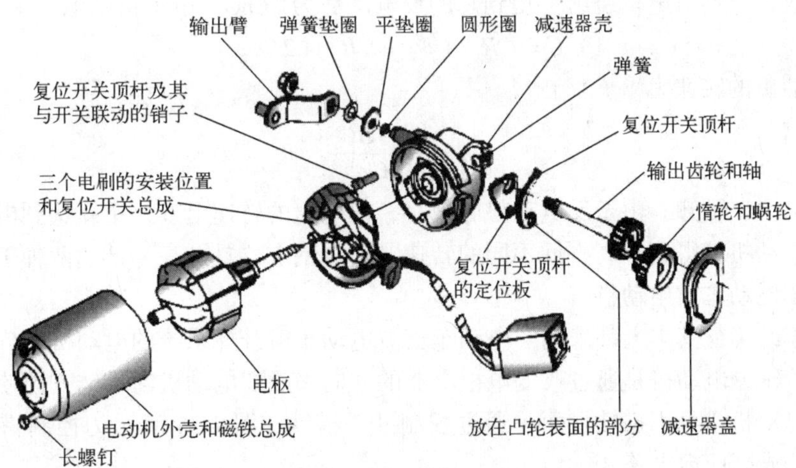

图 4-23　美国福特公司采用的永磁刮水电动机

刮水电动机为了满足刮水器的要求，要实现高、低速档位工作，常采用三刷式电动机。永磁电动机变速的工作原理如图 4-24 所示。

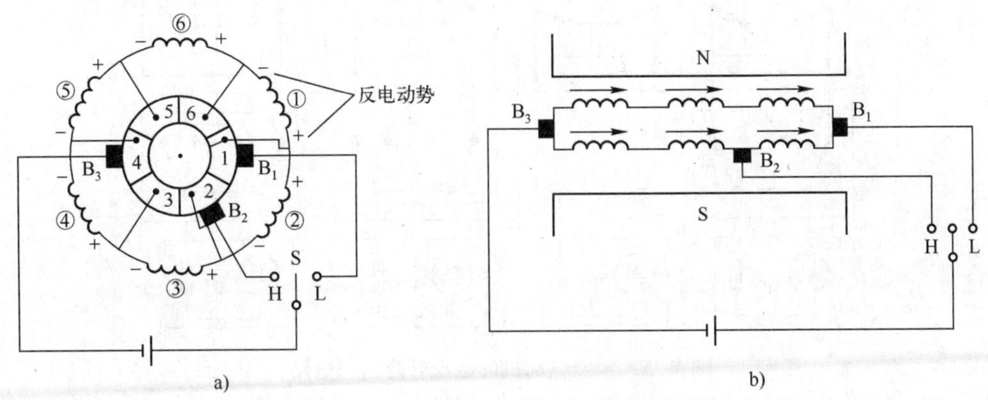

图 4-24　永磁电动机变速的工作原理

直流电动机工作时，在电枢内的所有线圈中同时产生反电动势，每个小线圈都产生相等的反电动势 $E_R = Cn\varphi$，电动势的方向如图 4-24 所示。

当开关 S 拨到低速档 L 时，在两个电刷 B_1、B_3之间有两条并联支路，各有三个线圈，电动势方向如图 4-24 所示，电动机的电压平衡式为

$$U = R_{\Sigma} I_S + E_R = R_{\Sigma} I_S + 3Cn\varphi \tag{4-18}$$

式中 I_S——线路总电流；

R_{Σ}——线圈总电阻。

得到电动机的转速为

$$n = \frac{U - I_S R_{\Sigma}}{3C\varphi}$$

当开关 S 拨到高速档 H 时，在两个电刷 B_2、B_3之间也有两条并联支路，一个支路有两个线圈串联，另一支路有四个线圈串联，但其中一个线圈的电动势与另外三个线圈的电动势方向相反，故在电动机电枢绕组上得到总的反电动势为 $2Cn\varphi$，电动机的电压平衡式为

$$U = I_S R_{\Sigma} + E_R = I_S R_{\Sigma} + 2Cn\varphi$$

得到电动机的转速为

$$n = \frac{U - I_S R_{\Sigma}}{2C\varphi} \tag{4-19}$$

由式（4-19）可知，由于反电动势的减小，使电枢的转速上升，重新达到电压平衡。这样永磁刮水电动机就得到了高、低不同的转速，使得刮水器具有高、低速两种工作档位。

二、汽车电动车窗电动机

现代轿车的车窗基本上都采用了电动车窗。电动车窗升降系统的电动机，广泛采用的是永磁电动机。永磁电动机是通过改变电枢电流的方向来改变电动机的旋转方向使车窗玻璃上升或下降，电动机本身不搭铁，而是通过控制开关搭铁。图 4-25 所示为控制搭铁式的永磁电动机的电动升降门窗电路。

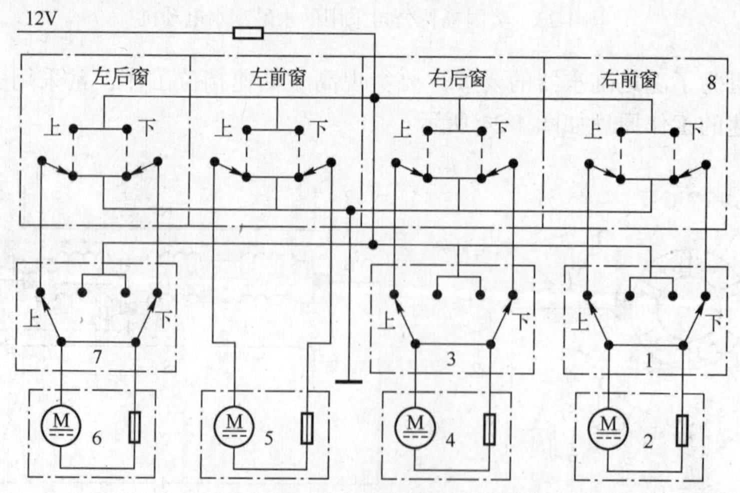

图 4-25 永磁电动机的电动升降门窗电路

1—右前车窗开关 2—右前车窗电机 3—右后车窗开关 4—右后车窗电机 5—左前车窗电机 6—左后车窗电机 7—左后车窗开关 8—驾驶员主控开关组件

现以左后门窗为例说明其工作原理：

当主控开关中的左后车窗开关拨到上时，电流方向为：蓄电池正极→点火开关→电路断电器→主控开关中左后车窗上触点→左后车窗分控开关上触点→电动机→左后车窗分控开关下触点→主控开关中左后车窗下触点→搭铁。电动机旋转，带动左后车窗玻璃上升。

当主控开关中的左后车窗开关拨到下时，电流方向为：蓄电池正极→点火开关→电路断电器→主控开关中左后车窗下触点→左后车窗分控开关下触点→电动机→左后车窗分控开关上触点→主控开关中左后车窗上触点→搭铁。电动机旋转，带动左后车窗玻璃下降。

上述过程中，流过电动机电枢的电流方向相反，所以电动机旋转方向相反，带动玻璃上升或下降。

与此类似的双向永磁电动机也被利用到电动后视镜、电动座椅、电动天窗等系统的触动电路中，在开关控制下，带动部件实现两个方向的运动。

任务 4.7 检测汽车步进电动机

步进电动机是将电脉冲信号转换成角位移或直线位移的控制电机，在自动控制系统中作执行元件。给步进电动机输入一个电脉冲信号时，它就转过一定的角度或移动一定的距离。由于其输出的角位移或直线位移可以是不连续的，因此称为步进电动机。步进电动机的准确度高、惯性小，不会因电压波动、负载变化、温度变化等原因而改变输出量与输入量之间的固定关系，其控制性能很好。步进电动机广泛用于数控机床、计算机外围设备等控制系统中。在汽车上，利用步进电动机作为怠速控制阀的主要执行部件，对汽车怠速进行控制。

步进电动机的种类很多，主要有反应式、励磁式等。反应式步进电动机的转子上没有绕组，依靠变化的磁阻生成磁阻转矩工作。励磁式步进电动机的转子上有磁极，依靠电磁转矩工作。反应式步进电动机的应用最为广泛，它有两相、三相、多相之分。

图 4-26 所示是三相反应式步进电动机的结构示意图。它的定子具有均匀分布的 6 个磁极，磁极上绕有绕组。两个相对的磁极组成一相。假定转子具有均匀分布的 4 个齿，下面介绍单三拍、六拍及双三拍三种工作方式的基本原理。

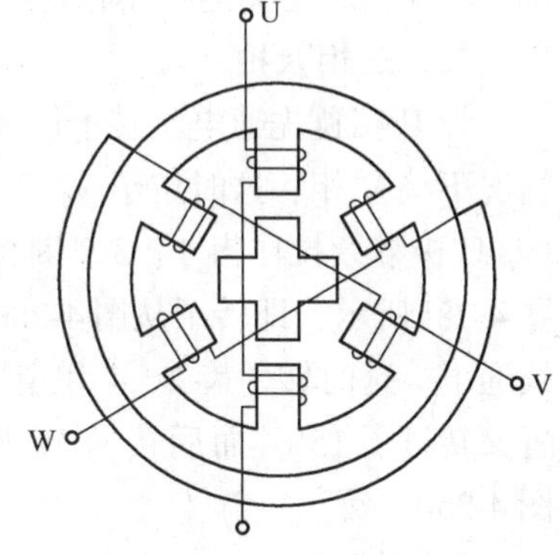

图 4-26 三相反应式步进电动机的结构示意图

一、三相单三拍

三相单三拍反应式步进电动机的工作原理可以由图 4-27 来说明。由于磁力线总是要通过磁阻最小的路径闭合，因此会在磁力线扭曲时产生切向力而形成磁阻转矩，使转子转动，这就是反应式步进电动机旋转的原理。

现以 U→V→W→U……的顺序轮流使三相绕组通电，观察转子的运动情况。

当 U 相绕组通电（V、W 两相不通电）时，气隙产生 U－U′轴线方向的磁通，并通过转子形成闭合回路。这时 U、U′极就成为电磁铁的 N、S 极。在磁场的作用下，转子总是力图转到磁阻最小的位置，也就是要转到转子的齿对齐 U、U′极的位置，如图 4-27a 所示；接着 V 相通电（U、W 两相不通电），转子便顺时针方向转过 30°，它的齿和 V、V′极对齐，如

图 4-27b所示，随后 W 相通电（U、V 两相不通电），转子又顺时针方向转过 30°，它的齿和 W、W′极对齐，如图 4-27c 所示。

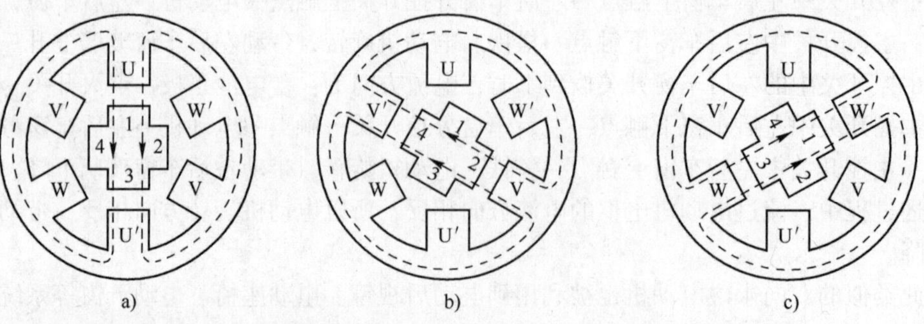

图 4-27 三相单三拍反应式步进电动机的工作原理
a）U 相通电 b）V 相通电 c）W 相通电

可见，按 U→V→W→U……的顺序轮流通电，电动机转子便顺时针方向一步一步地转动。每一步的转角为 30°（称为步距角）。电流换接三次，磁场旋转一周，转子前进了一个齿距角（转子 4 个齿时为 90°）。如果按 U→W→V→U……的顺序通电，则电动机转子便逆时针方向转动。

以上通电方式中，通电状态循环一周需要改变三次，每次只有单独一相控制绕组通电，称为三相单三拍运行方式。由于单独一相控制绕组通电时容易使转子在平衡位置附近来回摆动——振荡，会使运行不稳定，因此实际上很少采用三相单三拍的运行方式。

二、三相六拍

设 U 相首先通电，转子齿和定子 U、U′极对齐，如图 4-28a 所示；然后 U 相继续通电的情况下接 V 相，这时定子 V、V′极对转子齿 2、4 有磁拉力，使转子顺时针方向转动，但是 U、U′极继续拉住齿 1、3。因此，转子转到两个磁拉力平衡时为止，这时转子的位置如图 4-28b所示，即转子从图 4-28a 所示的位置顺时针方向转过了 15°。接着 U 相断电，V 相继续通电。这时转子齿 2、4 和定子 V、V′极对齐；如图 4-28c 所示，转子从图 4-28b 所示的位置又转过了 15°。而后接通 W 相，V 相仍然继续通电，这时转子又转过了 15°，其位置如图 4-28d 所示。

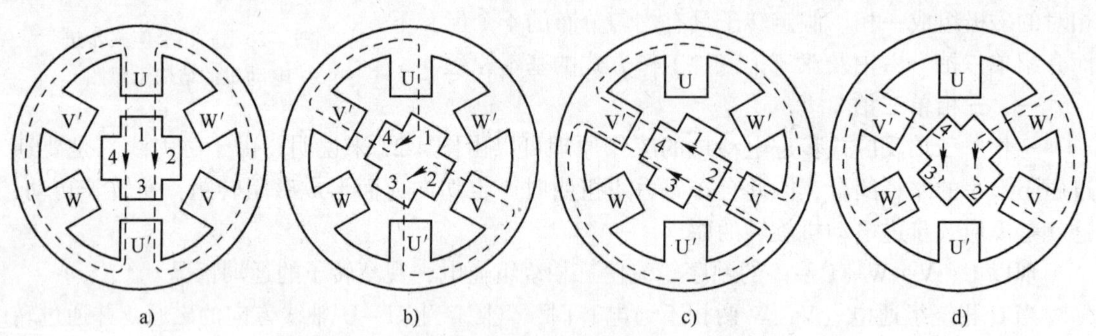

图 4-28 三相六拍反应式步进电动机的工作原理
a）U 相通电 b）U、V 相通电 c）V 相通电 d）V、W 相通电

可见按 U→U、V→V→V、W→W→W、U→U……的顺序轮流通电，则转子便顺时针方向一步一步地转动，步距角为 15°。电流换接 6 次，磁场旋转一周，转子前进了一个齿距角。如果按 U→U、W→W→W、V→V→V、U→U……的顺序通电，则电动机转子逆时针方向转动，这种通电方式称为六拍方式。

三、三相双三拍

如果每次都是两相通电，即按 U、V→V、W→W、U→U、V→……的顺序通电，则称为双三拍方式。从图 4-28b 和图 4-28d 可见，步距角也是 30°。

由上述可知，采用单三拍方式和双三拍方式时，转子走三步前进了一个齿距角，每走一步前进了三分之一齿距角；采用六拍方式时，转子走六步前进了一个齿距角，每走一步前进了六分之一齿距角。因此，步距角 θ 为

$$\theta = \frac{360°}{E_r N} \tag{4-20}$$

式中　E_r——转子齿数；

N——运行拍数，$N = km$，m 为步进电动机的绕组相数，$k = 1$ 或 2。

前面叙述的是最简单的步进电动机，其步距角太大，准确度太低，在实际中并不适用。实际中，为了提高步进电动机的步进精度，即减小步距角，常常将步进电动机定子的每一个磁极分成许多个小齿，一般步进电动机的步距角是 30°或 15°，而常见的是 3°或 1.5°。由上式可知，转子上不止 4 个齿（齿距角为 90°），而有 40 个齿（齿距角为 9°）。为了使转子齿和定子齿对齐，两者的齿宽和齿距必须相等。因此，定子上除了 6 个极以外，在每个极面上还有 5 个和转子齿一样的小齿，实际三相反应式步进电动机的结构如图 4-29 所示。

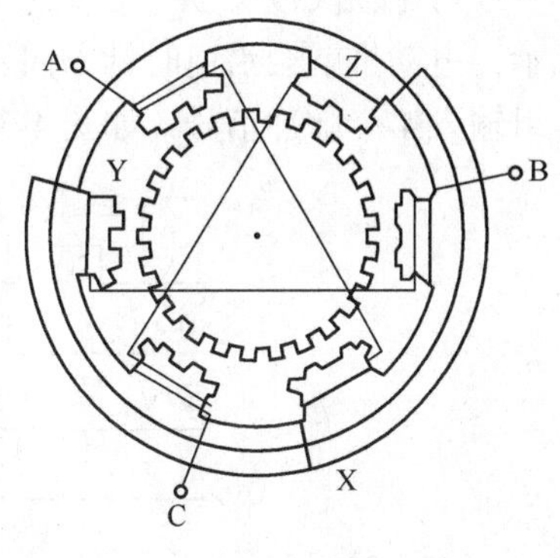

图 4-29　实际三相反应式步进电动机的结构

由此可以看出，步进电动机具有结构简单、维护方便、准确度高、起动灵敏、停车准确等性能。此外，步进电动机的转速取决于脉冲频率，并与频率同步。

四、永磁转子式步进电动机

如图 4-30a 所示，永磁转子式步进电动机的转子是一个具有 N 极和 S 极的永久磁铁，定子有两相独立的绕组。当从 V_1 到 V 向绕组输入一个电脉冲信号时，绕组产生一个磁场，在磁力同性相斥、异性相吸的原理作用下，使转子 N 极在左、S 极在右。

当从 V_1 到 V 输入的脉冲信号消失后，再从 U 到 U_1 向绕组输入另一个脉冲信号时，绕组产生一个磁场，N 极在上、S 极在下，如图 4-30b 所示。在同性相斥、异性相吸的原理作用下，转子就会沿逆时针方向转动 90°，如图 4-30c 所示。

当从 U 到 U_1 输入的脉冲信号消失后，再从 V 到 V_1 向绕组输入另一个脉冲信号时，绕组产生磁场，N 极在左、S 极在右，如图 4-30c 所示。在同性相斥、异性相吸的原理作用下，转子就会沿逆时针方向转动 90°，如图 4-30d 所示。

当从 V 到 V_1 输入的脉冲信号消失后，再从 U_1 到 U 向绕组输入另一个脉冲信号时，绕组产生磁场，N 极在下、S 极在上，如图 4-30d 所示。在同性相斥、异性相吸的原理作用下，转子就会沿逆时针方向转动 90°，如图 4-30e 所示。

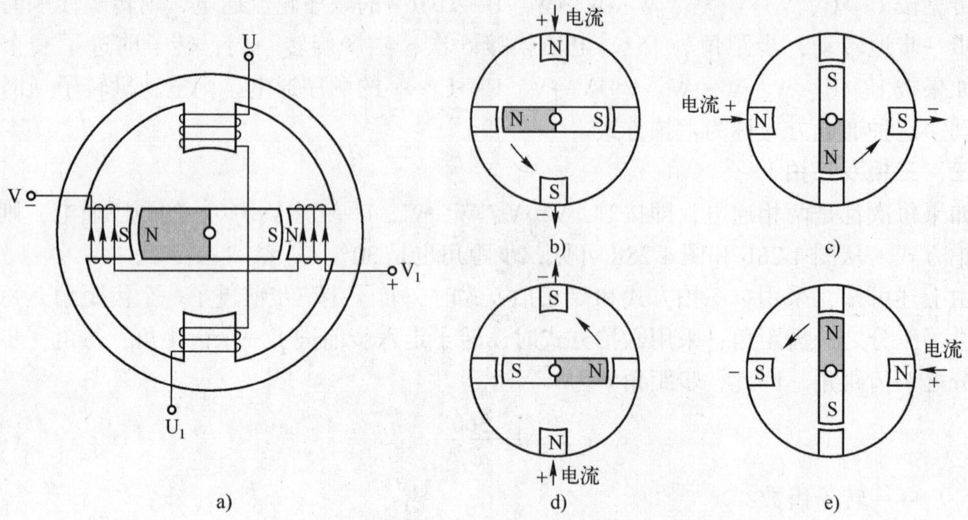

图 4-30 永磁转子式步进电动机基本结构与步进原理

可见依次按 V_1-V、U-U_1、V-V_1、U_1-U 的顺序向绕组输入 4 个脉冲信号，如图 4-31a 所示，电动机就会沿逆时针方向转动一圈。如果依次按 V_1-V、U_1-U、V-V_1、U-U_1 的顺序向绕组输入 4 个脉冲信号，如图 4-31b 所示，电动机就会沿顺时针方向转动一圈。

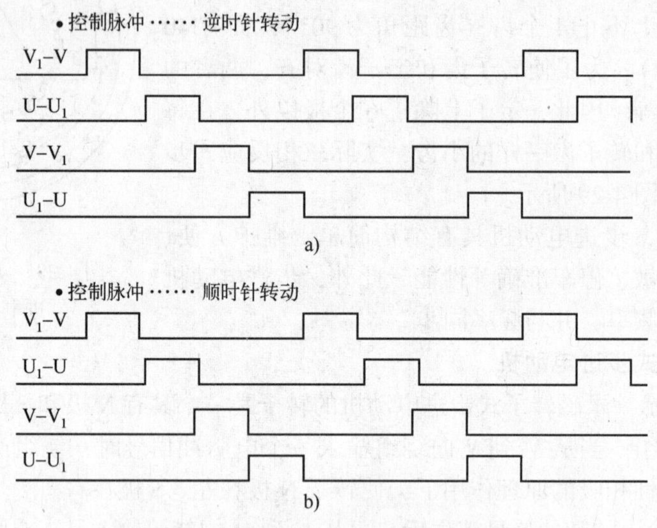

图 4-31 步进电动机控制脉冲

a）逆时针步进转动控制脉冲 b）顺时针步进转动控制脉冲

每输入一个脉冲信号使电动机转动的角度，称为步进电动机的步进角。步进电动机定子爪极越多，步进角越小，转角的控制精度就越高，所需定子绕组的数量和控制脉冲的组数就越多。步进电动机的转速取决于控制脉冲的频率，频率越高，转速越快。

常用步进电动机的步进角有 30°、15°、11. 25°、7. 5°、3. 75°、2. 5°、1. 8°等。如丰田皇冠 3. 0 型轿车 ZJZ-GE 发动机采用的永磁步进电动机，其转子设有 8 对磁极，定子设有 32 个爪极，转子转动一圈前进 32 步，步进角为 11. 25°，该步进电动机的工作范围为 0 ~125 步

(大约转动4圈)。

奥迪200型轿车采用的永磁转子式步进电动机设有两个线圈，转子每转一圈需要步进24步，每步进一步约需4 ms，步进角为15°，该步进电动机的工作范围为0～128步（大约转动5.3圈)。

【项目实施】

一、起动机的解体

1）清除外部尘污和油垢。

2）拆下电磁开关与电动机接线柱之间的连接钢片。

3）拆下电磁开关与驱动端盖的紧固螺钉，取下电磁开关。

4）拆下起动机防护罩。

5）用电刷钩取出电刷。

6）旋出两只穿心螺栓，使驱动端盖（连同转子)、定子与电刷端盖分离，注意转子换向器处的止推垫圈片数。

7）拆下中间支承板螺钉、拆下拨叉销轴，从驱动端盖中取出转子（连同中间支承板、单向离合器)。

8）拆下转子驱动端锁环，取下挡圈，之后取下单向离合器、中间支承板。

9）解体后，清洗、擦拭各零件。

二、起动机的检修

1. 转子总成的检修

(1) 电枢绕组搭铁的检查　用万用表的 $R\times10k$ 档检测，如图4-32所示。用一根测试棒接触电枢，另一根测试棒依次接触换向器铜片，万用表指针不应摆动，即电阻为无穷大，否则说明电枢绕组与电枢轴之间绝缘不良，有搭铁之处。也可用交流试灯检查，灯亮表示搭铁故障。

用 $R\times1\Omega$ 档检查换向器和电枢铁心之间是否导通，如图4-33所示。如有导通现象，说明电枢绕组搭铁，应更换电枢。

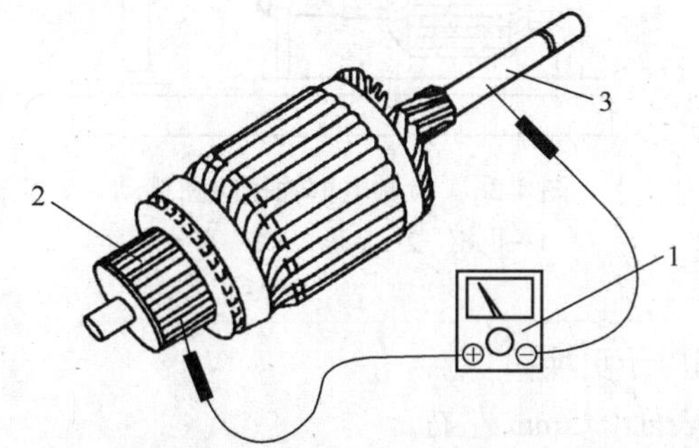

图4-32　检测电枢轴与电枢绕组之间的绝缘电阻

1—万用表　2—换向器　3—电枢轴

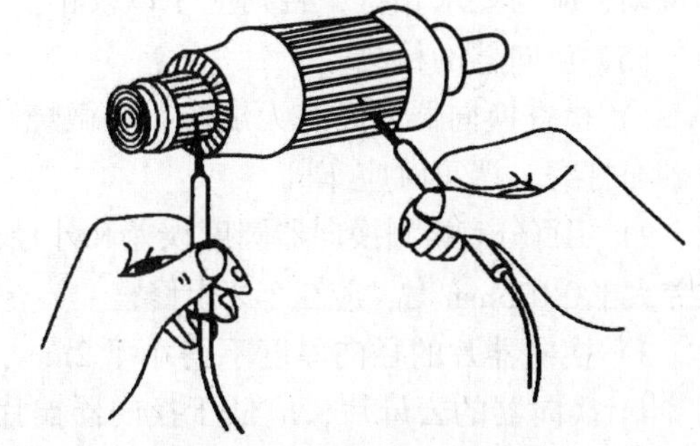

图4-33　电枢绕组搭铁的检查

(2) 电枢绕组短路的检查　如图4-34所示，把电枢放在短路检测仪上，接通电源，将薄钢片放在电枢上方的线槽上，并转动电枢。薄钢片应不振动，若薄钢片振动，表明电枢绕组短路。相邻两换向片间短路时，薄钢片会在四个槽中振动。当同一个槽中上下两层导线短路时，薄钢片在所有的槽中都振动。

(3) 电枢绕组断路的检查　目测电枢绕组的导线是否甩出或脱焊。然后用万用表的 $R\times1\Omega$ 档，将两个测试棒分别接触换向器相邻的铜片，如图 4-35 所示。测量每相邻两换向片间是否相通，如万用表指针指示“0”，说明电枢绕组无断路故障；若万用表指针在某处不摆动，即电阻值为无穷大，说明此处有断路故障，应更换电枢。

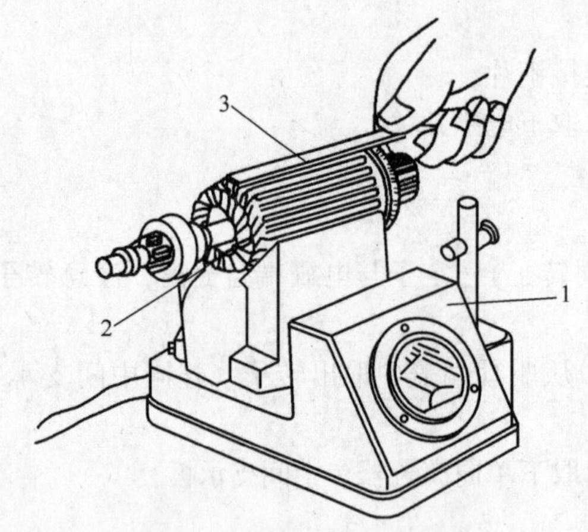

图 4-34　电枢绕组短路的检查
1—短路检测仪　2—电枢　3—薄钢片

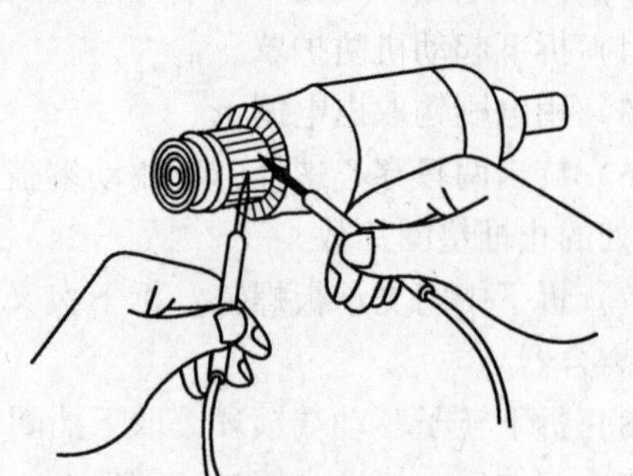

图 4-35　电枢绕组断路的检查

对于磁场绕组的断路、短路、搭铁故障都应对其检修或更换。

(4) 电枢轴的检查

1) 用游标卡尺检测轴颈、外径与衬套内径的配合间隙，应与要求相符，若间隙过大应更换衬套并重新铰配。

2) 如图 4-36 所示，用百分表检测电枢轴径向圆跳动，应与要求相符，否则应予以校正。

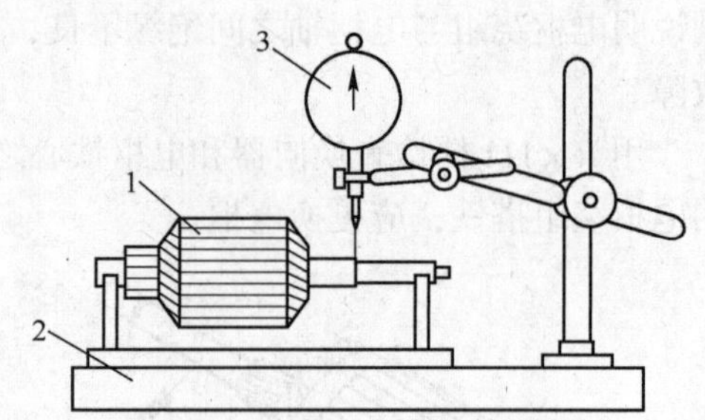

图 4-36　检测电枢轴径向圆跳动
1—电枢　2—V 形架　3—百分表

(5) 换向器的检测

1) 检查换向器表面有无烧蚀，轻微烧蚀用 00 号砂布打磨，严重时应车削。

2) 用百分表检测换向器圆度误差和外径，圆度误差大于 0.025mm 时，应在车床上修整。

3) 换向器片的径向厚度不得小于 2mm，否则应予更换。

4) 换向器的云母片，应低于换向器铜片圆周表面 0.5mm 左右。

5) 铜片和线头的焊接应牢固，不得松动。

2. 定子绕组的检修

(1) 磁场绕组搭铁的检查　如图 4-37 所示，用万用表测量起动机接线柱和外壳间的电阻，阻值应为无穷大，否则为搭铁故障。也可用 220V 的交流试灯检测。

(2) 磁场绕组断路的检查　如图 4-38 所示，用万用表测量起动机接线柱和绝缘电刷间的电阻，阻值应很小，若为无穷大则为断路。

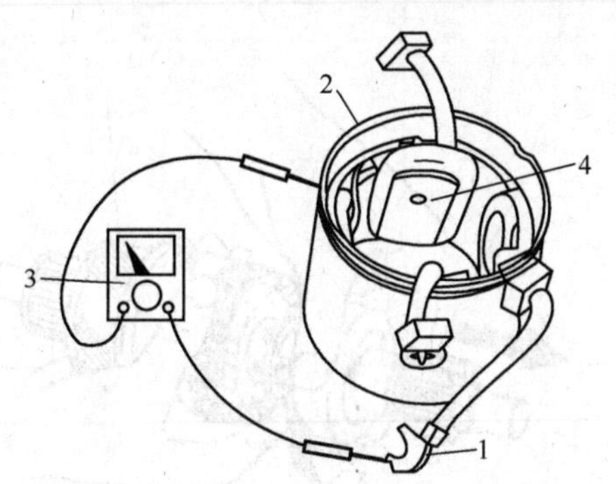

图 4-37　磁场绕组搭铁的检查

1—磁场绕组的正极端　2—定子壳体

3—万用表　4—磁场绕组

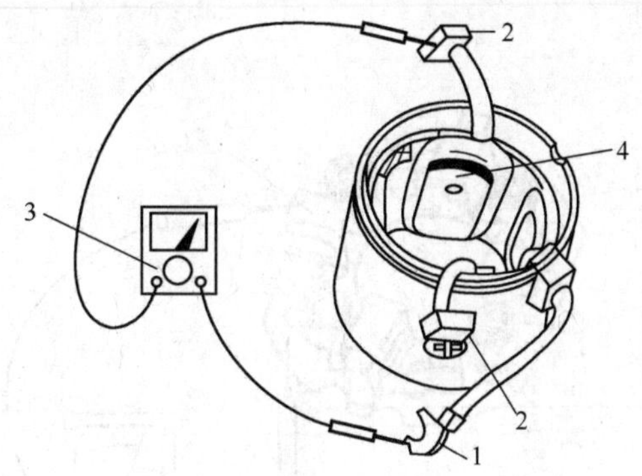

图 4-38　磁场绕组断路的检查

1—磁场绕组的正极端　2—电刷

3—万用表　4—磁场绕组

（3）磁场绕组短路的检查　如图 4-39 所示，用蓄电池 2V 直流电源正极接起动机接线柱，负极接绝缘电刷。将螺钉旋具放在每个磁极上，检查磁极对螺钉旋具的吸力，应相同。若某磁极吸力弱，则为匝间短路。

磁场绕组有严重搭铁、短路或断路时，应更换。

3. 电刷组件的检修

1）电刷外观检查：电刷在架内活动自如，无卡滞，不歪斜。

2）电刷磨损的检查：如图 4-40 所示，测量电刷的高度，不应低于新电刷高度的 2/3。电刷在电刷架内应活动自如，无卡滞现象。目测电刷与换向器的接触面积，应在 75% 以上，否则应进行磨修。

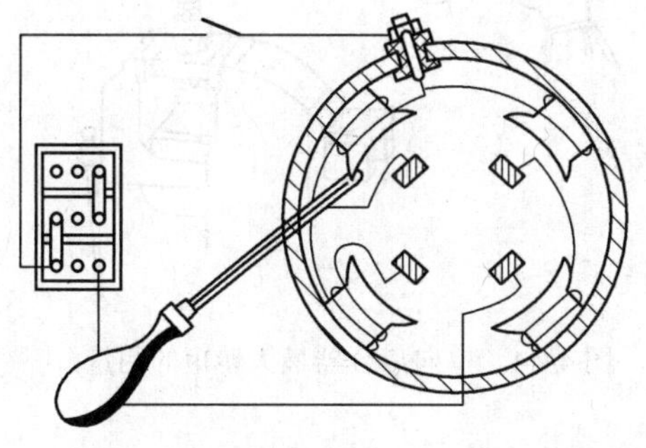

图 4-39　磁场绕组短路的检查

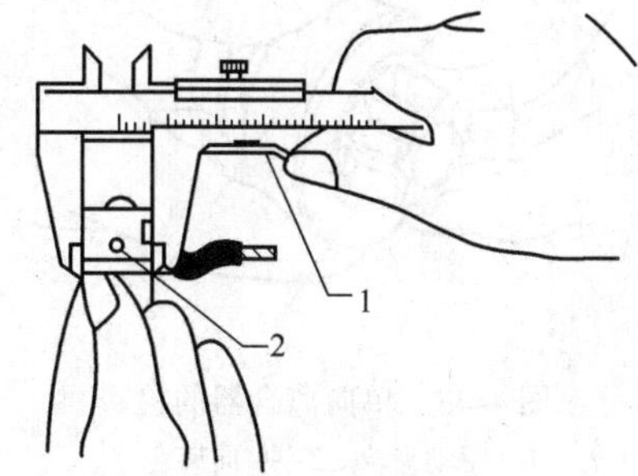

图 4-40　起动机电刷磨损的检查

1—游标卡尺　2—电刷

3）电刷架的检查：如图 4-41 所示，用万用表测量绝缘电刷架和后盖间的电阻，应为无穷大；用万用表测量搭铁电刷架和后盖间的电阻，应为零。

4）电刷弹簧的检查：在弹簧处于工作状态时，用弹簧秤检查电刷弹簧的压力，一般为 11.7 ~14.7N。若压力降低，可将弹簧向与螺旋方向相反处扳动或更换。

4. 单向离合器的检修

1）单向离合器总成的安装与检查：如图 4-42 所示，将单向离合器及驱动齿轮总成装到电枢轴上，握住电枢1，当转动单向离合器外座圈2时，驱动齿轮总成3应能沿电枢轴自如滑动。

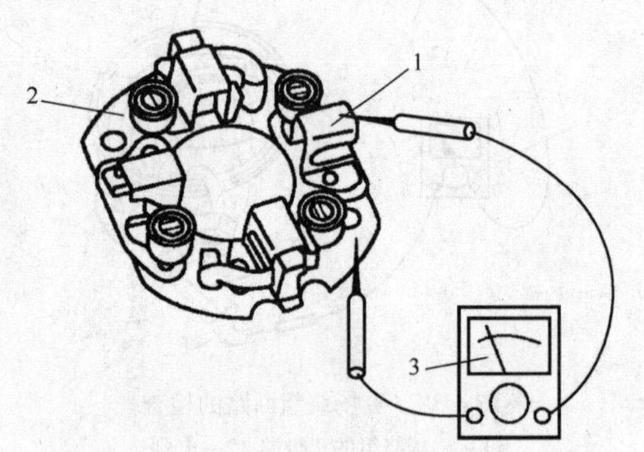

图4-41 电刷架的检查

1—电刷架 2—电刷架底板 3—万用表

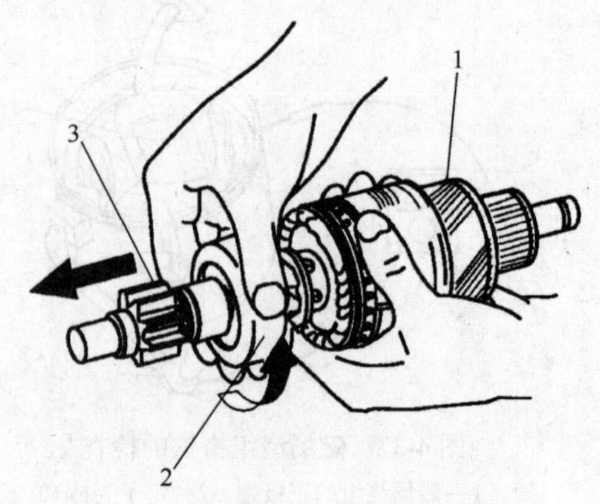

图4-42 单向离合器总成的安装与检查

1—电枢 2—单向离合器外座圈 3—驱动齿轮总成

如图4-43所示，在确保驱动齿轮无损坏的情况下，握住外座圈，转动驱动齿轮，应能自由转动；反转时不应转动，否则就有故障，应更换单向离合器。

2）单向离合器磨损的检查：目测单向离合器齿轮及离合器内花键槽有无严重磨损，若磨损严重，应予以焊修或更换。

3）单向离合器最大转矩的测量：如图4-44所示，将单向离合器齿轮用布包好夹在台虎钳上，将扭力扳手的头插入啮合器的花键内，按其工作的方向扳转扭力扳手，应能承受制动试验时的最大转矩而不打滑。

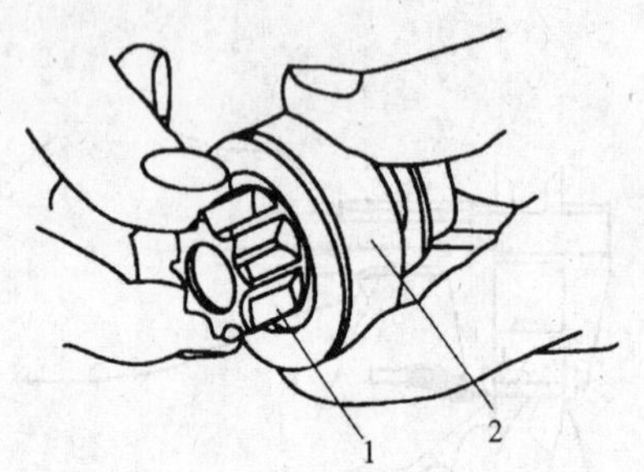

图4-43 单向离合器的检查

1—驱动齿轮 2—单向离合器

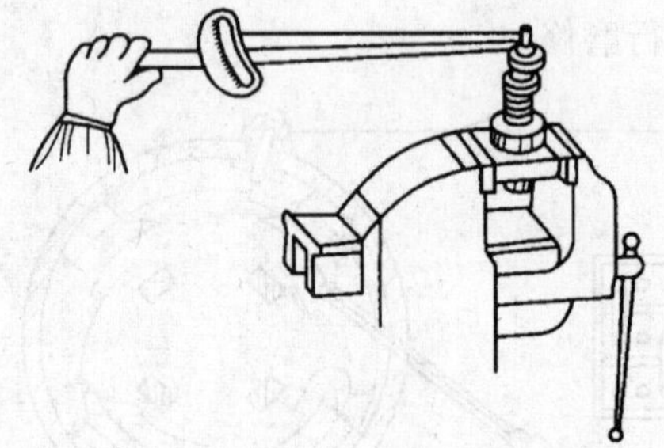

图4-44 单向离合器最大转矩的测量

5. 电磁开关的检查

1）检查触点、接触盘：目测触点、接触盘，若有轻微烧损可用细砂布打磨，起动时此处电压降不得超过0.2V。

2）开关的检查：将万用表置于电阻档，用万用表的两个表笔分别接触起动机电源接线柱和电磁开关接线柱，将活动铁心推到底使电磁开关接通，看开关是否导通，若导通，表明电磁开关正常。

三、起动机的装复

1）将离合器和移动叉装入后端盖内。

2）装入中间轴承支承板。

3）将电枢轴插入后端盖内。

4）装上电动机外壳和前端盖，并用长螺栓固定紧。

5）装上电刷和防尘罩。

6）装上起动机开关。

起动机装复后应转动灵活，各摩擦部位涂润滑油润滑，电枢轴的轴向间隙应符合要求。

【小结】

本学习情境主要是对汽车直流电动机的学习。在汽车直流电动机中，以汽车起动机的检修为重点，分析了起动机起动无力的故障现象，学习了汽车直流电动机的结构、工作原理和机械特性及起动机的检测与维修。同时也学习了永磁电动机及步进电动机的基本知识。

一、维修项目：汽车起动机的检修

1）故障现象：顾客陈述开前照灯灯光明亮，将点火开关旋至起动挡时，有“嗒嗒嗒”的异响，起动机能运转，但功率明显不足，时转时停。

2）汽车起动系统由蓄电池、起动机与控制电路构成。

3）故障原因：蓄电池容量、蓄电池桩头接线柱、起动电磁开关主触点接线柱和起动机内部。

二、汽车直流电动机

1）直流电动机主要由定子和转子两大部分组成，其电磁转矩为：$M = K_T \Phi I_a$。电压平衡方程：$U = E_f + I_a R_a$，其中，$E_f = K_e \Phi n$。根据不同的励磁方式，直流电动机可分为他励直流电动机、并励直流电动机、串励直流电动机和复励直流电动机。

2）直流电动机的起动方法有直接起动和减压起动。减压起动又有两种方法：一是降低电枢的端电压；二是在电枢电路中串联电阻。

3）直流电动机的制动方式有机械制动和电气制动。

4）直流电动机的转向取决于电磁转矩的方向，改变电磁转矩方向的方法有两种：① 保持电枢电流方向不变，改变励磁电流的方向；② 保持励磁电流的方向不变，改变电枢电流的方向。

5）电动机调速是指通过改变电动机的电路参数来改变电动机的转速，从而改变生产机械的传动速度。由公式 $n = \frac{U - (R_f + R_a) I_a}{K_e \Phi}$ 可知，直流电动机的调速方法有三种（以并励直流电动机为例说明）：

① 当负载不变时，通过改变电源电压 U 进行调速；

② 通过改变电枢电路中的电阻 R_a 来调速；

③ 通过改变励磁磁通 Φ 进行调速。

6）步进电动机按转矩产生的原理不同，可以分为反应式步进电动机和励磁式步进电动机两种。

三、汽车起动机

1）汽车起动机由串励直流电动机、传动机构和操纵机构三个部分组成。

2）汽车起动机的工作原理是利用了电的磁效应及电磁感应定律。

3）串励直流电动机由电枢、磁极、换向器等主要部件构成。

4）串励直流电动机的特点是起动转矩大，机械特性软。

5）起动机由于其轻载或空载时转速很高，容易造成“飞车”事故，故对于功率较大的串励直流电动机，不允许在轻载或空载下长时间运行。

四、汽车起动机的检测与检修

1）检查蓄电池容量（用高率放电计检查），若容量不足，可用容量充足的蓄电池辅助供电的方法加以排除。

2）检查蓄电池桩头接线柱及起动电磁开关主触点接线柱的松动情况，若松动，加以紧固。

3）若怀疑是起动机内部故障，可用同型号无故障的起动机替换加以排除。确认是起动机内部故障时，应进一步拆检起动机。

思考与练习

1. 试分析直流电动机的组成及作用。
2. 简述直流电动机的工作原理。
3. 起动机由哪些部分组成？各组成部分的作用是什么？
4. 汽车上为何采用串励直流电动机？
5. 试分析直流电动机转矩的自动调节过程。
6. 试分析串励直流电动机的机械特性。
7. 简述起动机的分类。
8. 改变蓄电池的搭铁极性，起动机的旋转方向是否改变？为什么？
9. 起动机的单向离合器有哪些？单向离合器的作用是什么？
10. 简述带起动继电器的起动控制电路的工作过程。
11. 简述永磁电动机的特点。
12. 简述汽车刮水电动机的工作原理。
13. 简述汽车电动车窗电动机的工作原理。
14. 简述步进电动机在汽车上的应用。

学习情境5　检修汽车模拟电路

【学习目标】

知识目标

1. 掌握二极管和晶体管的基本特性。
2. 理解二极管整流电路的工作原理。
3. 了解特殊二极管和晶体管在汽车上的应用。

技能目标

1. 能用万用表检测二极管和晶体管的好坏。
2. 会对汽车晶体管电压调节器进行检修。

【项目描述】

内搭铁型晶体管电压调节器电路原理图如图5-1所示，请分析相关电气元件和电路的原理：

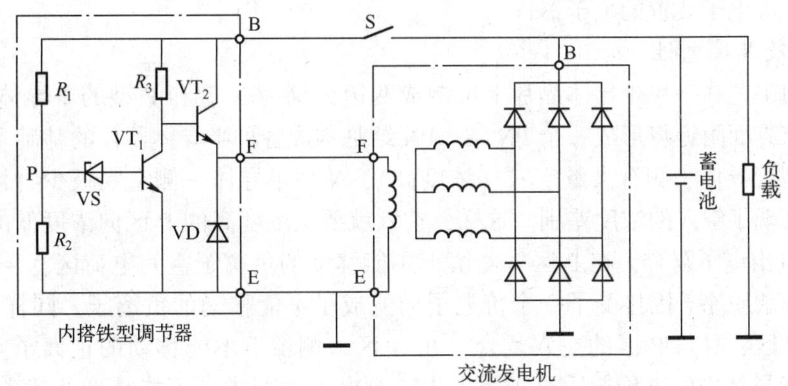

图5-1　内搭铁型晶体管电压调节器电路原理图

1）内搭铁型晶体管电压调节器电路原理。
2）晶体管电压调节器类型的判断方法。
3）晶体管电压调节器的测试方法。
4）晶体管电压调节器的性能及故障检测。

任务5.1　认知二极管

一、半导体和PN结

自然界中的物质按导电能力强弱的不同，可分为导体、绝缘体和半导体三大类。

1. 半导体定义及分类

半导体是导电能力介于导体和绝缘体之间的物质。常用的半导体材料有锗（Ge）、硅（Si）和砷（As）等。导电能力介于导体和绝缘体之间的材料称为半导体。半导体包括二极管、晶体管、晶闸管等。制造半导体最常用的材料是硅晶体和锗晶体。完全纯净的、不含杂质的半导体叫做本征半导体。如果在本征半导体中掺入其他元素，则称为杂质半导体。晶体是具有确定的原子结构的材料，纯的晶体不能用来制作半导体，需要在这两种晶体中掺杂极小比例的其他元素。硅晶体和锗晶体都是四价元素，掺入杂质后，导电性能就会发生明显变化。根据掺杂元素的不同，可以把半导体分为P型半导体和N型半导体。

（1）P型半导体　如果在本征半导体硅或锗的晶体中掺入微量三价元素硼（或镓、铟等），那么半导体内部空穴的数量将得到成千上万倍的增加，导电能力也将大幅提高。这类杂质半导体称为P型半导体，也称为空穴型半导体。在P型半导体中，空穴成为半导体导电的多数载流子，自由电子为少数载流子。而就整块半导体来说，它既没有失去电子也没有得到电子，所以呈电中性。

（2）N型半导体　如果在本征半导体硅或锗的晶体中掺入微量五价元素磷（或砷、锑等），半导体内部的自由电子的数量将增加成千上万倍，导电能力大幅提高，这类杂质半导体称为N型半导体，也称为电子型半导体。在N型半导体中，自由电子成为半导体导电的多数载流子，空穴成为少数载流子。就整块半导体来说，它同样既没有失去电子也没有得到电子，所以也呈电中性。

按一定次序将N型半导体和P型半导体结合在一起，便能制造出用于汽车电压调节器和电子控制器等电子装置的电子器件。

2. PN结及其导电性

用特殊的工艺在一块半导体晶片上可制成两边分别为N型和P型的半导体，则在这两种半导体的交界面附近将形成一个PN结。PN结是构成各种半导体器件的基础。

由于P型半导体一侧有大量空穴（浓度高），N型半导体一侧空穴极少（浓度低），在交界面处就出现了空穴的浓度差别。这样，空穴就要从浓度高的P区向浓度低的N区扩散，且与N区的自由电子复合，在P区一侧留下不能移动的负离子空间电荷区，－表示P型半导体中的三价杂质原子因接受了一个价电子而变成了不能移动的负离子。同样N区的自由电子扩散到P区，且与P区的空穴复合，在N区一侧留下不能移动的正离子空间电荷区，＋表示N型半导体中的五价杂质原子因失去一个电子而变成了不能移动的正离子。在两种半导体交界面的两侧形成了一个空间电荷区，这个空间电荷区就是PN结，如图5-2所示。

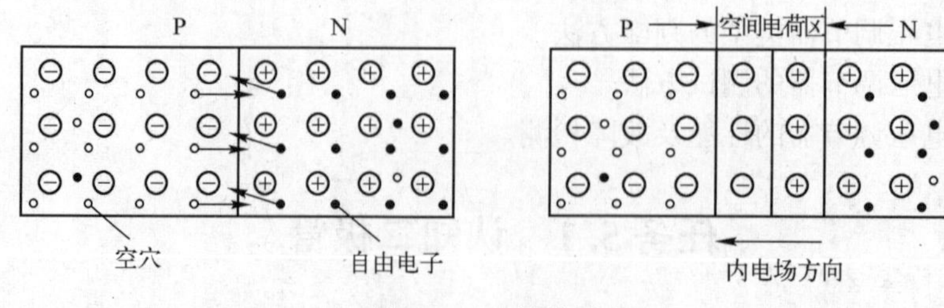

图5-2　PN结的形成

（1）正向偏置　在 PN 结两端加上电压，称为给 PN 结偏置。如果使 P 区接电源正极，N 区接电源负极，称为正向偏置，简称正偏，如图 5-3 所示。此时，外加电压对 PN 结产生的外电场与 PN 结的内电场方向相反，削弱了内电场及内电场对多数载流子扩散的阻碍作用，使扩散继续进行，形成了较大的扩散电流，由 P 区流向 N 区，即在 PN 结内、外电路中形成了正向电流，这种现象称为 PN 结的正向导通。

（2）反向偏置　如果 P 区接负极，N 区接正极，称为反向偏置，简称反偏，如图 5-4 所示。此时，内、外电场的方向相同，加强了内电场，也加强了内电场对多数载流子扩散的阻碍作用，反向电流极小，这种现象称为 PN 结的反向截止。

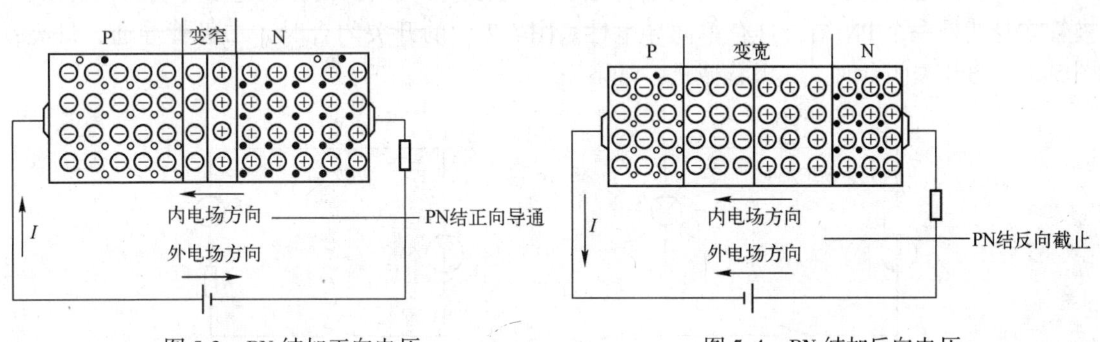

图 5-3　PN 结加正向电压　　图 5-4　PN 结加反向电压

总之，PN 结加正向电压时，形成较大电流，称为导通状态；加反向电压时，有很小的反向电流，称为截止状态。可见 PN 结具有单向导电性。

PN 结两端施加的反向电压增加到一定值时，反向电流急剧增大，称为 PN 结的反向击穿。如果反向电压电流未超过允许值，当反向电压撤除后，PN 结仍能恢复单向导电性。若反向电压、电流增大到超出允许值，会使 PN 结烧坏而造成热击穿。这时，即使撤除反向电压，PN 结也不能恢复单向导电性。

二、二极管的结构

将 PN 结封装并接出两个引出端，就构成了一个半导体二极管。从 P 区引出的端称为阳极（正极），从 N 区引出的端称为阴极（负极）；二极管的结构及其图形符号如图 5-5 所示。二极管按制造材料可分为硅二极管、锗二极管。

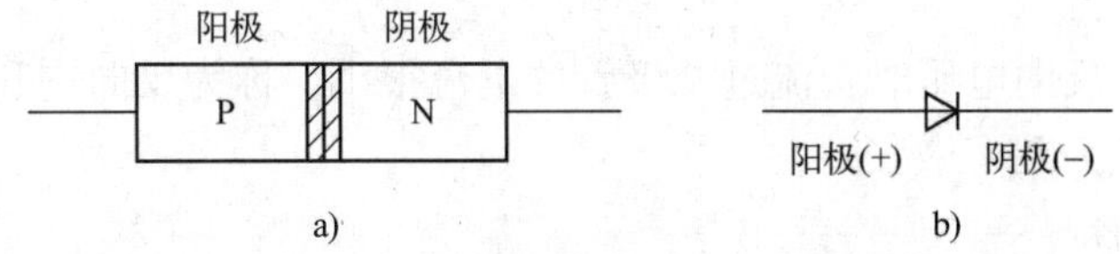

图 5-5　二极管的结构及其图形符号
a）内部结构　b）图形符号

三、二极管的检测

二极管可以看作电流的单向阀，它只允许电流以一个方向流动，即从二极管的正极流向负极。这就是二极管的单向导电性。

用数字万用表的二极管档位测量二极管，来检测二极管的单向导电性，如图 5-6 所示。

测二极管时，使用万用表的二极管的档位。若将红表笔接二极管阳（正）极，黑表笔接二极管阴（负）极，则二极管处于正偏，有一定数值显示。若将红表笔接二极管阴极，黑表笔接二极管阳极，二极管处于反偏，高位显示为“1”或很大的数值，此时说明二极管是好的。在测量时若两次的数值均很小，则二极管内部短路；若两次测得的数值均很大或高位为“1”，则二极管内部开路。

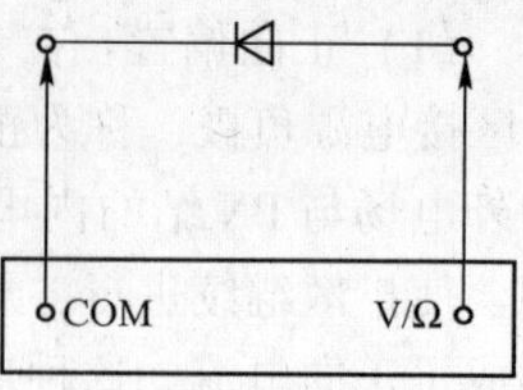

图 5-6 用万用表检测二极管的单向导电性

四、二极管的伏安特性

由于二极管是将 P 型和 N 型半导体结合在一起做成 PN 结，再封装起来构成的，所以二极管本身就是一个 PN 结，具有单向导电性。图 5-7 中的开关闭合时，二极管导通，灯亮；图 5-8 中的开关闭合时，二极管截止，灯不亮。

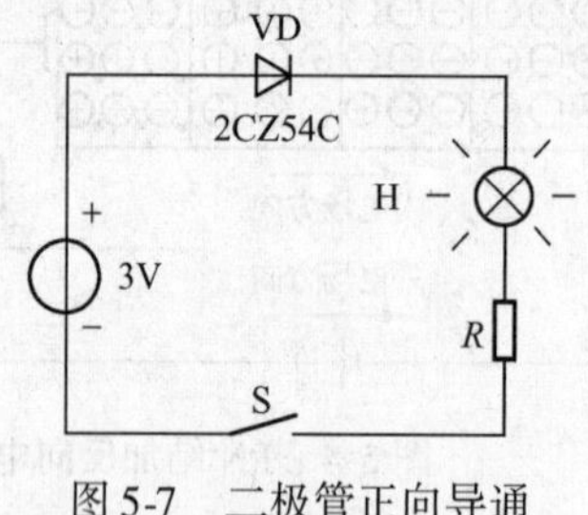

图 5-7 二极管正向导通

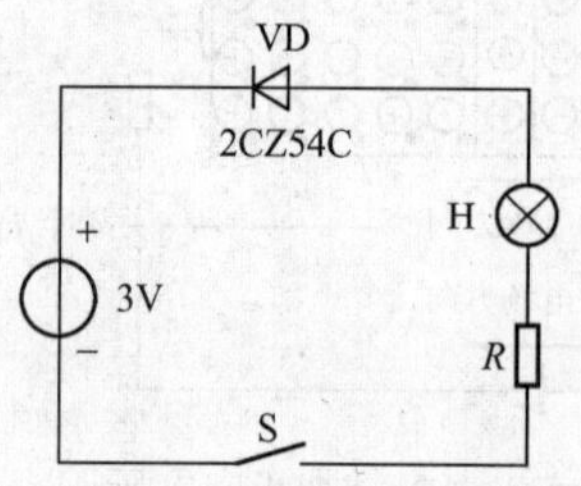

图 5-8 二极管反向截止

流过二极管的电流随着加在二极管上的电压变化而变化的性质称为二极管的伏安特性。图 5-9 所示为二极管的伏安特性曲线。

1. 正向特性

从图 5-9 可看出，当在二极管上加上的正向电压小于某一数值（称为死区电压或门槛电压）时，正向电流很小，几乎为零，二极管呈现出较大的电阻，这段区域称为“死区”。硅管死区电压或门槛电压为 0. 6V，锗管死区电压或门槛电压为 0. 2V。当正向电压超过死区电压或门槛电压后，正向电流按指数曲线规律增长，二极管处于导通状态。硅管的导通电压降为 0. 7V，锗管的导通电压降为 0. 3V。

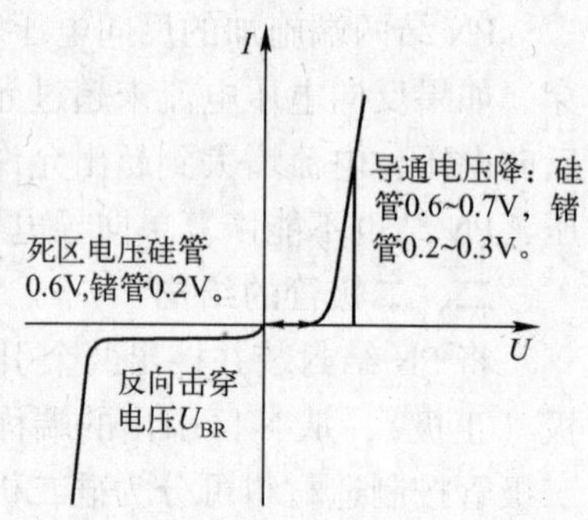

图 5-9 二极管的伏安特性曲线

2. 反向特性

当二极管被加上反向电压时，流过二极管的电流很小，称为反向饱和电流 I_S，硅管 I_S 为小于 0. 1μA，锗管 I_S 为几十微安。

3. 反向击穿特性

当反向电压增加到某个数值 U_{BR} 时，流过二极管的反向电流将急剧增大，这种现象叫反向击穿。U_{BR} 叫反向击穿电压。使用二极管时，应避免反向电压超过击穿电压，以防止二极管损坏。

五、二极管的主要参数

1. 最大整流电流 I_{FM}

最大整流电流是指二极管长期运行时，允许通过的最大正向平均电流。实际使用时的工作电流应小于 I_{FM}，如果超过此值，将引起 PN 结过热而烧坏。

2. 最高反向电压 U_{RM}

最高反向电压是指二极管工作时两端所允许施加的最大反向电压。通常 U_{RM} 约为反向击穿电压 U_R 的一半，以保证二极管安全工作，防止击穿。

3. 反向电流 I_R

反向电流是指二极管未被击穿时，流过二极管的反向电流。此值越小，管子的单向导电性能越好，并且受温度的影响小。通常，硅二极管优于锗二极管。

任务5.2　检测汽车三相整流电路

一、二极管单向整流滤波电路

二极管具有单向导电性，相当于一个开关。利用二极管的这种开关特性，可以将正弦交流电压转换为脉动直流电压，组成整流及滤波电路。

1. 整流电路

整流就是将交流电变为单向脉动（方向不变、大小变化）的直流电，完成这一转换的电路称为整流电路。常用的二极管整流电路有单相半波整流电路和单相桥式整流电路。

（1）单相半波整流电路　单相半波整流电路如图5-10所示。图中，T为整流变压器，将50Hz、220V交流电压变换为整流电路所要求的交流低电压，同时保证直流电源与市电电源有良好的隔离，VD为整流二极管，R_L 为要求直流供电的负载等效电阻。单相半波整流电路的工作波形如图5-11所示 。

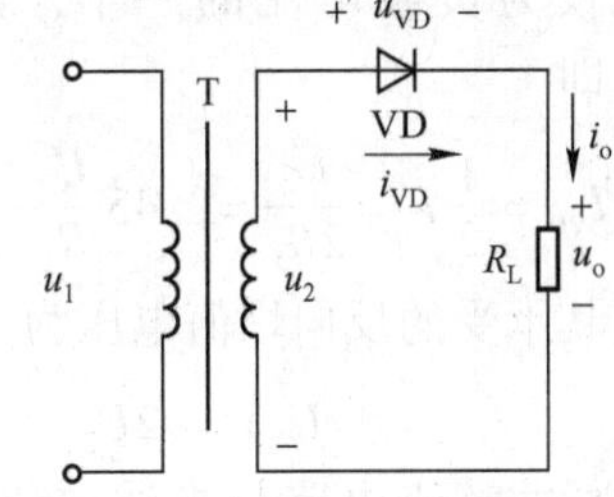

图5-10　单相半波整流电路

由图5-11可见，在负载上可以得到单方向的脉动电压。由于电路加上交流电压后，交流电压只有半个周期能够产生与二极管箭头方向一致的电流，这种电路称为半波整流电路。

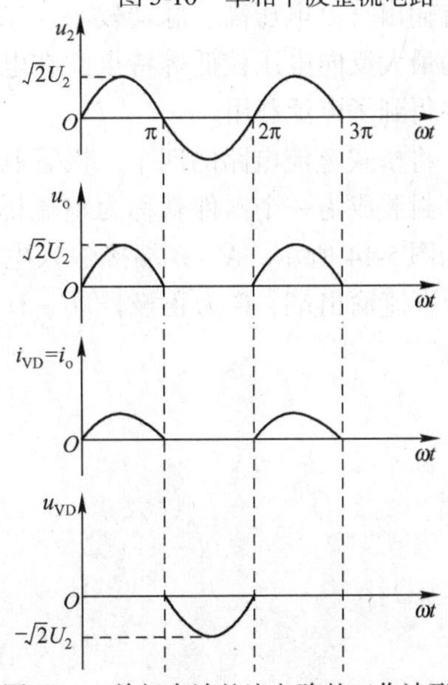

图5-11　单相半波整流电路的工作波形

半波整流电路输出电压的平均值 U_o 为

$$U_o=\frac{\sqrt{2}U_2}{\pi}=0.45U_2$$

流过二极管的平均电流 I_{VD} 为

$$I_{VD}=I_o=\frac{U_o}{R_L}=0.45\frac{U_2}{R_L}$$

二极管承受的反向峰值电压 U_{RM} 为

$$U_{RM}=\sqrt{2}U_2$$

半波整流电路结构简单，使用元器件少，但整流效率低，输出电压脉动大。因此，它只适用于对效率要求不高的场合。

（2）单相桥式整流电路　为了克服单相半波整流电路的缺点，常常采用图5-12所示的单相桥式整流电路。图5-12a中，VD_1 ~ VD_4 四个整流二极管接成电桥形式，因此称为桥式整流。单相桥式整流电路的工作波形如图 5-13 所示。

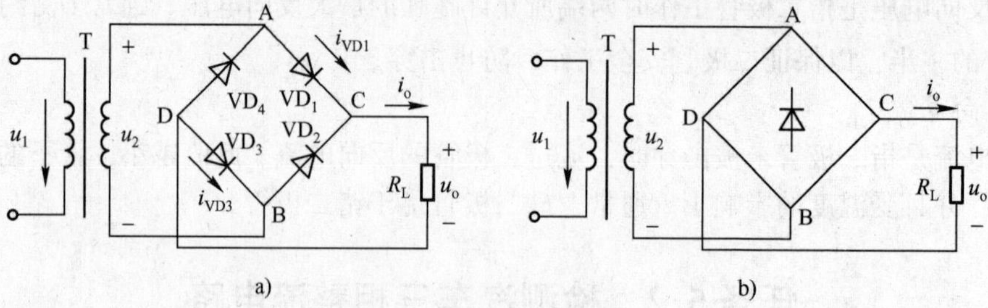

图 5-12　单相桥式整流电路

a）电路图　b）简化电路图

由图 5-13 可知，桥式整流电路的输出电压平均值为

$$U_o = 2 \times 0.45U_2 = 0.9U_2$$

桥式整流电路中，因为每两只二极管只导通半个周期，所以流过每个二极管的平均电流仅为负载电流的一半，如图 5-13c 所示，即

$$I_{VD} = \frac{1}{2}I_o = \frac{U_o}{2R_L} = 0.45\frac{U_2}{R_L}$$

其承受的反向峰值电压为

$$U_{RM} = \sqrt{2}U_2$$

桥式整流电路与半波整流电路相比较，具有输出直流电压高、脉动较小、二极管承受的最大反向电压较低等特点，在电源变压器中得到了广泛利用。

将桥式整流电路的四个二极管制作在一起，封装成为一个器件就称为整流桥，其外形如图 5-14 所示。A、B 端接输入电压，C、D 为直流输出端，C 为正极性端、D 为负极性端。

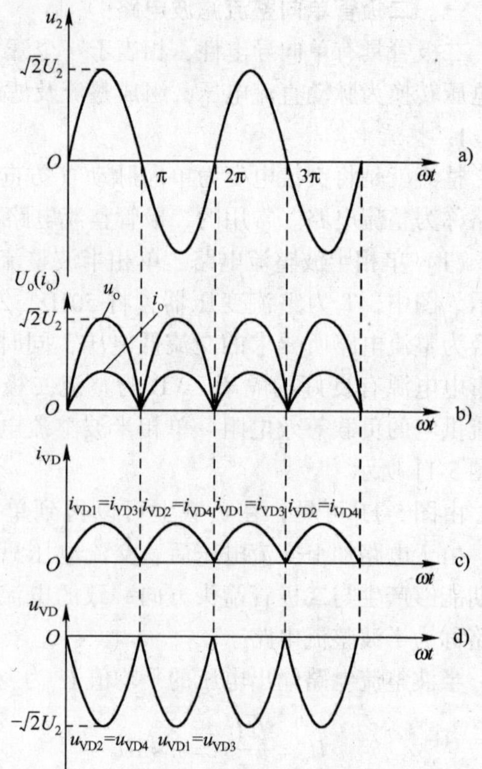

图 5-13　单相桥式整流电路的工作波形

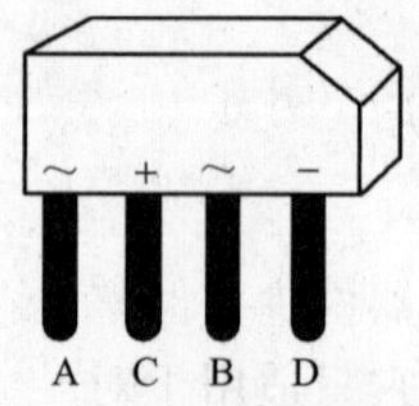

图 5-14　整流桥的外形

2. 滤波电路

整流电路虽能把交流电转变为直流电，但输出电压脉动较大，还需利用滤波电路将脉动

的直流电压变为平滑的直流电压。

电容滤波电路是在整流电路输出端并联一个滤波电容，利用其充、放电作用使输出电压趋于平滑的原理组成的电路。电容滤波电路是最简单、最常用的滤波电路。电容滤波电路如图5-15所示，在二极管导通时，电压u_2加到负载的同时对电容器C充电，在忽略二极管正向电压降的情况下，充电电压u_C与上升的正弦电压u_2一致，如图5-16b中OA段所示。u_2达到最大值，u_C也达到最大值。然后u_2和u_C都开始下降，u_2按正弦规律下降较快，当$u_2 < u_C$时，二极管承受反向电压而截止，电容器对负载电阻R_L放电，负载中仍有电流，而u_C按放电曲线下降，如图5-16b中AB段所示。在u_2的下一个负半周内，当$|u_2| > u_C$时，二极管将再次导通，电容器又被充电，重复上述过程。由图5-15所示电路可知电容器与负载并联，输出电压$u_o = u_C$，其波形如图5-16b所示。

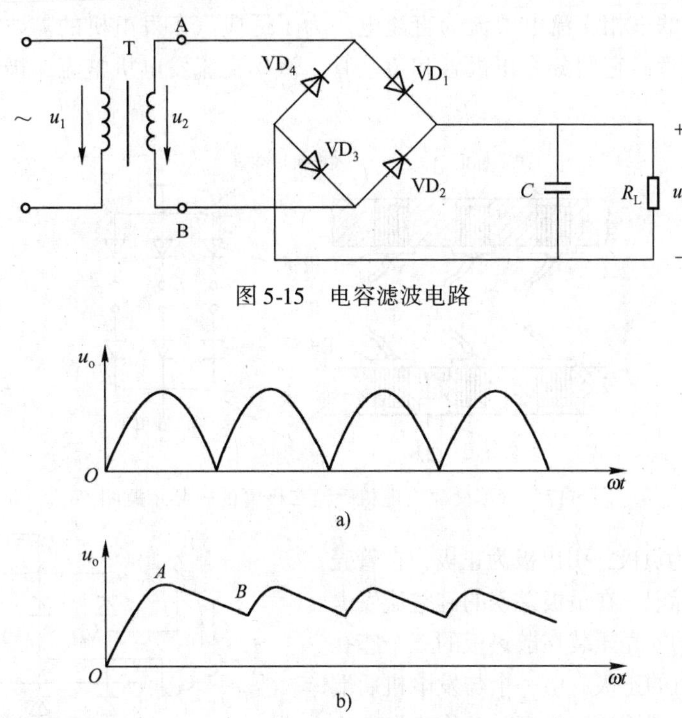

图5-15　电容滤波电路

图5-16　桥式整流电容滤波电路波形

a）未并联电容时的输出电压波形　b）并联电容时的输出电压波形

整流电路并联滤波电容C后，不仅输出电压的脉动程度大大减小，而且输出电压的平均值U_o也提高了。而输出电压的脉动程度大小和平均值高低，是由电容器的放电快慢来决定的，放电时间常数$\tau = R_L C$，若τ较大，则说明电容C放电较慢，输出波形较平滑，输出电压U_o较大。反之，若τ较小，则说明电容C放电较快，输出波形就不够平滑，输出电压U_o也就较小。根据经验，在负载电流不太大的情况下，为了得到比较平直的输出电压，一般要求

$$R_L C \geqslant (3\sim5)\frac{T}{2}$$

式中，T是电源交流电压的周期。选择电容时，除需考虑它的容量外，耐压也不容忽略，电

容两端的最大电压为$\sqrt{2}U_2$，一般取电容的耐压为 $U_C=(1.5\sim2)U_2$。这时，$U_o\approx1.2U_2$。

流过二极管的平均电流为

$$I_{VD}=\frac{1}{2}I_o=\frac{1}{2}\frac{U_o}{R_L}$$

二极管截止时承受的最高反向电压为

$$U_{DRM}=\sqrt{2}U_2$$

二、二极管的三相整流电路

利用二极管的单向导电性，可以组成整流、续流、限幅及检波等电路，并将它们应用到汽车电路中。

将交流电变成直流电的过程叫做整流。在汽车交流发电机中，就是利用二极管组成的整流板将发电机发出的三相交流电整流为直流电。为了适应汽车发电机的需要，专门制作了用于汽车的整流二极管，它们分为正极管和负极管。汽车交流发电机整流二极管的安装示意图如图 5-17 所示。

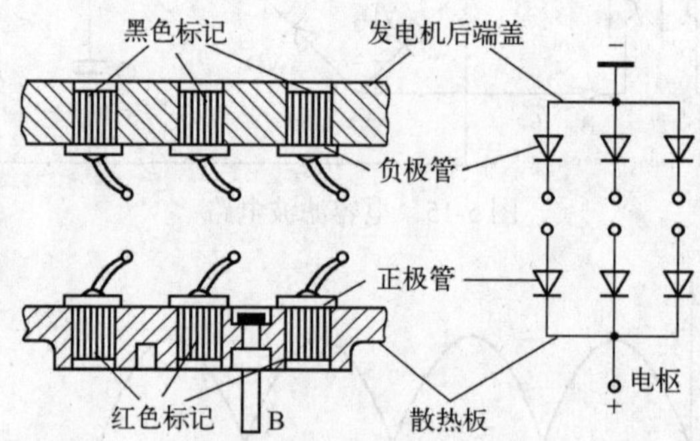

图 5-17 汽车交流发电机整流二极管的安装示意图

正极管的外壳为负极，引出极为正极，在管壳底上一般标有红色标记。在负极搭铁的硅整流发电机中，三个正极管的外壳压装在散热板的三个座孔内，共同组成发电机的正极，由一个与发电机后端盖绝缘的整流板固定螺栓通至机壳外，作为发电机的相线接线柱“B”。

负极管的外壳为正极，引出极为负极，在管壳底上一般标有黑色标记。三个负极管的外壳压装在后端盖的三个孔内，和发电机外壳一起成为发电机的负极。

三个正极管和三个负极管构成的整流电路称为三相桥式整流电路，它将发电机的交流电变为 12 V 的直流电。三相桥式整流电路整流过程如图 5-18 所示。

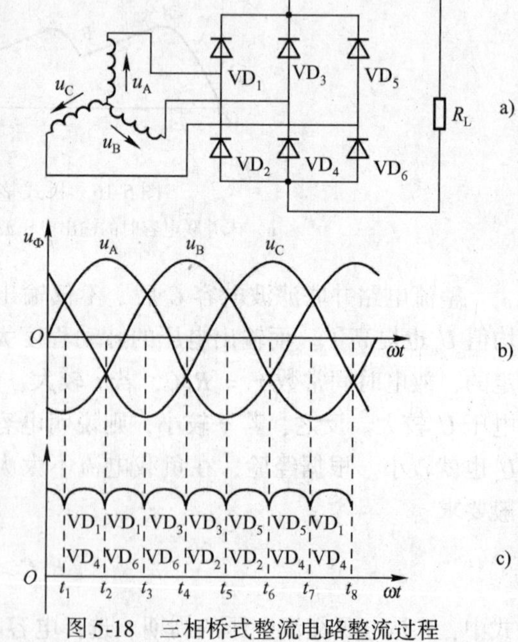

图 5-18 三相桥式整流电路整流过程

三相桥式整流电路的工作原理：在电路中，三个正极管的正极引出线分别与三相绕组的首端相连。在某一瞬间，只有与电位最高的一相绕组相连的正极管导通。同样，三个负极管的引出线也分别同三相绕组的首端相连。在某一瞬间，只有与电位最低的一相绕组相连的负极管导通。

其整流过程如下：

在 $t=0$ 时，$U_A=0$，U_B 为负值，U_C 为正值，则二极管 VD_5、VD_4 获得正向电压而导通。电流从 u_C 相出发，经 VD_5→负载 R_L→VD_4→u_B 相构成回路。因为二极管内阻很小，所以此时 u_C、u_B 之间的电压都加在负载上。

在 $t_1 \sim t_2$ 时间内，u_A 相电压最高，u_B 相电压最低，所以 VD_1、VD_4 处于正向电压下而导通，u_A、u_B 之间的电压加在负载上。

在 $t_2 \sim t_3$ 时间内，u_A 相电压最高，u_C 相电压最低，所以 VD_1、VD_6 处于正向电压下而导通，u_A、u_C 之间的电压加在负载上。

在 $t_3 \sim t_4$ 时间内，u_B 相电压最高，u_C 相电压最低，所以 VD_3、VD_6 处于正向电压下而导通，u_B、u_C 之间的电压加在负载上。

这样反复循环，6 只二极管轮流导通，在负载端便得到一个较平稳的直流电压。电压波形如图 5-18c 所示。

有些汽车交流发电机为了提高发电功率、提高电压调节准确度等功能，采用的整流方式有 8 管电路、9 管电路和 11 管电路等几种。

三、二极管续流电路

二极管续流电路在汽车电子电路中应用广泛，一般在继电器、线圈等旁边都并联一个二极管，这个二极管的作用就是续流保护。

一个通电的线圈，当突然断电时，就会在线圈中产生一个反向电动势，如果这个反向电动势叠加在电路中的其他电子元器件上（一般为晶体管），就会引起元器件的损坏。为了避免这种现象的出现，一般都在线圈旁边并联一个二极管来吸收反向电动势，这种电路就是二极管续流电路，如图 5-19 所示。在这种电路中，二极管起到了对其他电子元器件的保护作用，所以也称为保护二极管。与线圈并联的二极管一定是负极接高电位，正极接低电位。

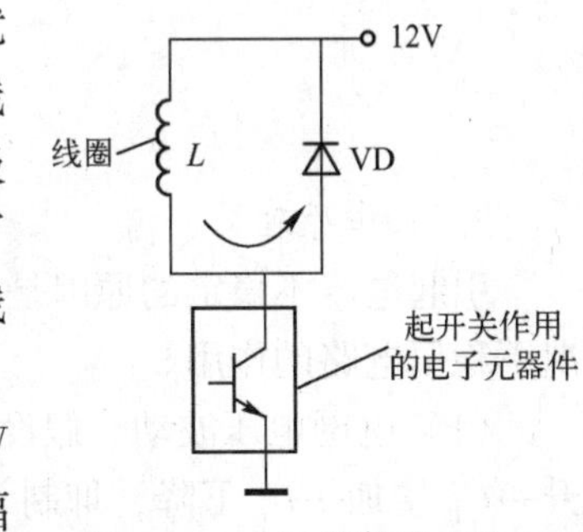

图 5-19　二极管续流电路

二极管限幅电路是利用二极管在导通后正向电压降为 0.7V 的特性，使得二极管两端的电压维持在 0.7V，达到限制电压幅度的作用。二极管检波电路主要应用在汽车音响电路中。

任务 5.3　检测汽车稳压电路

交流电压经过整流电路将交流电变成脉动的直流电，滤波电路再将脉动的直流电转变成比较平滑的直流电，但是输出的直流中还含有交流成分，且当输出电压变化或负载变化时，输出的直流电压也随着变化。因此在整流和滤波电路之后还需增设稳压环节，以得到稳定的直流电压。

一、稳压管并联稳压电路

稳压二极管是一种经过特殊工艺制造成的二极管，简称稳压管。它与电阻配合使用，具有稳定电压的功能。普通二极管加上反向电压不导通，可是当反向电压达到一定程度（大于 U_Z）时二极管会反向击穿，普通二极管就会烧毁。但是经过特殊工艺制造的稳压管就能够耐得住反向电流。稳压管的外形与普通二极管区别不大，它的电路符号和伏安特性如图 5-20 所示。

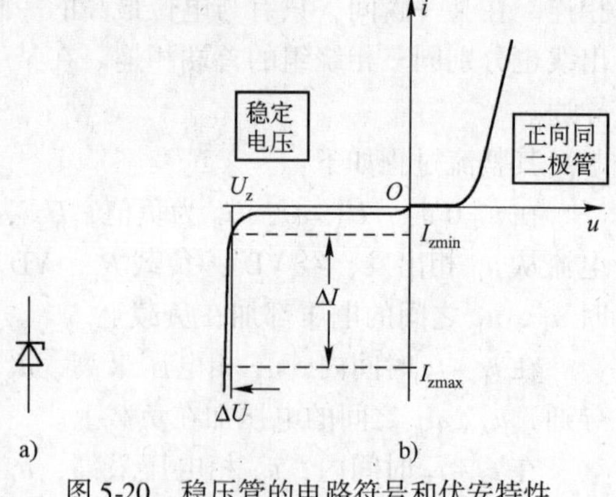

图 5-20 稳压管的电路符号和伏安特性

a）电路符号 b）伏安特性

稳压管设计成能工作在击穿区，当反向电压达到 U_Z时，大电流反向流过稳压管，阻止电压继续升高。这种特性使稳压管成为调节电压的电子器件。

1. 电路组成

稳压管并联稳压电路如图 5-21 所示。稳压管 VS 与限流电阻 R 组成稳压电路，而 VS 与负载 R_L 并联。稳压电路的输入电压为整流滤波电路的输出电压；输出电压 U_o 则是稳压管的稳定电压 U_Z，即

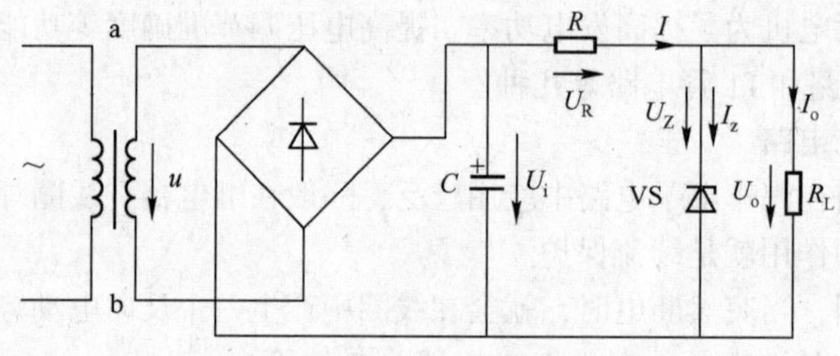

图 5-21 稳压管并联稳压电路

$$U_o = U_Z = U_i - U_R$$

2. 工作原理

引起电压不稳定的原因是交流电源电压的波动和负载电流的变化。下面分析在这两种情况下稳压电路的作用。

（1）电网电压波动 假设 u 增大→U_i 增大→U_o 增大→U_Z 上升→I_Z 上升→$I = I_Z + I_o$ 上升→U_R 增加→U_o 下降，抑制了输出电压的升高，使负载端电压基本不变。

（2）负载发生变化 假设负载电流 I_o 增大→$I = I_Z + I_o$ 上升→U_R 增加→U_o 下降→U_Z 下降→I_Z 下降→I 下降，使流过 R 的电流和电阻上的电压降保持基本不变，因此负载电压 U_o 也稳定不变。

二、晶体管串联稳压电路

1. 电路组成

晶体管串联稳压电路如图 5-22 所示。其中，R_3、R_4、RP 组成分压器，称为取样电路；稳压管 VS 与限流电阻 R_2组成稳压电路，提供基准电压 U_Z，它与取样电压 U_{B2} 比较产生一个差值电压，所以该稳压电路又称为基准电路；VT_2与 R_1组成放大电路，其输入电压就是取样电压 U_{B2}与基准电压 U_Z之差值电压，所以称为比较放大电路；VT_1为调整管，与负载相串联，通过 U_{CE1} 的调整达到稳定输出电压的目的，称为调整电路。由于调整管 VT_1与负载串联，所

以称为串联型稳压电路。串联型稳压电路组成框图如图5-23所示。

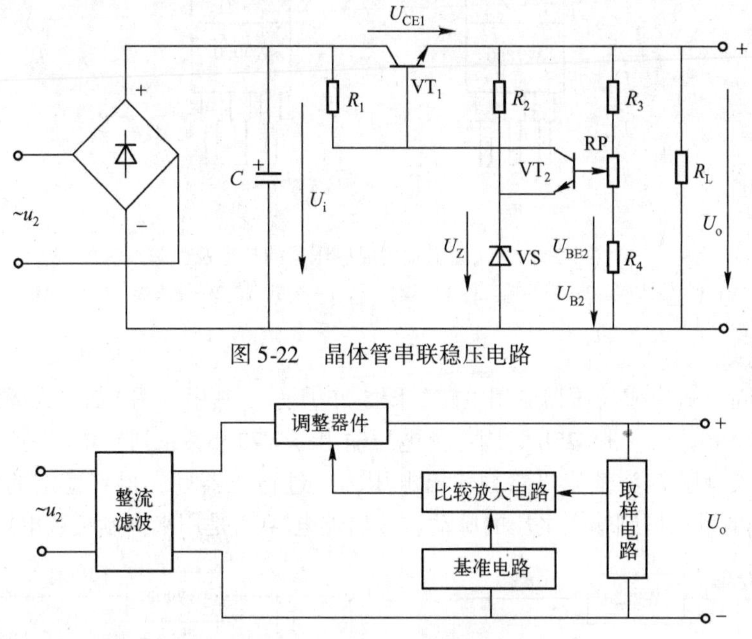

图5-22　晶体管串联稳压电路

图5-23　串联型稳压电路组成框图

2. 工作原理

假设由于电网电压变化或负载电流变化引起输出电压 U_o 下降→U_{B2} 减小→$U_{BE2}=U_{B2}-U_Z$ 减小（U_Z 不变）→I_{C2} 下降→U_{C2} 上升→I_{B1} 增大→I_{C1} 增大→U_{CE1} 减小→$U_o=U_i-U_{CE1}$ 增大，抵消了 U_o 的下降，使 U_o 保持不变。

U_o 增大时，U_o 上升→U_{B2} 增大→$U_{BE2}=U_{B2}-U_Z$ 增大（U_Z 不变）→I_{C2} 上升→U_{C2} 下降→I_{B1} 减小→I_{C1} 减小→U_{CE1} 增大→$U_o=U_i-U_{CE1}$ 减小，抵消了 U_o 的上升，使 U_o 保持不变。

如果放大管的放大倍数足够大，只要输出电压发生微小的变化，就可以使调整管立即产生调整作用。另外，调节RP，也可以改变 U_{B2}，达到对输出电压 U_o 进行微调的目的。

三、集成稳压电路

集成稳压器因其体积小、性能好、使用简单等优点而得到了广泛使用。目前小功率集成稳压器主要采用三端集成稳压电路。该集成电路有输入端、输出端和公共端三个端子，故因此而得名。按输出电压的不同，该电路可分为固定式和可调式、正输出和负输出几大类。下面就以常用的W78××系列和W79××系列为例来介绍三端固定式集成稳压器。

1. 三端固定式集成稳压器简介

三端固定式集成稳压器引出的三个接线端是输入端、输出端和输入输出的公共端。W78××系列为正电压输出，W79××系列为负电压输出。输出电压有5V、6V、8V、12V、15V、18V、24V共7个档次。××表示输出的电压档次。例如W7808表示输出电压为8V，W7915表示输出电压为－15V。W78××系列三端固定式集成稳压器的外形及引脚如图5-24a所示。W79××系列三端固定式集成稳压器的外形与W78××系列相同，但引脚排列与W78××系列不同，W79××系列引脚排列为：1脚为公共端、2脚为输入端、3脚为输出端，如图5-24b所示。

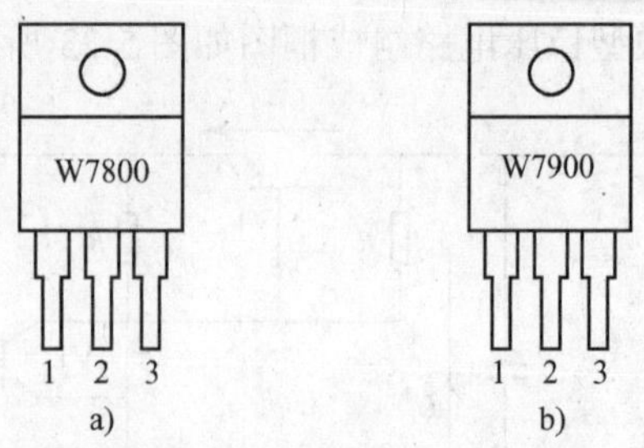

图 5-24 三端固定式集成稳压器的外形及引脚

a）1—输入端 2—公共端 3—输出端 b）1—公共端 2—输入端 3—输出端

2. 应用电路

三端电压固定式集成稳压器应用电路如图 5-25 所示。其中，图 5-25a 为固定正电压输出（W78××系列）电路，图 5-25b 为固定负电压输出（W79××系列）电路。

图中，输入电压 U_i 为整流电路的输出电压，经过稳压器后，得到稳定的输出电压 U_o。输入端电容 C_1 是用来抑制输入电压的脉动，输出端电容 C_2 是用来抑制负载电压的突变。

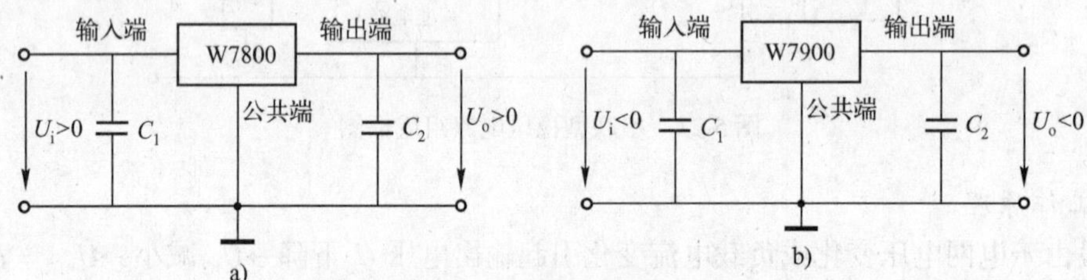

图 5-25 三端电压固定式集成稳压器应用电路

a）固定正电压输出（W78××系列）电路 b）固定负电压输出（W79××系列）电路

四、汽车稳压电路

在汽车电路中由于各个电器总成或元器件工作电流比较大，使汽车电源系统的电压会出现波动。在汽车的仪表电路和一部分电子控制电路中，一些需要精确电压值的地方经常利用稳压管来获取所需电压。图 5-26 所示是汽车仪表简化稳压电路，它是利用稳压管为汽车仪表提供稳定电源的电路，图中的稳压管与电阻串联而与仪表并联。如果仪表电压必须限定在 7 V，便可使用额定电压为 7 V 的稳压管。汽车电源电压一部分降落在电阻上，7 V 电压降落在稳压管上。即使电源电压发生变化，也只是引起不同大小的电流流过电阻和稳压管，改变降落在电阻上的电压，而稳压管始终维持 7 V 电压不变。

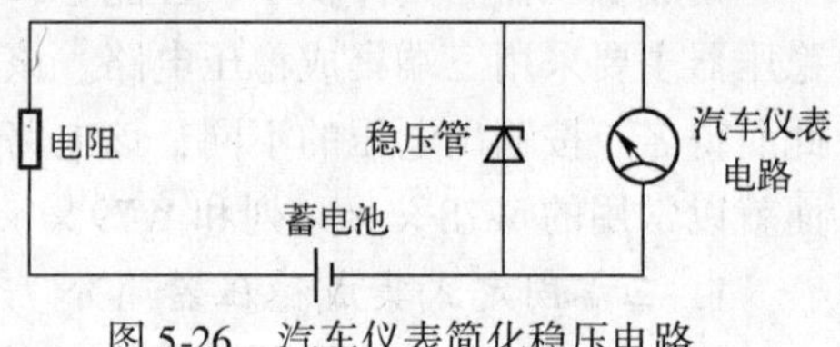

图 5-26 汽车仪表简化稳压电路

任务 5.4 检测汽车特殊二极管

一、发光二极管

发光二极管（LED）是具有 PN 结的主动显示器件。发光二极管的实质是由 P 型半导体和 N 型半导体组成的一个 PN 结，其简单工作原理是：PN 结的 N 侧和 P 侧的电荷载流子分别为电子和空穴，如果加一正向偏压，复合区中的空穴就穿过结进入N型区，复合区中的电子也会越过结进入P型区，在结的附近，多余的载流子会发生复合，在复合过程中会发光，即光子。不同的半导体材料，发出的光的颜色是不一样的，用砷化镓（GaAs）时，复合区发出的光是红色的；用磷化镓（GaP）时，复合区发出的光是绿色的。

发光二极管具有亮度高、清晰度高、电压低（1.5~3V）、反应快、体积小、可靠性高和寿命长等特点，是一种很有用的半导体器件，常用于信号指示、数字和字符显示。发光二极管的电路符号及实际连接电路如图5-27所示。发光二极管在使用时必须正向偏置，还应串联限流电阻，不能超过极限工作电流 I_{FM}。

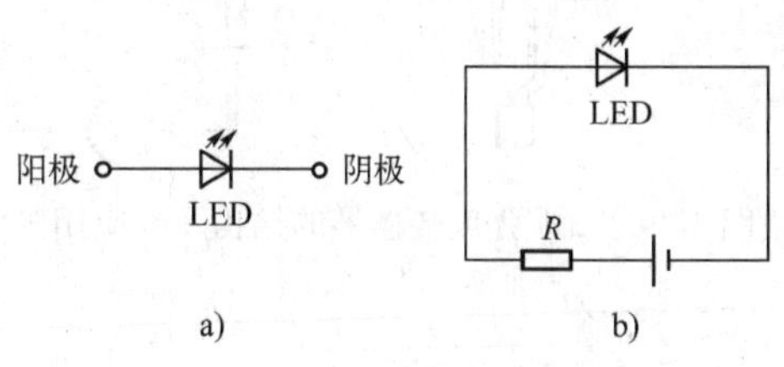

图5-27　发光二极管的电路符号及实际连接电路

在汽车电路中发光二极管随处可见，主要应用在仪表板上作为指示信号灯或报警信号灯。比如液体液面过低，制动蹄片过薄，制动灯、尾灯、前照灯等烧坏，这时相应的发光二极管就会被接通发光，发出报警指示。

二、光敏二极管

光敏二极管是将光信号变成电信号的半导体器件。它的核心部分也是一个PN结，和普通二极管相比，在结构上不同的是，为了便于接受入射光照，光敏二极管的PN结面积尽量做的大一些，电极面积尽量小些，而且PN结的结深很浅，一般小于1μm。

光敏二极管是在反向电压作用下工作的。没有光照时，反向电流很小（一般小于0.1μA），称为暗电流。当有光照时，携带能量的光子进入PN结后，把能量传给共价键上的束缚电子，使部分电子挣脱共价键，从而产生电子—空穴对，称为光生载流子。它们在反向电压作用下产生漂移运动，使反向电流明显变大，光的强度越大，反向电流也越大。这种特性称为“光电导”。光敏二极管在一般照度的光线照射下，所产生的电流叫光电流。如果在外电路上接上负载，负载上就获得了电信号，而且这个电信号随着光的变化而相应变化。光敏二极管的工作原理及实际连接电路如图5-28所示。

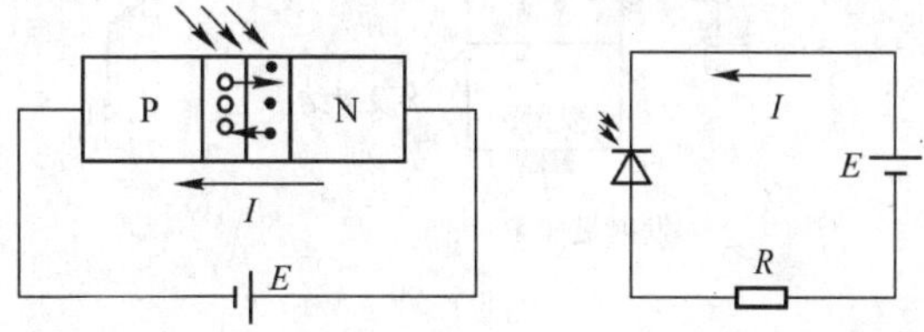

图5-28　光敏二极管的工作原理及实际连接电路

利用光敏二极管制成光传感器，可以把非电信号转变为电信号，以便控制其他电子器件。汽车上的许多传感器就是利用光敏二极管制成的，用于汽车自动空调系统的日照强度传感器就是由光敏二极管制成的，其结构及其应用等效电路如图5-29所示。

日照强度传感器可以把太阳的照射情况转换成电流的变化，车内自动空调微控制器对这种变化进行检测，来调节排风量和排风口温度。图5-30是日照强度传感器应用在丰田雷克萨斯轿车上的电路图。

光敏二极管作为光传感器还被应用到汽车灯光自动控制器中，用来检测车辆周围的亮、暗程度。光敏二极管在大部分应用场合与稳压管类似采用反向工作，负极接高电位，正极接低电位。但在有些场合它也采用正向工作。

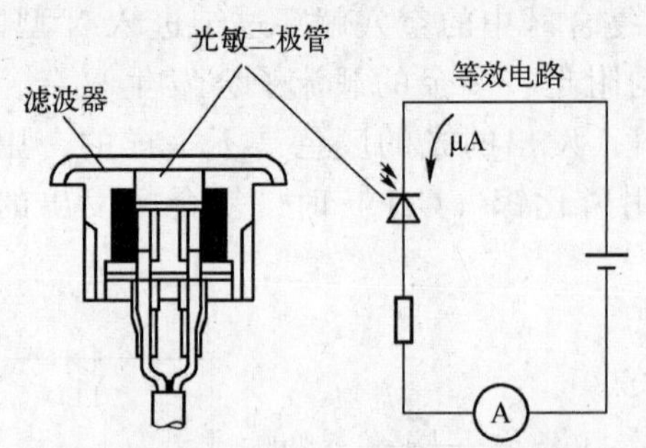

图 5-29 日照强度传感器的结构及其应用等效电路

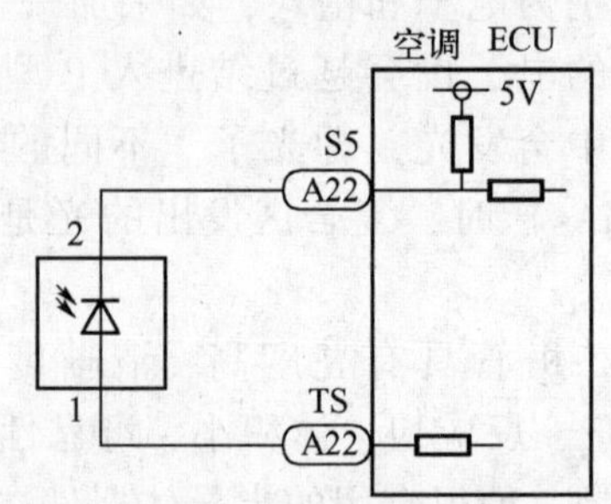

图 5-30 日照强度传感器应用在丰田雷克萨斯轿车上的电路图

任务 5.5 认知晶体管

一、晶体管的结构

在一块半导体芯片上，通过掺杂等工艺形成三个导电区域和两个 PN 结，分别从三个区引出电极，加上管壳封装，就制成了晶体管，也称为半导体晶体管。晶体管外形如图 5-31 所示。

图 5-31 晶体管外形

晶体管的结构示意图及符号如图 5-32 所示。

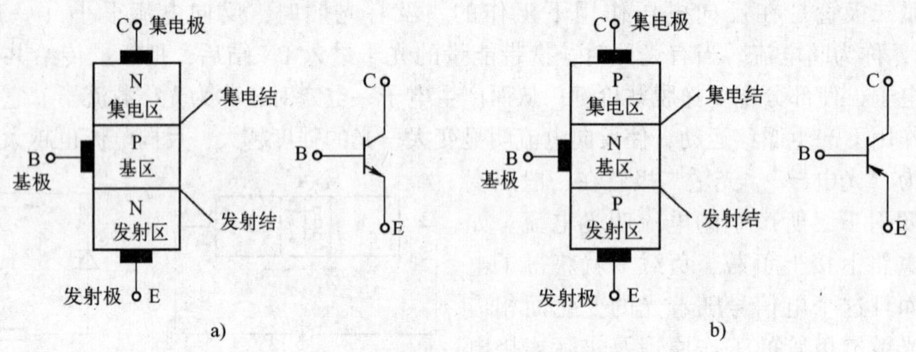

图 5-32 晶体管的结构示意图及符号

a）NPN 型 b）PNP 型

无论是 NPN 型还是 PNP 型的晶体管，它们均包含三个区：发射区、基区和集电区，并相应地引出三个电极：发射极（E）、基极（B）和集电极（C）。同时，在三个区的两两交界处，形成两个 PN 结：发射结和集电结。常用的半导体材料有硅和锗，因此共有四种晶体管类型。它们对应的型号分别为 3A（锗 PNP）、3B（锗 NPN）、3C（硅 PNP）、3D（硅 NPN）。

二、晶体管的电流放大作用

晶体管具有电流放大作用，其含义是当基极有一个较小的电流变化时，集电极就产生一个较大的电流变化。下面通过实验来说明晶体管的电流放大作用。

图 5-33 中，当基极电阻 R_B 变化时，基极电流 I_B 发生变化，记录集电极电流 I_B 和发射

极电流 I_E，结果见表5-1。

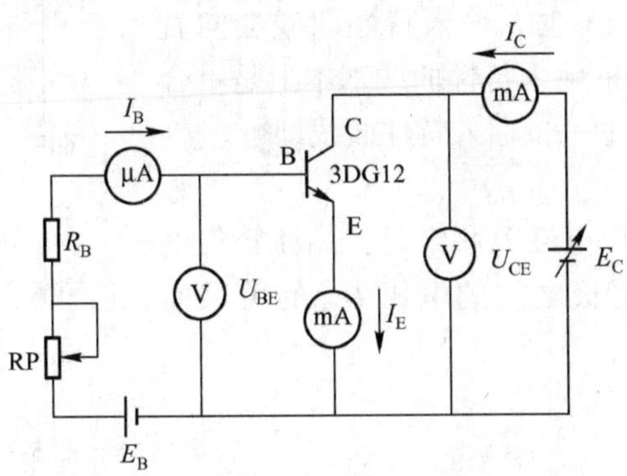

图5-33 晶体管的电流放大作用实验电路

表5-1 晶体管电流测量数据表 （单位：mA）

I_B	0	0.02	0.04	0.06	0.08	0.10
I_C	0.001	0.70	1.50	2.30	3.10	3.95
I_E	0.001	0.72	1.54	2.36	3.18	4.05

从实验数据可得出如下结论：

1）晶体管各电极间的电流分配关系满足：$I_E = I_C + I_B$。如果将晶体管看成节点，那么晶体管各电极间的电流关系应满足基尔霍夫节点电流定律，即流入晶体管的电流之和等于流出晶体管的电流之和。

2）基极电流的变化将引起集电极电流的变化，但集电极电流与基极电流之比保持不变，为一常数，可表示为

$$\bar{\beta} = \frac{I_C}{I_B}$$

基极电流有一微小的变化量 I_B时，集电极电流就会有一个较大的变化量 I_C，晶体管的这一特性称为交流电流放大作用，可表示为

$$\beta = \frac{\Delta I_C}{\Delta I_B}$$

3）要使晶体管起放大作用，发射结必须正向偏置，而集电结必须反向偏置。

三、晶体管的特性曲线

晶体管各极电流和电压的关系曲线称为晶体管的特性曲线，包括输入特性曲线和输出特性曲线。

1. 输入特性曲线

输入特性曲线是在保持集电极与发射极之间的电压 U_{CE} 为某一常数时，输入电路中的基极电流 I_B 同基极与发射极间电压 U_{BE} 的关系曲线，即

$$I_B = f(U_{BE}) \Big|_{U_{CE} = \text{常数}}$$

如图5-34所示，晶体管的输入特性是非线性的，与二极管的正向特性相似，也有一段死区电压（硅管约为0.5V，锗管约为0.2V）。当晶体管正常工作时，发射结电压降变化不

大，该电压降称为导通电压（硅管为0.6~0.7V，锗管为0.2~0.3V）。当 $U_{CE} \geqslant 1V$ 时，输入特性曲线会向右平移，并且 $U_{CE} \geqslant 1V$ 以后的输入特性曲线基本上是重合的，所以只画出 $U_{CE} \geqslant 1V$ 的一条输入特性曲线即可。

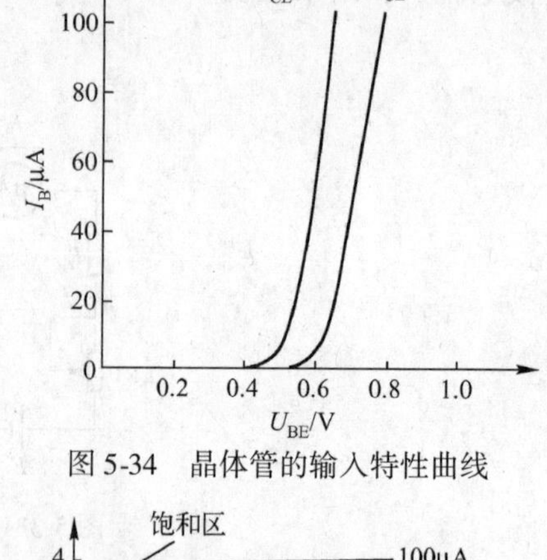

图 5-34 晶体管的输入特性曲线

2. 输出特性曲线

输出特性曲线是指基极电流 I_B 一定时，晶体管集电极电流 I_C 同集电极与发射极之间的电压 U_{CE} 的关系曲线，即

$$I_C = f(U_{CE})\Big|_{I_B=\text{常数}}$$

晶体管的输出特性曲线如图5-35所示。由图可见输出特性曲线可分为三个工作区：

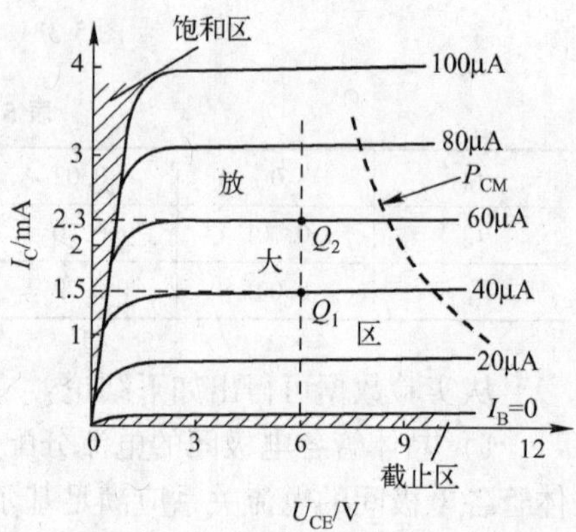

图 5-35 晶体管的输出特性曲线

（1）截止区 $I_B = 0$ 的曲线以下的区域称为截止区。

截止区的特点是 $I_B = 0$，$I_C \approx 0$，相当于晶体管的三个极之间都处于断开状态。但为了使晶体管可靠截止，通常使发射结反向偏置，即 $U_{BE} < 0$。此时晶体管的发射结和集电结都处于反向偏置状态，集电极与发射极之间相当于一个开关的断开状态。

（2）放大区 输出特性曲线近于水平的部分是放大区。

放大区的主要特征是发射结正向偏置，集电结反向偏置，$I_C = \beta I_B$，即 I_C 受 I_B 控制，说明晶体管是电流控制器件；I_B 一定时，I_C 基本上确定，U_{CE} 对 I_C 的影响很小，这就是晶体管的恒流特性。这样，输出特性在放大区实际上是一组以 I_B 为参变量的几乎平行于横轴的曲线。

（3）饱和区 在输出特性曲线的左侧，I_C 趋于直线上升的部分是饱和区。

饱和区的主要特征是 $U_{CE} < U_{BE}$，集电结上的电压 $U_{BC} > 0$，即集电结为正向偏置，发射结也是正向偏置；I_B 的变化对 I_C 影响不大，两者不成正比，晶体管已失去放大作用。通常称 $U_{BC} = 0$，即 $U_{CE} = U_{BE}$ 时的工作状态为临界饱和状态；在临界饱和状态以左的部分，称为饱和区，此时的 U_{CE} 值称为晶体管的饱和电压降，用 U_{CES} 表示。硅管的 U_{CES} 约为0.3V，锗管的 U_{CES} 约为0.1V。当晶体管工作在饱和区时，集电极与发射极之间的电压很小，电流却很大，相当于一个开关的接通状态。

四、用数字式万用表测试晶体管

利用数字式万用表不仅能判定晶体管电极，求出被测管的共发射极放大系数，还可用于区分硅管和锗管。由于数字式万用表电阻档的测试电流很小，因此不适用于检测晶体管，应使用二极管档及 h_{FE} 档进行测试。

1. 区别基极

将数字式万用表拨至二极管档，红表笔固定某个管脚，用黑表笔依次接触另外两个管脚，如果两次显示值均小于1V或都显示溢出符号“1”，则红表笔所接触的管脚就是基极。

如果在两次测试中，一次显示值小于1V，另一次显示溢出符号“1”，表明红表笔接触的不是基极，此时应改换其他管脚重新测量，直到找出基极为止。

2. 区分NPN型管与PNP型管

仍使用数字式万用表的二极管档，按上述操作确认基极以后，将红表笔接基极，用黑表笔先后接触其他两个管脚。如果都显示0.5～0.8V，则被测管属于NPN型硅管；对于锗管来说，屏幕显示应为0.3V左右；若两次都显示溢出符号“1”，则表明被测管属于PNP型。

3. 区分集电极和发射极（兼测量h_{FE}值）

测试原理：对于质量良好的晶体管（以NPN型管为例），当使用h_{FE}档按正常接法插入插孔时，集电结加上了反向偏置电压，发射结加上了正向偏置电压，这时放大倍数较高，仪表显示的值较大。如果将集电极与发射极的管脚插反了，管子就不能正常工作，放大倍数就很低。

要区分晶体管的集电极与发射极，需要使用数字式万用表的h_{FE}档。如果假设被测管是NPN型管，则将数字式万用表拨至h_{FE}档，使用NPN型插孔。把基极插入B孔，剩下的两个管脚分别插入C孔和E孔。若测出的h_{FE}值为几十至几百，说明管子属于正常接法，放大能力较强，此时C孔是集电极，E孔是发射极。若测出的h_{FE}值只有几至十几，则表明被测管的集电极与发射极插反了。

任务5.6 检测汽车晶体管控制电路

晶体管在汽车电子电路中通常有两种应用：一种是利用晶体管的放大功能，对微弱的传感器信号进行放大后，传给电控单元（ECU）；另一种是利用晶体管的截止与饱和两个状态互相变换，作为一个电子开关，控制其他电子元器件。

一、汽车晶体管放大电路

1. 晶体管基本放大电路

晶体管电路具有放大作用，要保证晶体管导通并正常工作，要求晶体管的发射结正向偏置，集电结反向偏置。图5-36为晶体管共发射极放大电路。放大电路在工作时，晶体管的集电极必须接高电位。需要被放大的信号从基极输入，经过晶体管放大后，放大了的信号从集电极输出。晶体管的放大电路能够将从传感器输出的微弱信号进行放大，然后传输到汽车电控单元（ECU）。另外，对于控制电路，晶体管放大电路可以将功率较小的控制信号放大成功率较大的信号用以驱动附件。

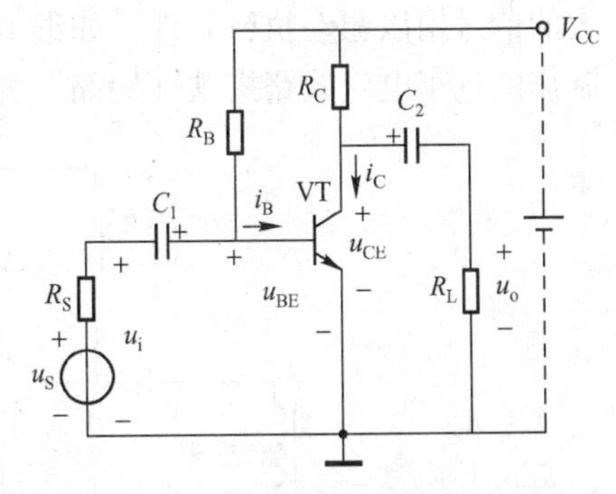

图5-36 晶体管共发射极放大电路

如图5-37所示，将信号发生器产生的电压波形u_i，输入到图5-36所示电路中的基极，在集电极就会得到电压波形u_o。对比输入、输出波形可知，信号经过晶体管后被放大了。

单级放大器的放大倍数一般为几十倍左右，而实际的输入信号往往很微弱（毫伏级或微伏级）。为了推动负载工作，必须由多级放大电路对微弱信号连续放大。图5-38为多级放大电路的组成框图。

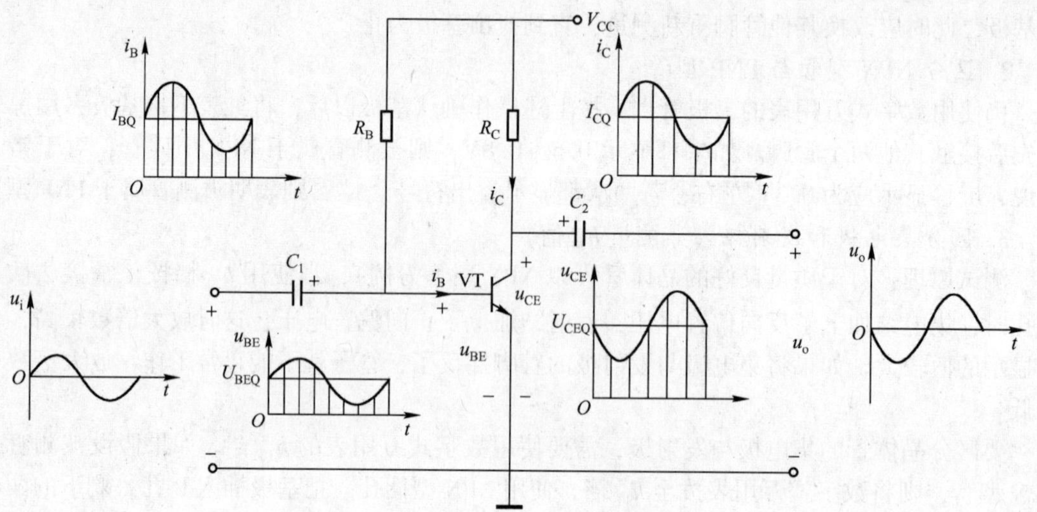

图 5-37 放大电路中的电压、电流波形图

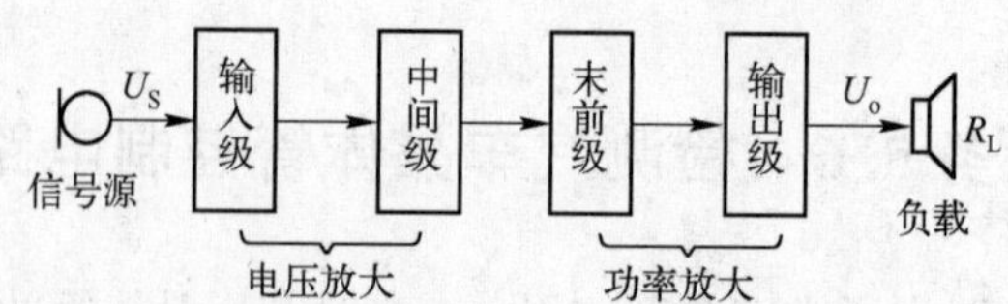

图 5-38 多级放大电路的组成框图

2. 晶体管的基本放大电路在汽车电子电路中的应用

汽车上的晶体管放大电路能够把传感器采集的微弱信号进行放大，然后传输到汽车电控单元（ECU）。对于控制电路，晶体管放大电路可以将功率较小的控制信号放大成为功率较大的信号用以驱动执行元件，如继电器、电磁阀等。图 5-39 所示为利用晶体管的放大特性制作的汽车电气线路搭铁（短路）探测器电路。

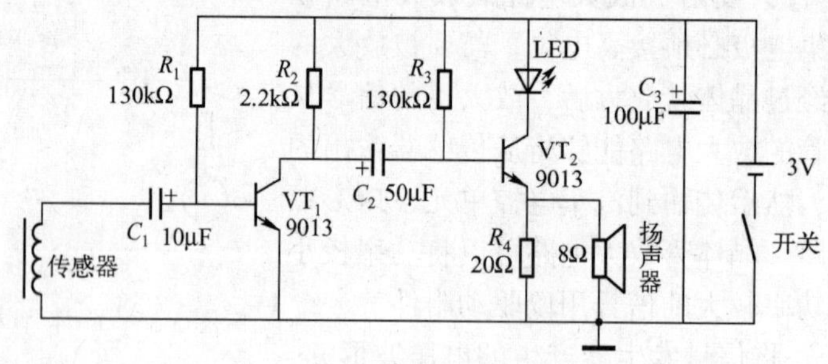

图 5-39 汽车电气线路搭铁（短路）探测器电路

汽车行驶过程中，由于颠簸、振动等原因，电气线路与车体摩擦易损坏其绝缘层，发生搭铁（短路）故障。本探测器能够在不拆解导线的情况下，快速查出搭铁故障所发生的部位。

探测器工作原理：当导线搭铁后，在搭铁点就会产生短路电流，并向周围发出谐波信号。这个信号被由线圈和铁心构成的传感器接收到，会在传感器中产生交变的电信号。这个信号很微弱，经过晶体管 VT_1 放大后，在 VT_1 的集电极就会得到放大了的交变信号，再送入 VT_2 的基极进行放大，使接在 VT_2 集电极的发光二极管闪烁发光，接在 VT_2 发射极的扬声器发出声响。传感器越接近搭铁点，接收到的信号越强，经过放大后，发光二极管越亮，扬声器发出的声响越强。根据发光二极管亮度的变化和扬声器声音的变化，就能快速找到搭铁点。

二、汽车晶体管开关电路

1. 晶体管开关电路

(1) NPN 型管开关电路　晶体管在基极电流控制下，将会在截止与饱和两种状态之间交替变换，就如同一个开关的断开与闭合状态交替变换一样。图 5-40 所示为 NPN 型管的开关状态。

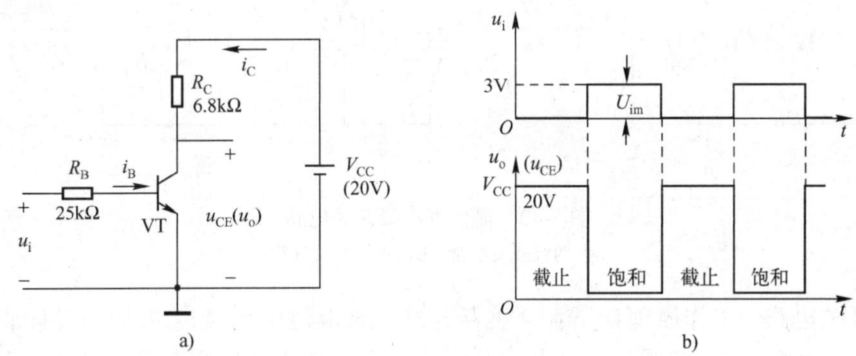

图 5-40　NPN 型管的开关状态

$u_i=0$ 时，晶体管截止，$i_C=0$，$u_o=20V$。

$u_i=3V$ 时，晶体管饱和。

由

$$i_B=\frac{3-0.7}{25}mA=0.092mA, i_C=\beta i_B=3.96mA$$

则

$$u_{CE}=20V-3.96\times6.8V=-6.9V<U_{CES}(=0.7V)$$

当输入方波信号时，晶体管交替工作在截止区和饱和区，类似于一个可控开关。当基极 B 输入一个高电位控制信号时，晶体管 VT 进入饱和导通状态，集电极 C 与发射极 E 之间的电位差几乎为零，相当于 CE 之间闭合。当基极 B 高电位控制信号撤离后，晶体管 VT 进入截止状态，集电极 C 与发射极 E 之间几乎没有电流流过，相当于 CE 之间断开。利用晶体管的这种特性，就构成了晶体管开关电路。如图 5-40 所示，R_B 是基极限流电阻，防止基极电流过大。R_C 是集电极电阻，在本电路中是防止晶体管导通时，电源短路。在实际开关电路中，R_C 的位置由被控电子元器件取代。

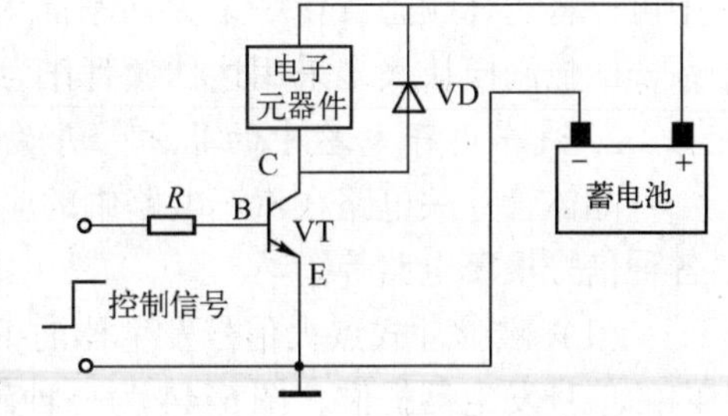

图 5-41　NPN 型管的实际开关电路

图 5-41 为 NPN 型管的实际开关电路。开关电路在工作时，受控制的电子元器件一般接在集电极 C

上，控制信号加在基极 B 上。当基极 B 有控制信号到来时，晶体管 VT 处于饱和导通状态，CE 之间相当于开关闭合，接在集电极 C 上的电子元器件得电工作；当控制信号与基极 B 断开时，晶体管 VT 处于截止状态，CE 之间相当于开关断开，电子元器件的电路被切断失电，恢复初始状态。在汽车电子电路中，功率较小的控制信号经过晶体管开关电路，可以控制喷油器、继电器、指示灯等大功率元器件的工作。电阻 R 起到限制基极电流的作用，防止因控制信号过大而损坏晶体管。二极管 VD 起续流作用，保护晶体管免受反向电动势的冲击。

（2）多级开关电路　在电路中为了控制的需要，有时要用到两级或三级开关电路，这些电路在汽车发电机电子调压器电路中经常用到。

图 5-42a 所示为两级开关电路，图 5-42b 所示为三级开关电路。

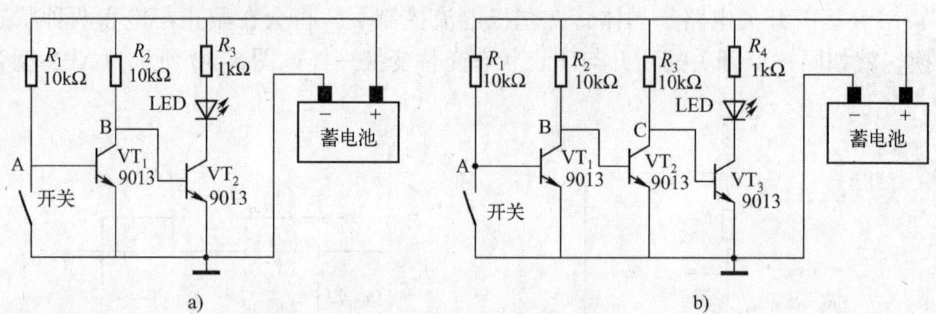

图 5-42　晶体管多级开关电路

a）两级开关电路　b）三级开关电路

三级开关电路的工作原理如下：开关断开时，蓄电池电压经过 R_1 加到晶体管 VT_1 上，VT_1 基极得到电流，VT_1 导通，B 点电位几乎为零，晶体管 VT_2 基极没有电流，VT_2 截止，电源电压 12 V 经过 R_3 加到晶体管 VT_3 的基极，VT_3 基极得到电流，VT_3 饱和导通，发光二极管发光。开关闭合时，A 点电位为零，VT_1 的基极没有电流，VT_1 截止，电源电压 12 V 经过 R_2 加到晶体管 VT_2 的基极，VT_2 基极得到电流，VT_2 饱和导通，C 点电位几乎为零，晶体管 VT_3 基极没有电流，VT_3 截止，发光二极管不发光。

（3）达林顿管　达林顿管就是连接在一起的两只晶体管，又称为复合管，它的放大倍数是两个晶体管放大倍数的乘积。如图 5-43 所示，晶体管 VT_1 用作前置放大管，它产生推动 VT_2 的基极电流，VT_2 是末级放大管，它与控制电路是隔离的，将电流继续放大以驱动负载部件。在电路中可以将达林顿管看作一个大功率晶体管。汽车电子点火系统的控制模块大多采用达林顿管作为控制输出端。

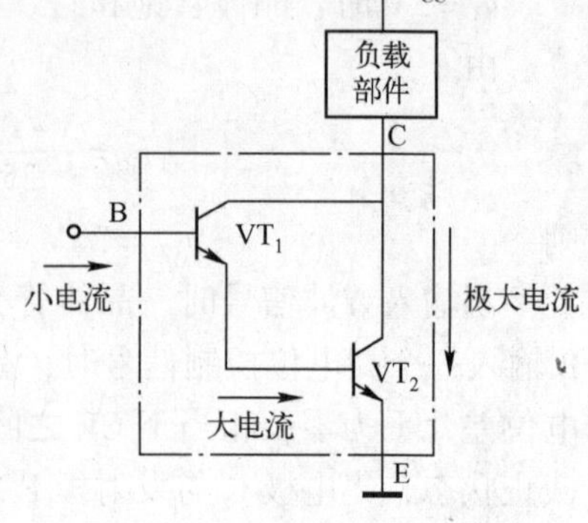

图 5-43　达林顿管结构示意图

2. 汽车电子电路中的晶体管开关电路

晶体管开关电路在汽车电路中的应用相当广泛，主要用于电子调压器、电子点火器以及各种信号报警电路等。

（1）磁脉冲式点火信号发生器的工作原理　晶体管点火电路的点火信号由装在分电器内的信号发生器提供，图 5-44 为一种磁脉冲式点火信号发生器。随着分电器的旋转，信号转子转动，它的凸起与传感线圈之间的间隙不断变化，随之通过传感线圈的磁通量发生变化，凸起接近传感线圈时磁通迅速增加，在线圈两端产生电压信号；当凸起与传感线圈正对时，磁通变化量最小，线圈两端电压为零；当凸起离开传感线圈时磁通迅速减小，线圈两端电压急剧地改变极性，产生负的电压信号，传感线圈输出交流信号，电压从正变为负就是点火时刻。

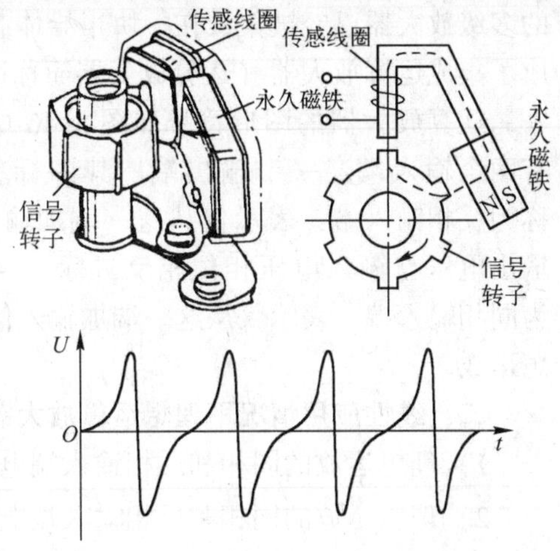

图 5-44 磁脉冲式点火信号发生器

(2) 电子点火器的工作原理 晶体管电子点火器电路如图 5-45 所示。接通点火开关时，蓄电池的电压使 VT_1导通，其直流电路为：蓄电池（或发电机）正极→点火开关→R_3→R_1→VT_1→信号线圈→搭铁→蓄电池（或发电机）负极构成回路。

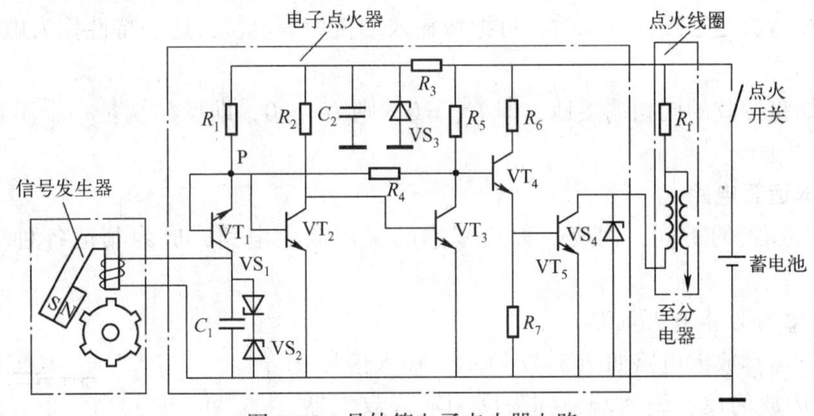

图 5-45 晶体管电子点火器电路

当点火信号发生器产生正向脉冲时，信号电压与 VT_1的正向电压降叠加后，高于 VT_2的导通电压，VT_2导通。VT_2的导通使 VT_3的基极电位下降而截止，VT_3的截止使 VT_4的基极电位上升而导通、VT_5因 R_7的正向偏置而导通。于是一次电流回路为：蓄电池（或发电机）正极→点火开关→点火线圈附加电阻 R_f→点火线圈一次绕组→VT_5→搭铁→蓄电池（或发电机）负极构成回路，点火线圈储能。

当点火信号发生器产生反向脉冲时，信号电压与 VT_1的正向电压降叠加后，使 VT_2的基极电位降低，VT_2截止。VT_2的截止使 VT_3的基极电位上升而导通，VT_3的导通使 VT_4的基极电位下降而截止，晶体管 VT_5没有正向偏置电压而截止。于是一次电流被切断，在二次绕组中产生高压，经配电器按点火次序分配到各缸火花塞进行点火，点燃可燃混合气使发动机做功。

任务 5.7 检测汽车集成运算放大器控制电路

一、集成运算放大器的基本概念

晶体管具有放大作用，但是一个晶体管的放大倍数是有限的，为了获得高倍数的放大，必须采用多个晶体管级联的方式构成多级放大电路。随着电子技术的不断发展，分立元器件的多级放大器已经被集成在一块半导体芯片内，构成了集成运算放大器（运算放大器简称运放）。

运算放大器的图形符号如图 5-46 所示。图中有两个输入端，一个输出端，其中标“-”端，称为反相输入端，表示仅从这一端加输入信号时，输出电压与输入电压相位相反，标“+”端，称为同相输入端，表示仅从这一端加输入信号时，输出电压与输入电压相位相同。∞表示为理想运放。

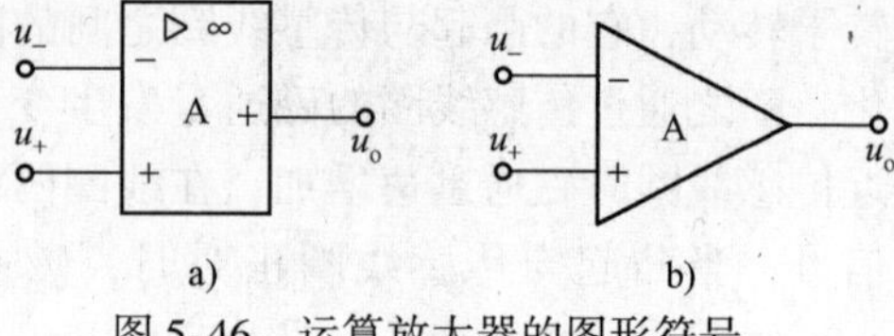

图 5-46 运算放大器的图形符号
a）基本符号 b）另一种表示符号

二、线性应用情况下理想运算放大器的特征

1）理想运放的同相和反相输入端电流近似为零，即 $I_+=I_-\approx 0$。

2）理想运放的同相和反相输入端电压近似相等，即 $U_+=U_-$。

虚断：由于理想运放的输入电阻非常高，在分析处于线性状态的运放时，可以把两输入端视为等效开路，这一特性称为虚假开路，简称虚断。

虚短：在运放处于线性状态时，可把两输入端视为等电位，这一特性称为虚假短路，简称虚短。

虚地：如将运放的同相端接地，即 $U_+=0$，则 $U_-=0$，即反相端是一个不接“地”的“地”，称为“虚地”。

三、基本运算电路

根据输入方式的不同，构成三种最基本的实用放大电路，成为其他各种应用电路的基础。

1. 反相比例运算放大电路

反相比例运算放大电路如图 5-47 所示。输入信号 u_i 通过 R_1 加到运放的反相输入端，称为反相输入放大器。R_f 接在反相输入端和输出端之间，形成负反馈电路。同相端经平衡电阻 R_2 接“地”。

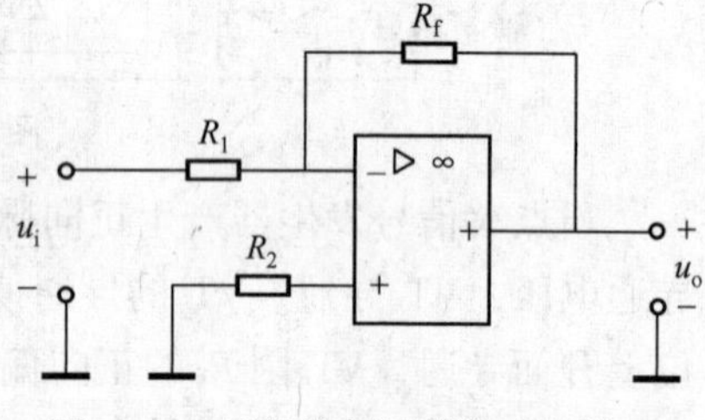

图 5-47 反相比例运算放大电路

反相放大电路的放大倍数为

$$A_f=-\frac{R_f}{R_1}$$

式中，A_f 为负值，表明集成运放的输出电压与输入电压反相，所以也叫做反相放大器。A_f 仅取决于 R_f/R_1 的值，而与集成运放本身无关。

2. 同相比例运算放大电路

同相比例运算放大电路如图 5-48 所示。输入信号 u_i 通过 R_2 加到运放的同相输入端，也称为同相放大器。R_f 接在反相输入端，形成负反馈电路。反相输入端经 R_1 接“地”。

同相放大器的放大倍数

$$A_f=1+\frac{R_f}{R_1}$$

A_f 大于零，表明输出电压 u_o 与输入电压 u_i 同相。如果将 $R_1=\infty$（开路）或 $R_f=0$，则 $A_f=1$，即构成了电压跟随器，如图 5-49 所示。电压跟随器一般作为信号与其负载之间的缓冲隔离。

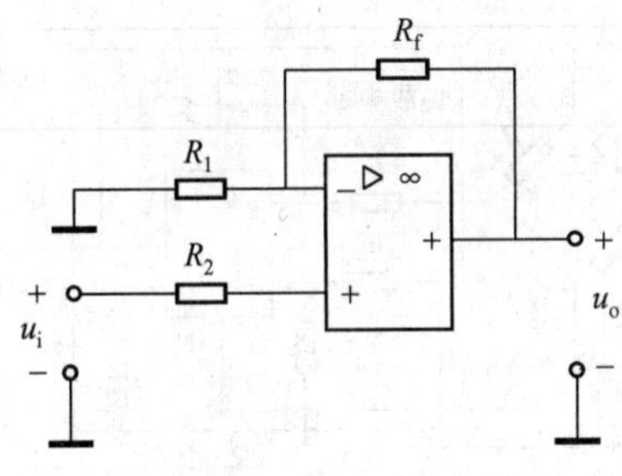

图 5-48　同相比例运算放大电路

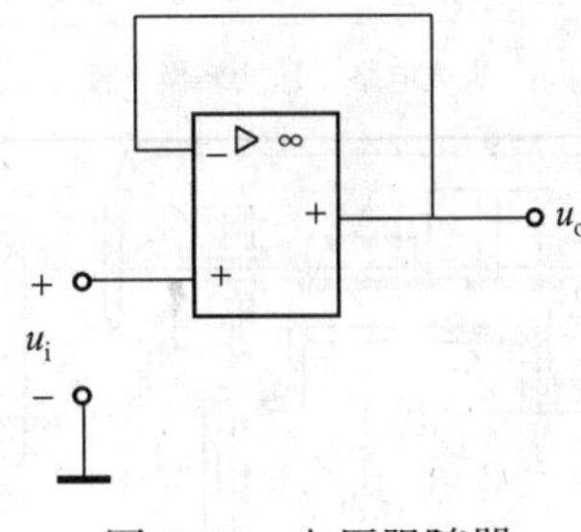

图 5-49　电压跟随器

3. *差分运算放大电路*

如果两个输入端都有信号输入，就构成了差分运算放大电路，如图 5-50 所示，也称为差分放大器。差分放大器放大的是两个输入信号的差，输出电压 u_o 与两个输入电压的关系是

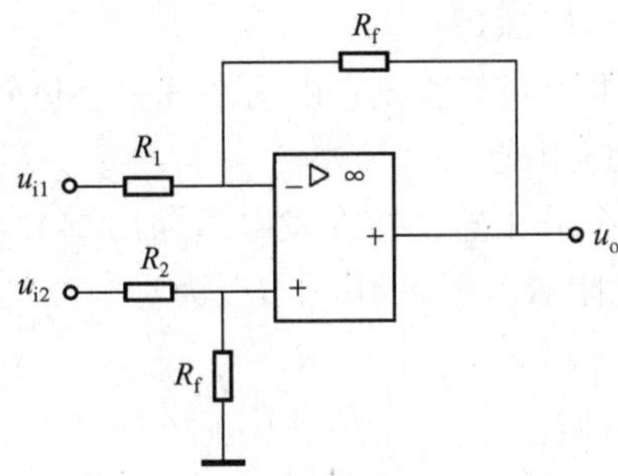

图 5-50　差分运算放大电路

$$u_o = \frac{R_f}{R_1}(u_{i2} - u_{i1})$$

在汽车电子电路中，差分放大器常被用作传感器信号放大器。它能将传感器信号放大后，传送到电控单元（ECU）。

四、集成运算放大器在汽车电子电路中的应用

如果需要对温度、压力或形变等进行检测，可采用图 5-51 所示的电桥信号放大电路。图中电桥的一个臂是由传感器构成的。

当传感器的阻值没有变化，即 $\Delta R = 0$ 时，电桥平衡，电路输出电压 $u_o = 0$；当传感器因温度、压力或其他变化而使传感元件的电阻值发生变化时（用 ΔR 表示），电桥就失去平衡，变化量变成了电信号而产生输出电压 u_o，输出电压 u_o 一般很小，需要经过放大器进行放大。

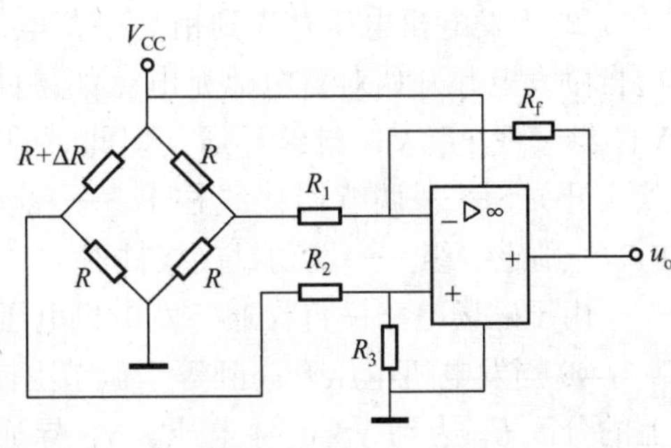

图 5-51　电桥信号放大电路

汽车电喷发动机中，用来测量进气量的进气压力传感器就是由压敏电阻和集成运放制成的。这种传感器被美国通用、日本丰田等汽车公司广泛采用，国产桑塔纳 2000GLi 型轿车也采用了该传感器。图 5-52 所示为压敏电阻式进

气压力传感器的结构和工作原理。

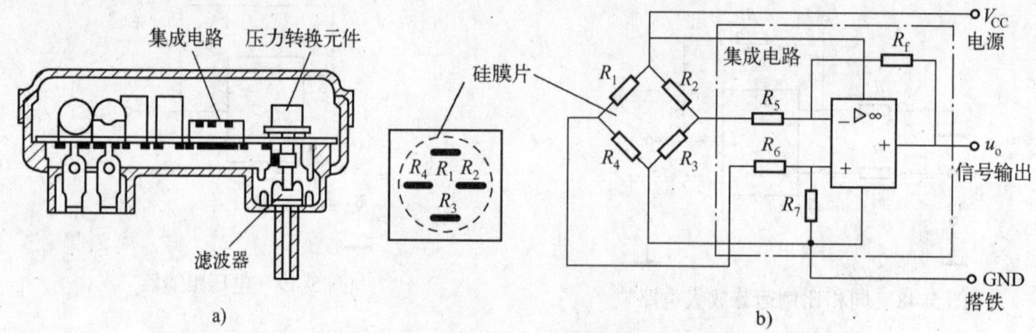

图 5-52 压敏电阻式进气压力传感器的结构和工作原理

a）结构 b）工作原理

【项目实施】

一、晶体管电压调节器的电路原理

图 5-1 所示为内搭铁型晶体管调节器，它由功率开关晶体管、信号放大和控制电路以及电压信号的检测电路三部分电路组成。

电阻 R_1 和 R_2 串联组成一个分压器，接在发电机输出端 B + 与搭铁端 E 之间，直接监测发电机的输出电压 U_B，分压电阻 R_2 两端的电压 U_P 为

$$U_R = \frac{R_2}{R_1 + R_2} U_B$$

电路的工作原理如下：

① 点火开关 S 刚接通时，蓄电池电压加在分压器 R_1、R_2 上，此时因 U_P 较低不能使稳压管 VS 反向击穿，VT_1 截止。而由于 R_3 的分压作用，使得 VT_2 导通，发电机磁场电路接通（他励完成），此时由蓄电池供给磁场电流，电路为：蓄电池止极⟶点火开关 S ⟶调节器接线柱 B ⟶晶体管 VT_2 ⟶调节器接线柱 F ⟶发电机接线柱 F ⟶励磁绕组⟶发动机接线柱 E ⟶搭铁⟶蓄电池负极。

随着发动机的起动，发电机转速千高，发电机电压上升。

② 当发电机电压升高到稍高于蓄电池电压时（发电机转速大约在 900r/min 时），发电机自励发电并开始对蓄电池充电，如果此时发电机输出电压 U_B 小于调节器调节电压上限，VT_1 继续截止，VT_2 继续导通，但此时的磁场电流由发电机供给，电路为：发电机正极⟶点火开关 S ⟶调节器接线柱 B ⟶晶体管 VT_2 ⟶调节器接线柱 F ⟶发电机接线柱 F ⟶励磁绕组⟶发动机接线柱 E ⟶搭铁⟶发电机负极。

由于磁场电路一直导通，发电机电压随转速升高迅速升高。

③ 当发电机电压升高到等于调节上限时，调节器对电压的调节开始。此时电阻 R_1、R_2 上的分区 U_P 达到 VS 击穿电压，VS 导通，VT_1 导通，VT_2 截止，发电机磁场电路被切断，由于磁场被断路，磁通下降，发电机输出电压下降。

④ 当发电机电压下降到等于调节下限时，电阻 R_1、R_2 分压减小，U_P 下降到 VS 截止电压，VS 截止，VT_1 截止，VT_2 重新导通，磁场电路重新被接通，发电机电压上升。

重复 ③、④ 如此周而复始，发电机输出电压 U_B 被控制在一定范围内。这就是内搭铁

型晶体管调节器的工作原理。

二、晶体管电压调节器类型的判别

晶体管电压调节器分为与内搭铁交流发电机配合使用的晶体管电压调节器和与外搭铁交流发电机配合使用的晶体管电压调节器两大类，简称为“内搭铁调节器”和“外搭铁调节器”。两类调节器与发电机配合使用时的线路连接各不相同。国产的这两种晶体管电压调节器从外观上看无法区分，一般均有“+”、“F”、“-”三个接线柱。因此首先必须确定晶体管电压调节器是“外搭铁调节器”还是“内搭铁调节器”，其判别方法是模拟调节器的工作电路，用测试灯进行判别。具体方法如下：

1）将晶体管电压调节器的“+”、“-”接线柱分别接蓄电池分压器或直流稳压电源的“正”、“负”极，将电压预调至12V，晶体管电压调节器的识别与性能检测接线图如图5-53所示。

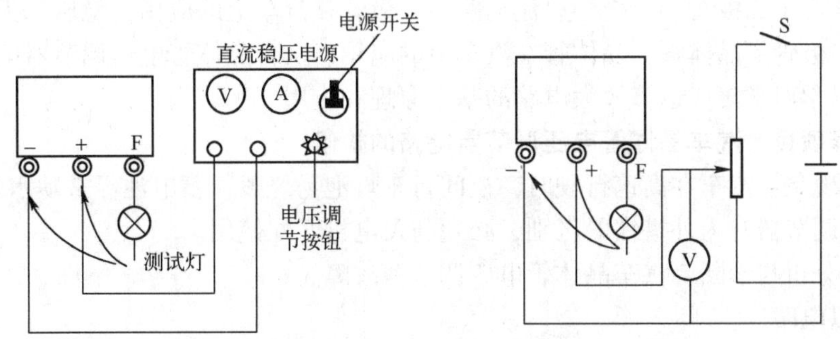

图5-53　晶体管电压调节器的识别与性能检测接线图

2）用测试灯代替发电机磁场绕组，一端接调节器的“F”接线柱，另一端先后去碰调节器的“+”和“-”接线柱，有以下三种测试结果：

① 当测试灯另一端碰接“+”接线柱时灯亮，而碰接“-”接线柱时灯不亮，则晶体管电压调节器为“外搭铁调节器”。

② 当测试灯另一端碰接“-”接线柱时灯亮，而碰接“+”接线柱时灯不亮，则晶体管电压调节器为“内搭铁调节器”。

③ 当测试灯另一端碰接“+”、“-”接线柱时均不亮，则晶体管电压调节器内部断路损坏。

三、晶体管电压调节器的性能检测

在判定晶体管电压调节器的类别后，应进一步检测晶体管电压调节器的好坏及调节电压。检测方法如下：

1）将晶体管电压调节器的“+”、“-”接线柱按内搭铁和外搭铁的接线方式，分别接至蓄电池分压器或直流稳压电源的“正”、“负”极，将电压预调至12V。

2）逐步调高直流电源电压，当电压上升1.5V左右时，测试灯熄灭，则晶体管电压调节器工作正常。

3）逐步调低直流电源电压，当电压下降0.5V以内时，测试灯又重新发亮，则晶体管电压调节器工作正常。

4）若测试灯始终不亮，则晶体管电压调节器内部断路。

5）若测试灯始终不能熄灭，则晶体管电压调节器内部击穿短路。

四、晶体管电压调节器的故障检测

晶体管电压调节器故障率低，由于使用不当或者元器件质量不佳，常出现的故障有以下两种，故障的可能原因是半导体器件的损坏。

1）发电机无电压。发电机电压建立不起来的可能原因为 VT_2 内部断路，或 VT_1 短路，或 VS 损坏短路。

2）发电机电压过高。发电机电压过高的可能原因为 VT_2 内部短路，或 VT_1 断路，或 VS 断路。

【小结】

本学习情境主要是对汽车模拟电路的学习。在汽车模拟电路中，以汽车晶体管电压调节器电路的检修为重点，分析了汽车在高速行驶时，夜间行车灯泡易烧毁、蓄电池经常缺水的故障现象，学习了二极管、二极管整流电路、二极管在汽车上的应用、稳压二极管、发光二极管、光敏二极管、晶体管、晶体管在汽车上的应用、汽车晶体管电压调节器电路的检测与维修。同时也学习了集成运算放大电路的基本原理和应用。

一、维修项目：汽车晶体管电压调节器电路的检修

1）故障现象：汽车在高速行驶时，夜间行车灯泡易烧毁，蓄电池经常缺水。

2）电压调节器有内外搭铁的区别，必须与发电机匹配使用。

3）故障分析与诊断：汽车晶体管电压调节器故障。

二、模拟电路

1）本质半导体分为 N 型半导体和 P 型半导体。在 N 型半导体中，自由电子是多数载流子，空穴是少数载流子；而在 P 型半导体中，空穴是多数载流子，自由电子是少数载流子。无论是 P 型半导体还是 N 型半导体，整个晶体呈电中性。

2）半导体二极管实质上是一个 PN 结，它也具有单向导电性，正向导通，反向截止。

3）整流电路按交流电源相数可分为单相整流电路与三相整流电路；按整流电路形式又可分为半波整流电路与全波整流电路。整流的依据是二极管的单向导电性。

4）晶体管的电流放大作用取决于两个方面：一是它的发射结应加正偏电压；二是集电结应加反偏电压（NPN 型）。晶体管有三个工作区：截止区、饱和区和放大区。

5）理想运算放大器在线性应用时有两条重要结论：虚短和虚断。集成运放有三种输入方式：同相输入、反相输入和差动输入。

6）晶体管电压调节器是利用晶体管的开关特性，来控制发电机的磁场电流，使发电机的输出电压保持恒定。

7）集成电路电压调节器将所有的二极管、晶体管的管芯都集成在一块基片上，实现了调节器的小型化，并将其装在发电机内部，减少了外部接线，缩小了整个充电系统的体积。

8）晶体管电压调节器有内外搭铁的区别，必须与发电机匹配使用。

9）晶体管电压调节器的检查包括内搭铁式晶体管电压调节器的测试与外搭铁式晶体管电压调节器的测试。

三、汽车晶体管电压调节器

1）汽车晶体管电压调节器按搭铁形式分，可分为内搭铁式（与内搭铁式交流发电机配套使用）和外搭铁式（与外搭铁式交流发电机配套使用）。

2）国内外生产的晶体管电压调节器一般都由 2 ~ 4 个晶体管、1 ~ 2 个稳压管和一些电阻、电容、二极管等组成，再由印制电路板连接成电路，然后用轻而薄的铝合金外壳将其封闭。

思考与练习

1. PN 结有什么特性？
2. 硅二极管和锗二极管的导通电压各为多少？
3. 如何用万用表判别二极管的极性和好坏？
4. 简述二极管在汽车上的应用。
5. 画出单相桥式整流电路图。
6. 画出汽车交流发电机三相桥式整流电路图，并简述原理。
7. 晶体管有哪几种工作状态，不同工作状态的外部条件是什么？
8. 如何用万用表判别晶体管的极性和好坏？
9. 简述晶体管在汽车上的应用。
10. 简述集成运算放大器在汽车电子电路中的应用。
11. 试分析 JFT106 型晶体管电压调节器的工作原理，并说明各主要电子元器件的作用。
12. 交流发电机与电压调节器在使用中应注意哪些事项？
13. 如何对晶体管电压调节器搭铁的形式及好坏进行测试？

学习情境 6　检修汽车数字电路

【学习目标】

知识目标

1. 掌握常用数制及数制之间的转换。
2. 掌握逻辑门电路的符号及逻辑功能。
3. 了解组合逻辑电路和时序逻辑电路的分析方法。

技能目标

1. 能对组合逻辑电路进行分析或按要求设计电路。
2. 能识读相关电路原理图。
3. 能检修集成电路闪光器组成的转向信号、危险警报灯电路。

【项目描述】

汽车 555 转向灯闪光器电路图如图 6-1 所示，请分析相关电气元器件和电路的原理：

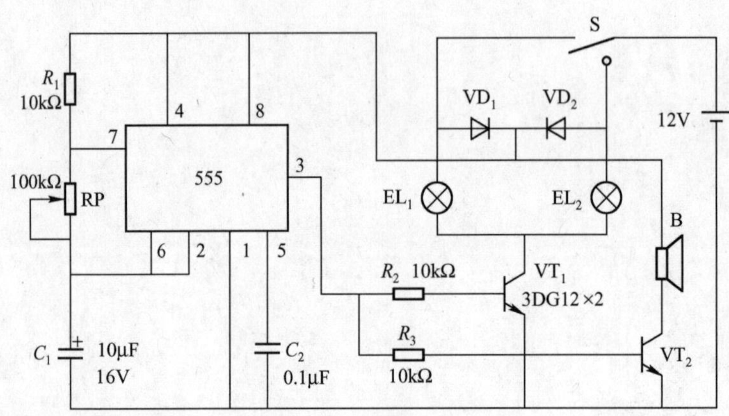

图 6-1　汽车 555 转向灯闪光器电路图

1）识读闪光继电器电路相关元器件。
2）分析汽车 555 转向灯闪光器电路的工作原理。
3）检查和调整闪光继电器的频率。
4）测试闪光继电器技术性能。
5）转向灯电路常见故障分析。

任务 6.1 认知逻辑代数及逻辑门

一、逻辑代数

1. 逻辑信号与逻辑电路

（1）数字信号和模拟信号 在观察自然界中形形色色的物理量时不难发现，尽管它们的性质各异，但就其变化规律的特点而言，不外乎两大类。

其中，一类物理量的变化在时间上和数值上都是离散的。也就是说，它们的变化在时间上是不连续的，总是发生在一系列离散的瞬间。同时，它们的数值大小和每次的增减变化都是某一个最小数量单位的整数倍，而小于这个最小数量单位的数值没有任何物理意义。这一类物理量叫做数字量，表示数字量的信号叫做数字信号，工作在数字信号下的电子电路叫做数字电路。

另一类物理量的变化在时间上或数值上都是连续的。这一类物理量叫做模拟量，表示模拟量的信号叫做模拟信号，工作在模拟信号下的电子电路叫做模拟电路。

（2）数字电路的特点

1）工作信号是二进制的数字信号，在时间上和数值上是离散的，反映在电路上就是低电平和高电平两种状态（0 和 1 两个逻辑值）。

在数字电路中的信号通常用最简单的数字“0”和“1”表示，这两个数字可以用脉冲的“有”和“无”、电平的“高”和“低”来表示，从而把脉冲和数字联系在一起。通常以“1”表示高电平（一般为 3V 以上），以“0”表示低电平（一般为 0.3V 以下），称为正逻辑；反之则为负逻辑，本书均采用正逻辑。

2）在数字电路中，研究的主要问题是电路的逻辑功能，即输入信号的状态和输出信号的状态之间的逻辑关系。

3）对组成数字电路的元器件的精度要求不高，只要在工作时能够可靠地区分 0 和 1 两种状态即可。

（3）数字电路的分析方法 数字电路主要是研究输入信号与输出信号之间的逻辑关系。在实际应用中，汽车上的 ECU 只能识别数字信号，而大多数传感器检测到的是模拟信号，实际使用的信号也往往是模拟信号，因此需要将两种信号进行相互转换，即 D-A（数-模）转换或 A-D（模-数）转换。

2. 数制

用数字量表示物理量的大小时，仅用一位数码往往不够用，因此经常需要用进位计数的方法组成多位数码使用。许多数码中每一位的构成方法以及从低位到高位的进位规则称为数制。

在数字电路中经常使用的计数进制除了十进制以外，还经常使用二进制和十六进制。

（1）十进制 十进制是日常生活和工作中最常使用的进位计数制。在十进制数中，每一位有 0～9 十个数码，所以计数的基数是 10。超过 9 的数必须用多位数表示，其中低位和相邻高位之间的关系是“逢十进一”，故称为十进制。

例如：$143.75 = 1\times10^2 + 4\times10^1 + 3\times10^0 + 7\times10^{-1} + 5\times10^{-2}$

所以任意一个十进制数 D 均可展开为

$$D = \sum K_i \times 10^i \tag{6-1}$$

其中，K_i是第 i 位的系数，它可以是 0 ~ 9 这十个数码中的任何一个。若整数部分的位数是 n，小数部分的位数是 m，则 i 包含从 $n-1$ 到 0 的所有正整数和从 -1 到 $-m$ 的所有负整数。

若以 N 取代式（6-1）中的 10，即可得到任意进制数展开式的普遍形式

$$D = \sum K_i \times N^i \tag{6-2}$$

式中，i 的取值与式（6-1）的规定相同。N 称为计数的基数；K_i为第 i 位的系数；N^i称为第 i 位的权。

（2）二进制　目前在数字电路中应用最广泛的是二进制。在二进制数中，每一位仅有 0 和 1 两个可能的数码，所以计数基数为 2。低位和相邻高位间的进位关系是“逢二进一”，故称为二进制。

根据式（6-2），任意一个二进制数均可展开为

$$D = \sum K_i \times 2^i \tag{6-3}$$

并由此式可计算出它所表示的十进制数值。例如

$$(101.11)_2 = 1\times 2^2 + 0\times 2^1 + 1\times 2^0 + 1\times 2^{-1} + 1\times 2^{-2} = (5.75)_{10}$$

其中，下脚注的 2 和 10 表示括号里的数是二进制和十进制数。有时也用 B（Binary）和 D（Decimal）代替 2 和 10 这两个脚注。

（3）八进制　八进制数的每一位有 0 ~ 7 八个数码，所以计数基数为 8，低位和相邻高位之间的关系是“逢八进一”。因此，任意一个八进制数均可展开为

$$D = \sum K_i \times 8^i \tag{6-4}$$

由此式可计算出它所表示的十进制数值。例如

$$(207.04)_8 = 2\times 8^2 + 0\times 8^1 + 7\times 8^0 + 0\times 8^{-1} + 4\times 8^{-2} = (135.0625)_{10}$$

（4）十六进制　十六进制数的每一位有十六个不同的数码，分别用 0 ~ 9、A（10）、B（11）、C（12）、D（13）、E（14）、F（15）表示。因此，任意一个十六进制数均可展开为

$$D = \sum K_i \times 16^i \tag{6-5}$$

并由此式可计算出它所表示的十进制数值。例如

$$(D8.A)_{16} = 13\times 16^1 + 8\times 16^0 + 10\times 16^{-1} = (216.625)_{10}$$

3. 数制转换

（1）二进制转换成十进制　把二进制数转换为等值的十进制数称为二－十转换。要将一个二进制数转换成为它的等效十进制数，只需将它按权展开，然后相加就可以了。例如

$$(1011.01)_2 = 1\times 2^3 + 0\times 2^2 + 1\times 2^1 + 1\times 2^0 + 0\times 2^{-1} + 1\times 2^{-2} = (11.25)_{10}$$

（2）十进制转换成二进制　转换规则为：整数部分采用基数连除法，先得到的余数为低位，后得到的余数为高位；小数部分采用基数连乘法，先得到的整数为高位，后得到的整数为低位。

例如把十进制数 44.375 转换成二进制数。

			余数	
2	44			低位
2	22	………	$0=K_0$	↑
2	11	………	$0=K_1$	
2	5	………	$1=K_2$	
2	2	………	$1=K_3$	
2	1	………	$0=K_4$	
	0	………	$1=K_5$	高位

		整数	
0.375			
× 2			高位
0.750	………	$0=K_{-1}$	↓
0.750			
× 2			
1.500	………	$1=K_{-2}$	
0.500			
× 2			
1.000	………	$1=K_{-3}$	低位

所以

$$(44.375)_{10} = (101100.011)_2$$

采用基数连除、连乘法，可将十进制数转换为任意进制数。

4. 逻辑代数的基本概念

逻辑代数是英国数学家乔治·布尔（George Boole）于 1849 年首先提出来的，所以又称为布尔代数。逻辑代数是用来描述逻辑关系、反映逻辑变量运算规律的数学。

所谓“逻辑”，是指事物的因果之间所遵循的规律，即指“条件”对“结果”的关系，这种因果关系称为逻辑关系。逻辑代数正是反映这种逻辑关系的数学工具。在逻辑代数中最基本的逻辑关系有三种，即“与”逻辑、“或”逻辑和“非”逻辑，相应地也有三种基本的逻辑运算：“与”运算、“或”运算和“非”运算。

逻辑代数属于数学范畴，与普通代数有类似之处，但也有本质上的区别。与普通代数一样，逻辑代数也用文字 A、B、C、…、X、Y、Z 来表示变量，其逻辑关系也可表示为 $Y=f(A, B, C)$，在逻辑代数中称为逻辑函数式或逻辑表达式。在普通代数中，变量可以取任意数值，而逻辑代数中的变量取值只有“0”和“1”。这种仅具有“0”和“1”的二值变量称为逻辑变量，因此，逻辑代数是二值代数。值得强调的是，“0”和“1”不是表示数值的大小，而是代表逻辑变量的两种相互对立的逻辑状态。例如事物的真和假、是和非、好与坏，信号的有和无，电位的高和低，开关的通和断，灯泡的亮和灭等。换句话说，逻辑变量的数值不是数量的概念，而是表示一个问题的两种可能性。

既然逻辑代数只用“0”和“1”来表示两个相反的量，那么，“0”和“1”的组合即形成二进制数码。

5. 逻辑电路与逻辑代数的关系

所谓逻辑电路是指输入量和输出量之间具有一定逻辑关系的电路。通常逻辑电路的输入量、输出量都是用脉冲信号的有无、电位的高低等来表示的。描述这种相互对立的逻辑关系，可以用逻辑代数中的二值变量来表示。例如，如果将有脉冲信号、高电位的逻辑状态用“1”表示，那么，无脉冲信号、低电位的逻辑状态就可用“0”表示。即用逻辑代数中的“0”和“1”来描述逻辑电路中的两种逻辑状态。

在逻辑代数中，有三种基本逻辑关系和基本运算，在逻辑门电路中，也有三种基本门电路与之相对应，即“与”门电路、“或”门电路和“非”门电路。

二、逻辑门电路

所谓门电路，是一种开关电路，它按一定条件进行开和关，从而控制着信号的通过或不通过。在电控单元中，这些电路是在一定条件下，按一定规律进行工作的。逻辑门所具有的功能称为逻辑功能，基本逻辑门有“与”门、“或”门和“非”门。理论研究和工程实践均已表明，任何复杂的数字系统均可以用这三种基本门电路构成，这叫做逻辑电路的“完备性”。

1. “与”逻辑运算和“与”门电路

（1）“与”逻辑运算　“与”是和的意思。图6-2为两个开关A、B串联控制一盏灯Y的电路。只有当开关A与B全都接通时，灯Y才亮；只要有一个或一个以上的开关断开，该灯就灭。上述开关状态和灯亮、灯灭之间的逻辑关系见表6-1。这个例子表明，只有决定事物结果的全部条件同时具备时，结果才发生。这种因果关系叫做与逻辑。

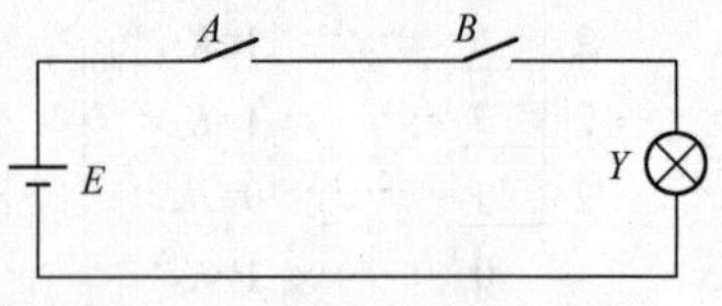

图6-2　“与”逻辑举例

如果用逻辑代数来描述这种电路的工作特点，就能在灯与开关之间建立起相应的逻辑函数关系。此时，开关A、B的状态为条件（输入信号），灯Y的状态为结果（输出信号）。设开关接通为“1”状态，断开为“0”状态；灯亮为“1”状态，灯灭为“0”状态，则可列出表6-2。这种用“0”和“1”表示输入状态与输出状态之间逻辑关系的表格，称为真值表。

表6-1　“与”逻辑关系表

条件		结果
A	B	Y
断开	断开	灭
断开	闭合	灭
闭合	断开	灭
闭合	闭合	亮

表6-2　“与”逻辑真值表

输入		输出
A	B	Y
0	0	0
0	1	0
1	0	0
1	1	1

真值表中，左栏为输入变量的各种可能的取值组合，右栏为其对应的输出状态。由该真值表可以看出：当有$A=B=1$时，$Y=1$；否则$Y=0$。这就是“与”逻辑功能，其逻辑表达式为

$$Y=A\cdot B\quad 或者\quad Y=AB$$

其中符号“·”读作“与”，有时“·”可以省略，但A和B之间的逻辑关系仍表示“与”的关系。从逻辑运算的结果看，“与”运算和普通代数中的乘法运算规则是一致的，因此，“与”逻辑有时又称作逻辑“乘”。

（2）“与”门电路　能实现“与”逻辑功能的电路称为“与”门电路，其逻辑符号如图6-3所示。“与”门的输入端可以不止两个，但一般常用的“与”门，其输入端不超过八个，其输出端只有一个。74系列的“与”门有多种型号，常用的有74LS08和74LS11等。

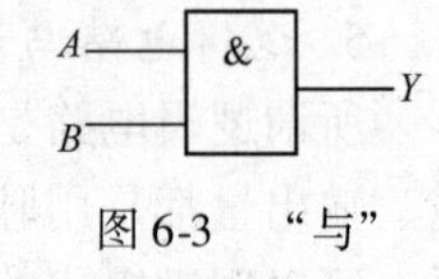

图6-3　“与”门逻辑符号

2. “或”逻辑运算和“或”门电路

（1）“或”逻辑运算　“或”是或者的意思。图6-4为两个开关A、B并联然后与灯Y及电源E串联的电路，开关与灯泡之间的逻辑关系见表6-3。很明显，只要开关A和B中有任何一个接通或者两个都接通，灯Y就亮；只有当两个开关都断开时，灯才灭。一般地，只要在决定某一种结果的各种条件中，有一个或一个以上的条件具备时，该结果就会发生，则这种逻辑关系称为“或”逻辑，其真值表见表6-4。

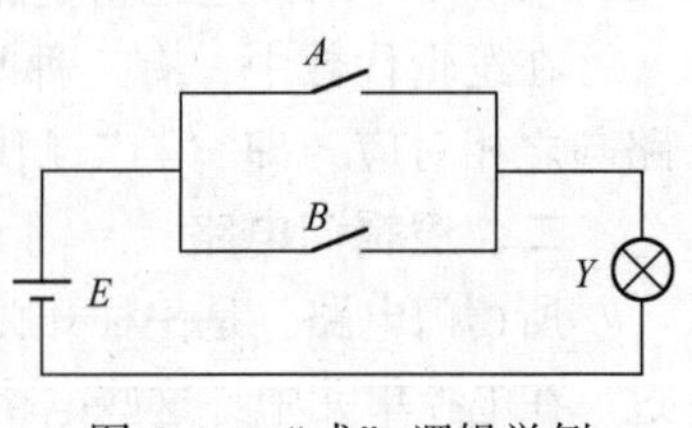

图6-4　“或”逻辑举例

表6-3　"或"逻辑关系表

条件		结果
A	B	Y
断开	断开	灭
断开	闭合	亮
闭合	断开	亮
闭合	闭合	亮

表6-4　"或"逻辑真值表

输入		输出
A	B	Y
0	0	0
0	1	1
1	0	1
1	1	1

由该真值表可见，输入变量中只要有一个为1，结果就为$Y=1$；只有$A=B=0$时，$Y=0$，这就是"或"的功能，其逻辑表达式为

$$Y=A+B$$

式中，符号"+"读作"或"而不读作"加"，但从形式上看，它和普通代数中的加法式子是一致的，因此，有时也称为逻辑加。

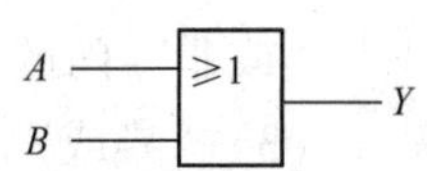

图6-5　"或"门逻辑符号

(2)"或"门电路　能实现"或"逻辑功能的电路称为"或"门电路，其逻辑符号如图6-5所示。同样地，"或"门的输入端可以不止两个，但一般不超过八个，其输出端只有一个。

3. "非"逻辑运算和"非"门电路

(1)"非"逻辑运算　"非"是否定的意思。如图6-6所示，开关A与灯Y并联后接到电路中。很显然，当开关A接通时，灯不亮；而当开关A断开时，则灯亮。上述开关状态与灯亮、灭之间的关系可用真值表来描述，见表6-5。即在任何事物中，如果结果是其条件的逻辑否定，则这种特定的因果关系称为"非"逻辑。

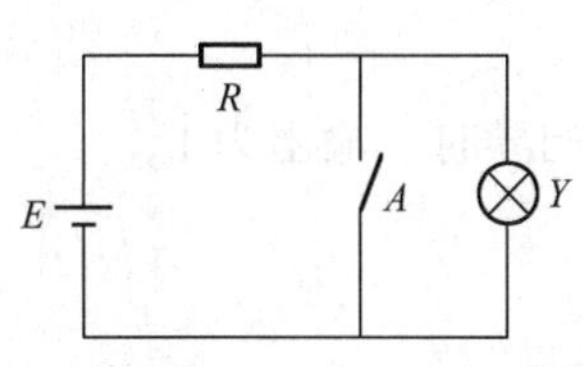

图6-6　"非"逻辑举例

表6-5　"非"逻辑真值表

输入	输出
A	Y
0	1
1	0

从真值表中可以看出，当$A=1$时，$Y=0$；当$A=0$时，$Y=1$。这就是"非"逻辑的功能，其逻辑表达式为

$$Y=\overline{A}$$

式中，符号"—"读作"非"，$\overline{A}$读作A非。

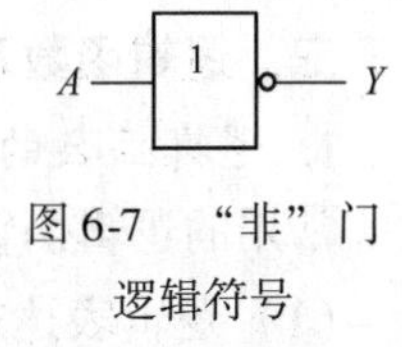

图6-7　"非"门逻辑符号

(2)"非"门电路　能实现"非"逻辑功能的电路称为"非"门电路。由于"非"门的输出和输入信号电压相位相反，所以"非"门常被称为反相器。一般"非"门只有一个输入端和一个输出端，其逻辑符号如图6-7所示。

4. 复合门电路

由与门、或门、非门经过简单的组合，可构成另一些常用的复合逻辑门，如"与非"门、"或非"门、"异或"门等。

(1)"与非"门　将"与"逻辑运算和"非"逻辑运算相结合，就构成"与非"逻辑

运算。这里的“与非”是指先“与”后“非”，其逻辑符号如图6-8所示。

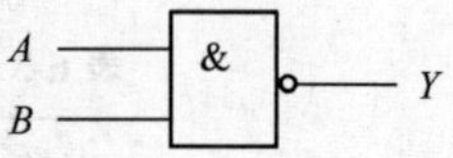

图6-8 “与非”门逻辑符号

逻辑表达式为

$$Y=\overline{AB}$$

与非门的逻辑功能可概括为：输入有0，输出为1；输入全1，输出为0。

常用的集成与非门有74LS00，它内部有四个二输入与非门电路。

(2)“或非”门 将“或”逻辑运算和“非”逻辑运算相结合，就构成“或非”逻辑运算。这里的“或非”是指先“或”后“非”，其逻辑符号如图6-9所示。

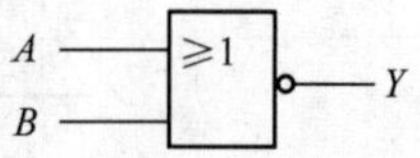

图6-9 “或非”门逻辑符号

逻辑表达式为

$$Y=\overline{A+B}$$

“或非”门的逻辑功能可概括为：输入有1，输出为0；输入全0，输出为1。

(3)“异或”门电路、“同或”门电路

1)“异或”门电路：“异或”门也是一个常用的组合逻辑门，其逻辑符号如图6-10所示，其逻辑关系见表6-6。

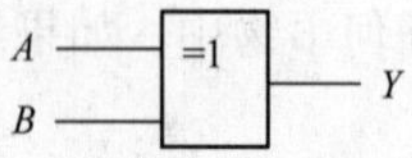

图6-10 “异或”门逻辑符号

表6-6 “异或”逻辑真值表

输入		输出
A	*B*	*Y*
0	0	0
0	1	1
1	0	1
1	1	0

从逻辑关系图可知：输入相同时，输出为0；输入相异时，输出为1。

逻辑表达式为

$$Y=\overline{A}B+A\overline{B}=A\oplus B$$

2)“同或”门电路：“同或”运算的逻辑关系为

$$Y=AB+\overline{A}\overline{B}$$

由逻辑关系可知：输入相同时，输出为1；输入相异时，输出为0。这样“异或”与“同或”互为“非”，在实际集成电路中并没有专门的“同或”芯片，需要时可在“异或”门后面加上一个“非”门来实现。

三、逻辑函数及其化简

1. 逻辑函数的表示方法

常用的逻辑函数表示方法有逻辑表达式、真值表、逻辑图等。

(1) 逻辑表达式 所谓逻辑函数，一般来讲，是指当输入逻辑变量*A*、*B*、*C*…的值确定以后，输出变量*Y*的值也唯一地被确定，则称*Y*是*A*、*B*、*C*…的逻辑函数，记为

$$Y=F\ (A、B、C\cdots)$$

这里无论输入逻辑变量*A*、*B*、*C*…还是输出逻辑变量*Y*，仅能取逻辑值“1”或“0”。逻辑运算约定的顺序为：括号、与、或，可按先“与”后“或”的规则省去括号。

逻辑表达式简洁、书写方便，它直接反映了变量间的运算关系，也便于逻辑图的实现；其缺点是不够直观，不能直观反映出变量取值间的对应关系。

（2）真值表　真值表是由变量的所有可能取值组合及其对应的函数值所构成的表格，它直观、明了、唯一地反映了变量取值和函数之间的对应关系。一个逻辑函数只有一个真值表，真值表是逻辑函数的不同种类的表示方法。因此，逻辑表达式和真值表之间可以相互转换。

真值表的列写方法：每一个变量均有 0、1 两种取值，n 个变量共有 2^n 种不同的取值，将这 2^n 种不同的取值按顺序排列起来，同时在相应位置上填入函数的值，便可得到逻辑函数的真值表。

同时，由真值表可得到逻辑表达式。只要把真值表中逻辑函数等于“1”的各种变量的取值组合用“与”项来表示，把所有这些“与”项用“或”号连在一起，就可得到逻辑表达式。

例如表 6-7 中，当 A、B 取值相同时，函数值为 0；否则，函数值为 1。

表 6-7　真值表

A	B	Y
0	0	0
0	1	1
1	0	1
1	1	0

由真值表可写出函数表达式：$Y=\overline{A}B+A\overline{B}$

（3）逻辑图　逻辑图所表示的是原理性电路，它比较接近工程设计，便于制作实际电路，而逻辑函数则是实际电路的抽象，所以，逻辑图是逻辑表达式的一种具体实现。这样，逻辑图、逻辑表达式、真值表之间可以相互转换。

由逻辑图写逻辑表达式的方法：根据逻辑图，从输入端到输出端逐级写出逻辑函数式。

2. 逻辑函数的化简

（1）基本公式　表 6-8 给出了逻辑代数的基本公式，这些公式是根据逻辑变量的特点和三种基本运算规则推导出来的，也可以用真值表来验证这些公式。

表 6-8　逻辑代数的基本公式

类　别		名　称	逻辑“与（非）”	逻辑“或”
常量和变量的关系		01 律	$A\cdot 1=A$ $A\cdot 0=0$	$A+1=1$ $A+0=A$
变量间的关系	类似初等代数定律	交换律	$A\cdot B=B\cdot A$	$A+B=B+A$
		结合律	$A\cdot(BC)=(AB)\cdot C$	$A+(B+C)=(A+B)+C$
		分配律	$A\cdot(B+C)=AB+AC$	$A+(B\cdot C)=(A+B)(A+C)$
	逻辑代数特殊规律	互补律	$A\cdot\overline{A}=0$	$A+\overline{A}=1$
		重叠律	$A\cdot A=A$	$A+A=A$
		反演律	$\overline{AB}=\overline{A}+\overline{B}$	$\overline{A+B}=\overline{A}\cdot\overline{B}$
		还原律	$\overline{\overline{A}}=A$	

（2）常用公式　利用基本公式可以推出一些常用公式，这些公式有助于化简逻辑函数。

$$AB+A\overline{B}=A$$

$$A+AB=A$$

$$A+\overline{A}B=A+B$$

$$AB+\overline{A}C+BC=AB+\overline{A}C$$

（3）逻辑函数的化简方法　数字电路中，往往要根据实际问题进行逻辑设计，得出的逻辑函数要进行化简，只有最简的逻辑函数才能使得电路最简，逻辑表达式越简单，实现它的电路越简单，电路工作越稳定可靠。

1）并项法：利用公式 $A+\overline{A}=1$ 将两项合并为一项，并消去一个变量。

例如：

$$Y=ABC+\overline{A}BC+B\overline{C}=(A+\overline{A})BC+B\overline{C}$$
$$=BC+B\overline{C}=B(C+\overline{C})=B$$

2）吸收法：利用公式 $A+AB=A$，消去多余的乘积项。

例如：$Y=\overline{A}B+\overline{A}BCD\ (E+F)\ =\overline{A}B$

3）消去法：利用公式 $A+\overline{A}B=A+B$，消去多余的因子。

例如：

$$Y=AB+\overline{A}C+\overline{B}C=AB+(\overline{A}+\overline{B})C$$
$$=AB+\overline{AB}C=AB+C$$

4）利用公式 $A+\overline{A}=1$、$A+A=A$、$A\cdot A=A$ 等给逻辑表达式适当增项，进而消去更多的余项。

例如：

$$Y=AC+\overline{B}\,\overline{C}+A\overline{B}=AC+\overline{B}\,\overline{C}+A\overline{B}(C+\overline{C})$$
$$=AC+\overline{B}\,\overline{C}+A\overline{B}C+A\overline{B}\,\overline{C}=AC+\overline{B}\,\overline{C}$$

四、集成门电路举例

制动灯故障监视电路如图6-11所示，根据逻辑图写出逻辑表达式，并分析逻辑功能。

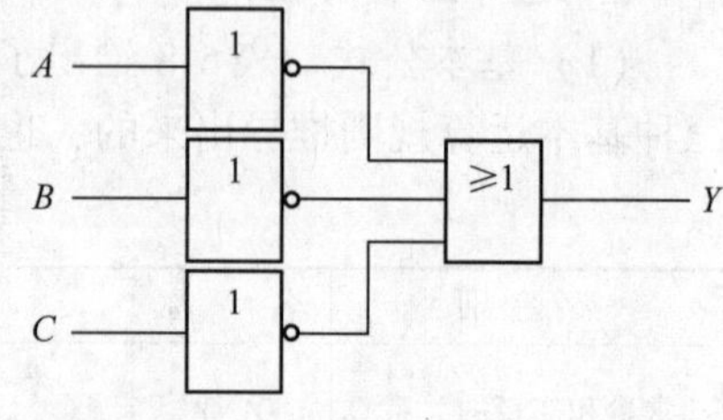

图6-11　制动灯故障监视电路

A、B、C 代表三个制动灯，灯亮用1表示，灯灭用0表示；输出 Y 为1，故障指示灯亮，表示制动灯有故障，输出 Y 为0，故障指示灯灭，表示制动灯正常。

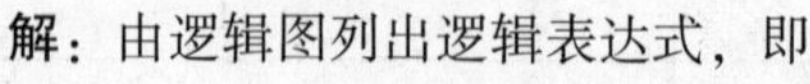

解：由逻辑图列出逻辑表达式，即

$$Y=\overline{A}+\overline{B}+\overline{C}$$

根据逻辑表达式列出真值表，见表6-9。当 A、B、C 三个制动灯中任意一个出现故障时，都将在仪表台上有故障指示，以提醒驾驶员及时进行检修。

表6-9　制动灯故障监视电路真值表

输　入			输　出
A	*B*	*C*	*Y*
0	0	0	1
0	0	1	1

（续）

输　入			输　出
A	B	C	Y
0	1	0	1
0	1	1	1
1	0	0	1
1	0	1	1
1	1	0	1
1	1	1	0

任务6.2　认知汽车组合逻辑电路

数字逻辑电路按逻辑功能的不同特点，可分为组合逻辑电路和时序逻辑电路。

在逻辑电路中，若任意时刻的输出状态仅取决于该时刻信号的输入状态，而与信号作用前的电路所处的状态无关，则这种电路称为组合逻辑电路。它的显著特点是无记忆功能。

组合逻辑电路应用广泛，常用的有编码器、译码器、加法器、比较器和数据选择器等。

一、组合逻辑电路的分析与设计

1. 组合逻辑电路的分析

（1）分析步骤　组合逻辑电路分析的目的是为了明确组合电路的逻辑功能和应用方法。组合逻辑电路的分析大致可分为以下几个步骤：

1）根据组合逻辑电路的逻辑图，写出电路输出函数的逻辑表达式。

2）对逻辑表达式进行化简，得到最简的逻辑表达式。

3）列真值表，将输入、输出变量及所有可能的取值列成表格。

4）确定功能，根据真值表和逻辑表达式确定电路的逻辑功能。

（2）例题分析　分析图6-12的逻辑功能。

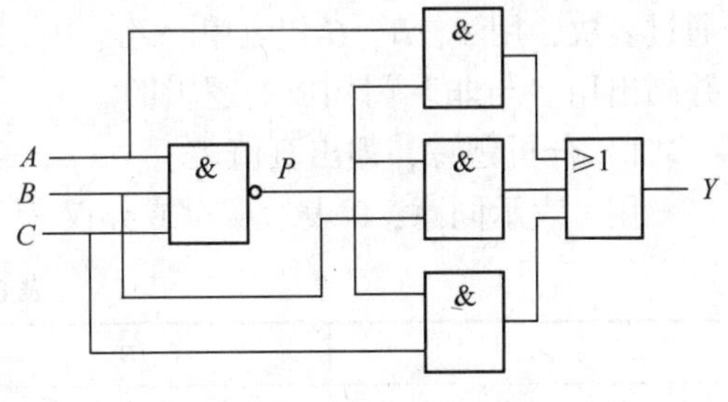

图6-12　例题图

1）根据逻辑图，写出电路输出函数的逻辑表达式。

$$P=\overline{ABC}$$

$$Y=AP+BP+CP=A\,\overline{ABC}+B\,\overline{ABC}+C\,\overline{ABC}$$

2）化简与变换，即

$$Y=\overline{ABC}(A+B+C)=\overline{\overline{ABC}+\overline{A+B+C}}=\overline{ABC+\overline{A}\,\overline{B}\,\overline{C}}$$

3）由表达式列出真值表，见表6-10。

表 6-10 真值表

A	B	C	Y
0	0	0	0
0	0	1	1
0	1	0	1
0	1	1	1
1	0	0	1
1	0	1	1
1	1	0	1
1	1	1	0

4）分析逻辑功能：当 A、B、C 三个变量不一致时，输出为“1”，所以这个电路称为“不一致电路”。

2. 组合逻辑电路的设计

（1）分析步骤 组合逻辑电路的设计是分析的逆过程，它是根据给定的逻辑功能设计出逻辑电路。一般步骤为：

1）分析实际问题。需要确定哪些是输入变量，哪些是输出变量，并以二值逻辑给输入和输出变量赋值，分析变量间的逻辑关系，把实际问题归纳为逻辑问题，并确定它们之间的逻辑关系。

2）列出真值表。若有 n 个变量，则共有 2^n 种输入变量组合，列出所有可能情况下输出变量的取值，即采用“穷举法”。

3）根据真值表，写出输出逻辑表达式，并化简成所需要的最简单的逻辑表达式。

4）根据实际问题、技术和材料的要求设计出逻辑电路。

（2）例题分析 设有甲、乙、丙三人进行表决，若有两人以上（包括两人）同意，则通过表决，用 A、B、C 代表甲、乙、丙，用 L 表示表决结果。试写出真值表、逻辑表达式，并画出用“与非”门构成的逻辑图。

1）分析题意，列出真值表。

用 1 表示同意，0 表示反对或弃权。可列出真值表，见表 6-11。

表 6-11 真值表

A	B	C	L
0	0	0	0
0	0	1	0
0	1	0	0
0	1	1	1
1	0	0	0
1	0	1	1
1	1	0	1
1	1	1	1

2）由真值表写出逻辑表达式，即

$$L = A\overline{B}C + AB\overline{C} + ABC + \overline{A}BC$$

3）化简逻辑表达式，即

$$\begin{aligned} L &= A\overline{B}C + AB\overline{C} + ABC + \overline{A}BC \\ &= AC + AB + BC \\ &= \overline{\overline{AC + AB + BC}} \\ &= \overline{\overline{AC}\;\overline{AB}\;\overline{BC}} \end{aligned}$$

4）画出逻辑图，如图 6-13 所示。

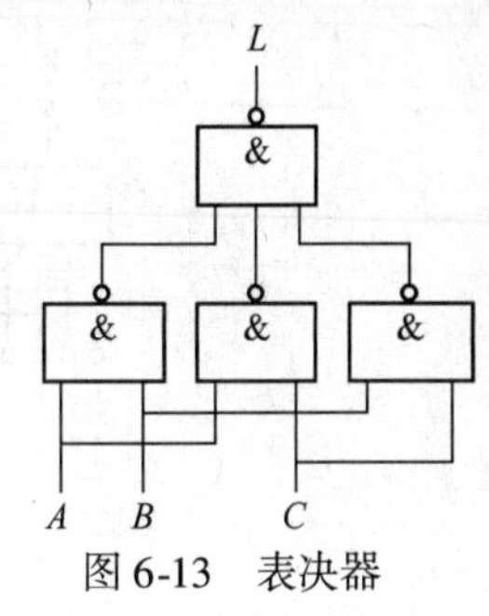

图 6-13　表决器逻辑图

二、常见组合逻辑电路

1. 编码器

为了区分一系列不同的事物，将其中的每个事物用一个二值代码表示，这就是编码的含意。在二值逻辑电路中，信号都是以高、低电平的形式给出的。因此编码器的逻辑功能就是把输入的每一个高、低电平信号编成一个对应的二进制代码。

（1）3 位二进制编码器　目前经常使用的编码器有普通编码器和优先编码器两类。在普通编码器中，任何时刻只允许输入一个编码信号，否则输出将发生混乱。

现以 3 位二进制普通编码器为例，分析一下普通编码器的工作原理。它的输入是 $I_0 \sim I_7$ 8 个高电平信号，输出是 3 位二进制代码 $Y_2Y_1Y_0$。为此，又把它叫做 8 线-3 线编码器。输出与输入的对应关系见表 6-12 所示的 3 位二进制编码器真值表。

表 6-12　3 位二进制编码器真值表

输　　入	输　　出		
	Y_2	Y_1	Y_0
I_0	0	0	0
I_1	0	0	1
I_2	0	1	0
I_3	0	1	1
I_4	1	0	0
I_5	1	0	1
I_6	1	1	0
I_7	1	1	1

由真值表写出逻辑表达式，即

$$Y_2 = I_4 + I_5 + I_6 + I_7 = \overline{\overline{I_4}\,\overline{I_5}\,\overline{I_6}\,\overline{I_7}}$$

$$Y_1 = I_2 + I_3 + I_6 + I_7 = \overline{\overline{I_2}\,\overline{I_3}\,\overline{I_6}\,\overline{I_7}}$$

$$Y_0 = I_1 + I_3 + I_5 + I_7 = \overline{\overline{I_1}\,\overline{I_3}\,\overline{I_5}\,\overline{I_7}}$$

用门电路实现的逻辑图如图 6-14 所示。

（2）8421 码编码器　8421 码编码器的输入端输入一个一位十进制数，通过内部编码，输出四位 8421 码二进制代码，每组代码与相应的十进制数的对应关系见表 6-13 所示的 8421 码编码器真值表。

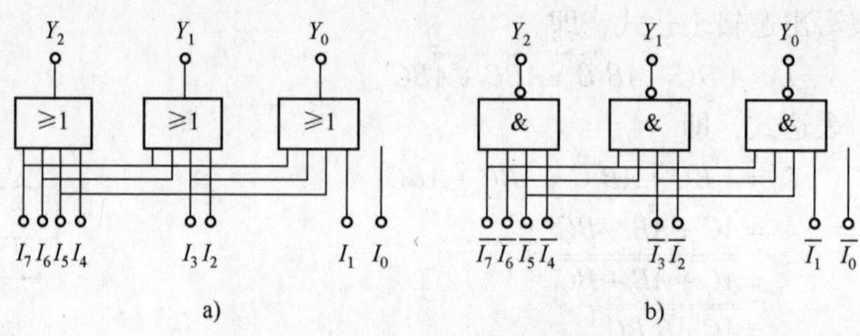

图 6-14 3 位二进制编码器逻辑图

a）由“或”门构成 b）由“与非”门构成

表 6-13 8421 码编码器真值表

输 入	输 出			
	Y_3	Y_2	Y_1	Y_0
I_0	0	0	0	0
I_1	0	0	0	1
I_2	0	0	1	0
I_3	0	0	1	1
I_4	0	1	0	0
I_5	0	1	0	1
I_6	0	1	1	0
I_7	0	1	1	1
I_8	1	0	0	0
I_9	1	0	0	1

1）写出真值表，见表 6-13。

从真值表可以看出：输入 10 个互斥的数码，输出 4 位二进制代码。

2）写出逻辑表达式，即

$$Y_3 = I_8 + I_9 = \overline{\overline{I_8}\ \overline{I_9}}$$

$$Y_2 = I_4 + I_5 + I_6 + I_7 = \overline{\overline{I_4}\,\overline{I_5}\,\overline{I_6}\,\overline{I_7}}$$

$$Y_1 = I_2 + I_3 + I_6 + I_7 = \overline{\overline{I_2}\,\overline{I_3}\,\overline{I_6}\,\overline{I_7}}$$

$$Y_0 = I_1 + I_3 + I_5 + I_7 + I_9 = \overline{\overline{I_1}\,\overline{I_3}\,\overline{I_5}\,\overline{I_7}\,\overline{I_9}}$$

3）画出逻辑图，如图 6-15 所示。

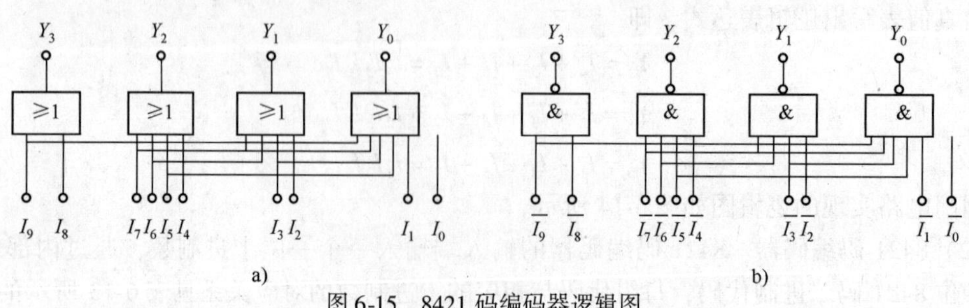

图 6-15 8421 码编码器逻辑图

a）由“或”门构成 b）由“与非”门构成

（3）优先编码器　在优先编码器电路中，允许同时输入两个以上的编码信号。不过在设计优先编码器时已经将所有的输入信号按优先顺序排了队，当几个输入信号同时出现时，只对其中优先权最高的一个进行编码。

现以 8 线-3 线优先编码器为例进行分析。在优先编码器中优先级别高的信号排斥级别低的，即具有单方面排斥的特性。设 I_7 的优先级别最高，I_6 次之，依此类推，I_0 最低。

1）真值表：根据优先级别的高低，列出真值表见表 6-14。

表 6-14　8 线-3 线优先编码器真值表

输入								输出		
I_7	I_6	I_5	I_4	I_3	I_2	I_1	I_0	Y_2	Y_1	Y_0
1	×	×	×	×	×	×	×	1	1	1
0	1	×	×	×	×	×	×	1	1	0
0	0	1	×	×	×	×	×	1	0	1
0	0	0	1	×	×	×	×	1	0	0
0	0	0	0	1	×	×	×	0	1	1
0	0	0	0	0	1	×	×	0	1	0
0	0	0	0	0	0	1	×	0	0	1
0	0	0	0	0	0	0	1	0	0	0

2）写出逻辑表达式，即

$$\begin{cases} Y_2 = I_7 + \overline{I_7}I_6 + \overline{I_7}\,\overline{I_6}I_5 + \overline{I_7}\,\overline{I_6}\,\overline{I_5}I_4 \\ \quad = I_7 + I_6 + I_5 + I_4 \\ Y_1 = I_7 + \overline{I_7}I_6 + \overline{I_7}\,\overline{I_6}\,\overline{I_5}\,\overline{I_4}I_3 + \overline{I_7}\,\overline{I_6}\,\overline{I_5}\,\overline{I_4}\,\overline{I_3}I_2 \\ \quad = I_7 + I_6 + \overline{I_5}\,\overline{I_4}I_3 + \overline{I_5}\,\overline{I_4}I_2 \\ Y_0 = I_7 + \overline{I_7}\,\overline{I_6}I_5 + \overline{I_7}\,\overline{I_6}\,\overline{I_5}\,\overline{I_4}I_3 + \overline{I_7}\,\overline{I_6}\,\overline{I_5}\,\overline{I_4}\,\overline{I_3}\,\overline{I_2}I_1 \\ \quad = I_7 + \overline{I_6}I_5 + \overline{I_6}\,\overline{I_4}I_3 + \overline{I_6}\,\overline{I_4}\,\overline{I_2}I_1 \end{cases}$$

3）画出逻辑图如图 6-16 所示。

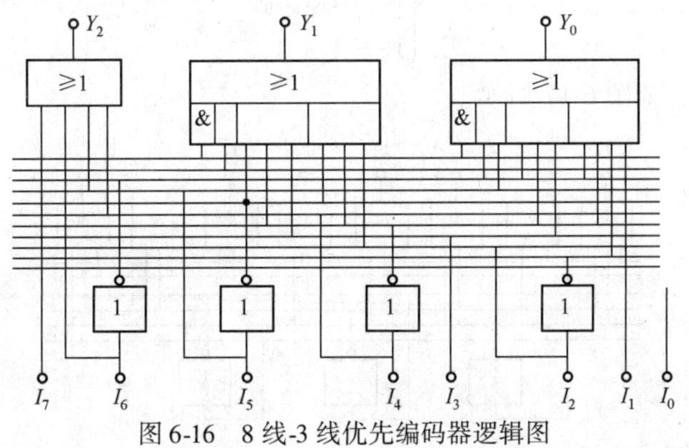

图 6-16　8 线-3 线优先编码器逻辑图

2. 译码器

把代码状态的特定含义翻译出来的过程称为译码，实现译码操作的电路称为译码器。译码器就是把一种代码转换为另一种代码的电路。常用的译码器电路有二进制译码器、二-十进制译码器和显示译码器三类。

（1）二进制译码器　设二进制译码器的输入端为 n 个，则输出端为 2^n 个，且对应于输入代码的每一种状态，2^n 个输出中只有一个为 1（或为 0），其余全为 0（或为 1）。

二进制译码器可以译出输入变量的全部状态，故又称为变量译码器。

现以 3 线 －8 线译码器为例进行分析。

1）列出 3 线 －8 线译码器真值表，见表 6-15。

表 6-15　3 线 －8 线译码器真值表

A_2	A_1	A_0	Y_0	Y_1	Y_2	Y_3	Y_4	Y_5	Y_6	Y_7
0	0	0	1	0	0	0	0	0	0	0
0	0	1	0	1	0	0	0	0	0	0
0	1	0	0	0	1	0	0	0	0	0
0	1	1	0	0	0	1	0	0	0	0
1	0	0	0	0	0	0	1	0	0	0
1	0	1	0	0	0	0	0	1	0	0
1	1	0	0	0	0	0	0	0	1	0
1	1	1	0	0	0	0	0	0	0	1

从真值表可以看出：输入为 3 位二进制代码，输出为 8 个互斥的信号。

2）写出逻辑表达式，即

$$\begin{cases} Y_0 = \overline{A}_2\overline{A}_1\overline{A}_0 \\ Y_1 = \overline{A}_2\overline{A}_1A_0 \\ Y_2 = \overline{A}_2A_1\overline{A}_0 \\ Y_3 = \overline{A}_2A_1A_0 \\ Y_4 = A_2\overline{A}_1\overline{A}_0 \\ Y_5 = A_2\overline{A}_1A_0 \\ Y_6 = A_2A_1\overline{A}_0 \\ Y_7 = A_2A_1A_0 \end{cases}$$

3）画出逻辑图，如图 6-17 所示。

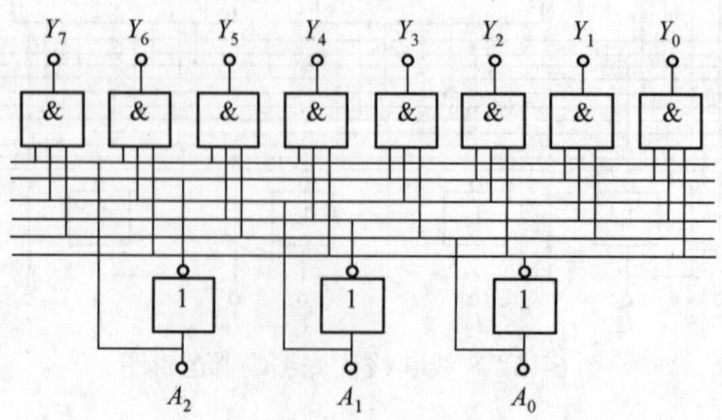

图 6-17　3 线 －8 线译码器逻辑图

常见的3线-8线译码器有74LS138。

（2）二-十进制译码器（8421码译码器） 把二-十进制代码翻译成10个十进制数字信号的电路，称为二-十进制译码器。二-十进制译码器的输入是十进制数的4位二进制编码（8421码），分别用A_3、A_2、A_1、A_0表示；输出的是与10个十进制数字相对应的10个信号，用$Y_9 \sim Y_0$表示。由于二-十进制译码器有4根输入线，10根输出线，所以又称为4线-10线译码器。

1）列出真值表，见表6-16。

表6-16 二-十进制译码器真值表

A_3	A_2	A_1	A_0	Y_9	Y_8	Y_7	Y_6	Y_5	Y_4	Y_3	Y_2	Y_1	Y_0
0	0	0	0	0	0	0	0	0	0	0	0	0	1
0	0	0	1	0	0	0	0	0	0	0	0	1	0
0	0	1	0	0	0	0	0	0	0	0	1	0	0
0	0	1	1	0	0	0	0	0	0	1	0	0	0
0	1	0	0	0	0	0	0	0	1	0	0	0	0
0	1	0	1	0	0	0	0	1	0	0	0	0	0
0	1	1	0	0	0	0	1	0	0	0	0	0	0
0	1	1	1	0	0	1	0	0	0	0	0	0	0
1	0	0	0	0	1	0	0	0	0	0	0	0	0
1	0	0	1	1	0	0	0	0	0	0	0	0	0

2）写出逻辑表达式，即

$$Y_0 = \overline{A}_3\overline{A}_2\overline{A}_1\overline{A}_0 \quad Y_1 = \overline{A}_3\overline{A}_2\overline{A}_1 A_0 \quad Y_2 = \overline{A}_3\overline{A}_2 A_1\overline{A}_0 \quad Y_3 = \overline{A}_3\overline{A}_2 A_1 A_0$$

$$Y_4 = \overline{A}_3 A_2\overline{A}_1\overline{A}_0 \quad Y_5 = \overline{A}_3 A_2\overline{A}_1 A_0 \quad Y_6 = \overline{A}_3 A_2 A_1\overline{A}_0 \quad Y_7 = \overline{A}_3 A_2 A_1 A_0$$

$$Y_8 = A_3\overline{A}_2\overline{A}_1\overline{A}_0 \quad Y_9 = A_3\overline{A}_2\overline{A}_1 A_0$$

3）画出逻辑图，如图6-18所示。

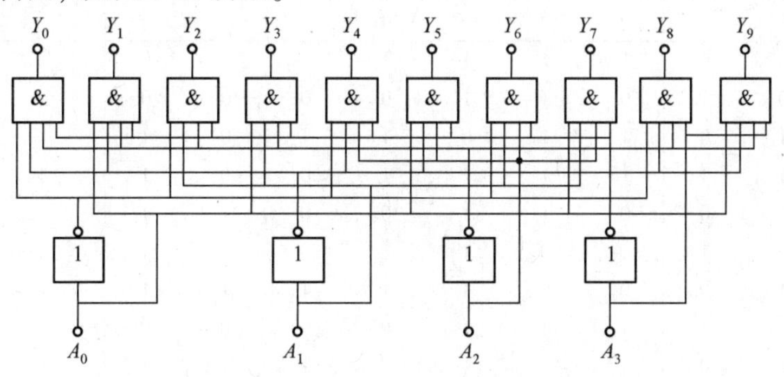

图6-18 二-十进制译码器逻辑图

（3）显示译码器 为了能以十进制数码直观地显示数字系统的运行数据，目前广泛使用了数字显示译码器。显示译码器随显示器件的类型不同而异，如与辉光数码管相匹配的是BCD/十进制译码器，常用的发光二极管数码管、液晶数码管、荧光数码管等由7个或8个字段构成字形，因而与之相匹配的有BCD/七段或BCD/八段显示译码器。这里将简单介绍驱动发光二极管数码管的BCD/七段译码器。

发光二极管由特殊的半导体材料砷化镓、磷砷化镓等制成，可单独使用，也可组装成分段式显示器件，分段式显示器件由 7 条线段围成字形，如图 6-19 所示。每一段包含一个发光二极管，分别用 a、b、c、d、e、f、g 表示，外加正向电压时二极管导通，发出清晰的红、绿、黄等光色。只要按规律控制各发光段的亮灭，就可以显示各种字形和符号。发光二极管有共阴、共阳极之分，共阴式发光二极管使用时公共阴极接地，七个阳极 $a \sim g$ 由相应的 BCD/七段译码器来控制。

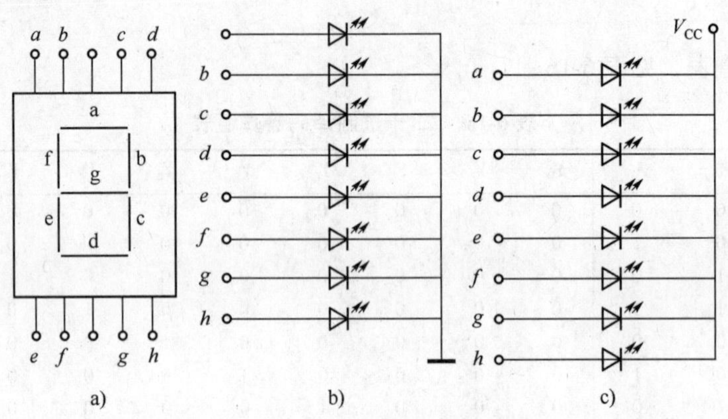

图 6-19 七段字型显示
a）外形图 b）共阴极 c）共阳极

BCD/七段译码器的输入是一位 8421BCD 码，输入端用 A_3、A_2、A_1、A_0 表示，输出用数码管的各段信号 a、b、c、d、e、f、g 来表示。用 BCD/七段译码器驱动共阴式发光二极管时，输出信号为高电平有效，即输出为 1 时，相应各段显示发光，其真值表见表6-17。

表 6-17 BCD/七段译码器真值表

输入				输出							显示字形
A_3	A_2	A_1	A_0	a	b	c	d	e	f	g	
0	0	0	0	1	1	1	1	1	1	0	0
0	0	0	1	0	1	1	0	0	0	0	1
0	0	1	0	1	1	0	1	1	0	1	2
0	0	1	1	1	1	1	1	0	0	1	3
0	1	0	0	0	1	1	0	0	1	1	4
0	1	0	1	1	0	1	1	0	1	1	5
0	1	1	0	0	0	1	1	1	1	1	6
0	1	1	1	1	1	1	0	0	0	0	7
1	0	0	0	1	1	1	1	1	1	1	8
1	0	0	1	1	1	1	0	0	1	1	9

3. 加法器

两个二进制数之间的算术运算无论是加、减、乘、除，目前在数字计算机中都是沿着若干步加法运算进行的。因此，加法器是构成算术逻辑运算的基本部件。

（1）半加器 如果不考虑由低位来的进位，只考虑两个 1 位二进制本身加法的运算叫做半加运算。能实现半加运算的电路叫做半加器。

1）真值表：由半加运算的定义可知，输入端由被加数的某一位 A 和加数的某一位 B 组成；输出有两个：一个是半加和 S，另一个是向高位的进位 C。列出这一输入、输出的真值表，见表6-18。

表6-18 半加器真值表

输入		输出	
被加数 A	加数 B	和数 S	进位数 C
0	0	0	0
0	1	1	0
1	0	1	0
1	1	0	1

2）逻辑表达式：根据真值表可得到逻辑表达式为

$$S=\overline{A}B+A\,\overline{B}=A\oplus B$$

$$C=AB$$

3）逻辑图：根据逻辑表达式画出逻辑图，如图6-20所示。

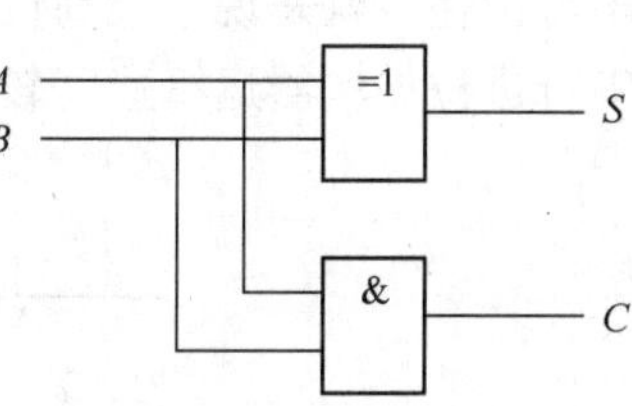

图6-20 半加器逻辑图

（2）全加器 在多位数加法运算中，既要考虑被加数和加数的某一位，又要考虑来自较低位的进位。由两个加数及一个来自较低位的进位三者相加的运算叫做全加运算。能实现全加运算的逻辑电路叫做全加器。

1）1位全加器。1位全加器的输入变量是：被加数 A_i、加数 B_i 及较低位的进位 C_{i-1}，输出函数为本位和 S_i 及向较高位的进位 C_i。由全加运算的定义及加法运算法则，列出1位全加器真值表见表6-19。

表6-19 1位全加器真值表

输入			输出	
A_i	B_i	C_{i-1}	S_i	C_i
0	0	0	0	0
0	0	1	1	0
0	1	0	1	0
0	1	1	0	1
1	0	0	1	0
1	0	1	0	1
1	1	0	0	1
1	1	1	1	1

由真值表写出逻辑表达式，并化简得到

$$\begin{aligned}S_i&=\overline{A}_i\,\overline{B}_i\,C_{i-1}+\overline{A_i}B_i\,\overline{C}_{i-1}+A_i\,\overline{B}_i\,\overline{C_{i-1}}+A_iB_iC_{i-1}\\&=\overline{(A_i\oplus B_i)}C_{i-1}+(A_i\oplus B_i)-\overline{C}_{i-1}=A_i\oplus B_i\oplus C_{i-1}\\C_i&=\overline{A}_iB_iC_{i-1}+A_iB_i\overline{C}_{i-1}+A_i\,B_i\overline{C}_{i-1}+A_iB_iC_{i-1}\\&=A_iB_i+(A_i\oplus B_i)C_{i-1}\end{aligned}$$

由逻辑表达式画出逻辑图，如图6-21a所示，其逻辑符号如图6-21b所示。

2）多位加法器。将多个1位全加器进行适当地组合就能构成多位加法器。例如，只要

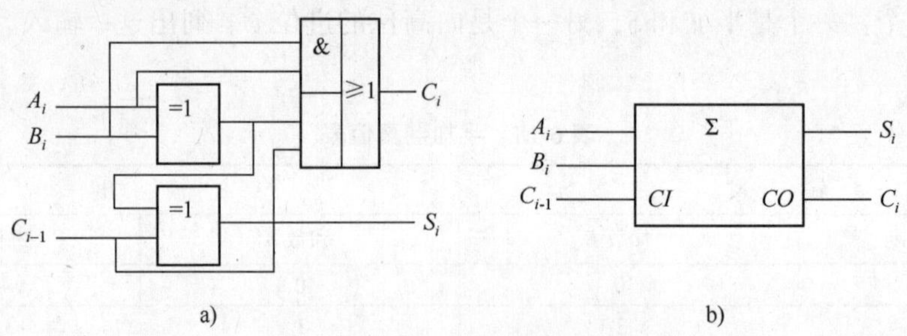

图 6-21 1 位全加器

a）逻辑图 b）逻辑符号

依次将低位的进位输出，接到高位的进位输入，就组成了串行进位加法器。图 6-22 是 4 位串行进位加法器，被加数、加数是并行输入，和数是并行输出，但各位全加器间的进位却是串行传递。就是说，最高位的进位数需经过四个全加器才能传递出去，耗费时间多，所以，串行进位加法器运算速度较慢。

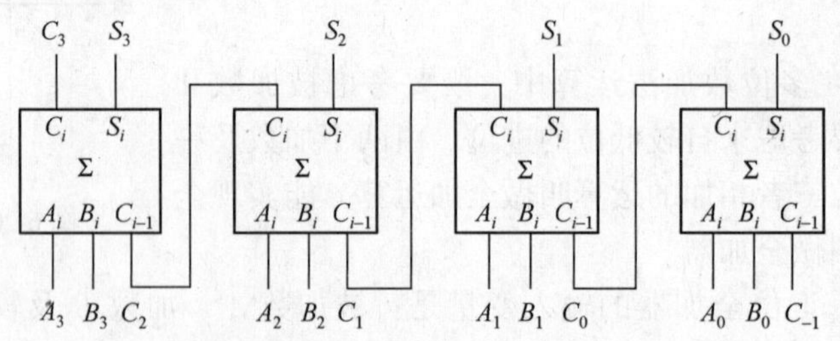

图 6-22 4 位串行进位加法器

若要提高运算速度，必须直接由输入数码产生各位所需的进位信号，消除串行进位所耗费的时间，就是实行提前进位。能实现提前进位的加法器叫做超前进位加法器。

三、组合逻辑电路在汽车上的应用举例

在数字仪表和各种数字系统中，都需要将数字量直观地显示出来，一方面供人们直接读取测量和运算的结果；另一方面用于监视数字系统的工作情况。因此，数字显示电路是许多数字设备不可缺少的部分。数字显示电路通常由译码器、驱动器和显示器等部分组成，其组成框图如图 6-23 所示。

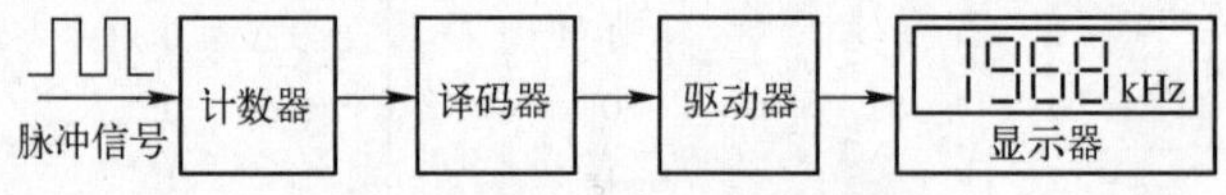

图 6-23 数字显示电路组成框图

中规模七段译码器有 74LS47、74LS48、7448 芯片等类型，类型不同，它们的输出结构也各不相同，因而使用时一定要正确选择。目前已广泛采用将计数器、译码驱动电路制在同一芯片上的集成器件，有的还是连同数码显示器也集成在一起的四合一电路。

7448 七段显示译码器的引脚图如图 6-24 所示。

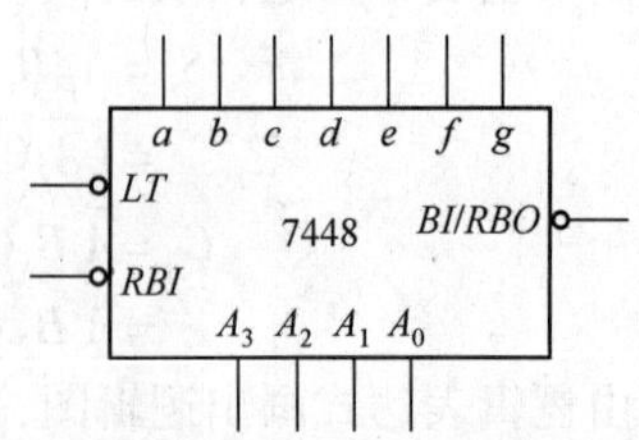

图 6-24 7448 七段显示译码器的引脚图

1）正常译码显示。$LT=1$，$BI/RBO=1$ 时，对输入为十进制数 1～15 的二进制码（0001～1111）进行译码，产生对应的七段显示码。

2）灭零。当 $LT=1$，输入为 0 的二进制码 0000 时，只有 $RBI\ =1$ 时，才产生 0 的七段显示码，如果此时输入 $RBI\ =0$ ，则译码器的 $a\sim g$ 输出全 0，使显示器全灭；所以 RBI 称为灭零输入端。

3）试灯。当 $LT=0$ 时，无论输入怎样，$a\sim g$ 输出全 1，数码管七段全亮。由此可以检测显示器七个发光段的好坏。LT 称为试灯输入端。

4）特殊控制端 BI/RBO。BI/RBO 可以作输入端，也可以作输出端。

作输入端使用时，如果 $BI=0$，不管其他输入端为何值，$a\sim g$ 均输出 0，显示器全灭。因此 BI 称为灭灯输入端。

作输出端使用时，该引脚输出受控于 RBI。当 $RBI=0$，输入为 0 的二进制码 0000 时，$RBO=0$，用以指示该片正处于灭零状态。所以，RBO 又称为灭零输出端。

任务 6.3　认知汽车时序逻辑电路

在各种复杂的数字电路中不但需要对二值信号进行算术运算和逻辑运算，还经常需要将这些信号和运算结果保存起来。为此，需要使用具有记忆功能的基本逻辑单元。这些具有记忆功能的逻辑电路称为时序逻辑电路。与组合逻辑电路相比较，它的输出状态不仅取决于当时的输入信号，还与电路原来所处的状态有关。能够存储一位二进制数字信号的电路叫做触发器。触发器是一种最简单的时序逻辑电路，是构成其他时序逻辑电路的最基本的单元电路。

触发器有两个稳定状态，一个称为“0”态，另一个称为“1”态，在没有外来信号作用时，它将一直处于某一种稳定状态。只有在一定的输入信号控制下，才有可能从一种稳定状态转换到另一种稳定状态（翻转），并保持这一状态不变，直到下一个输入信号使它翻转为止。

触发器按逻辑功能分类有 RS 触发器、JK 触发器、D 触发器、T 和 T′触发器；按照结构形式的不同，又可分为基本 RS 触发器、同步触发器、主从触发器和边沿触发器。

一、RS 触发器

RS 触发器按电路结构分类，有基本 RS 触发器、同步（可控）RS 触发器和主从 RS 触发器。

1. 基本 RS 触发器

（1）电路结构　基本 RS 触发器的电路结构最简单，它是构成触发器的一个基本组成部分，如图6-25所示，它是由两个“与非”门的输入端和输出端相互交叉连接构成的。它有两个信号输入端 $\overline{R}$ 和 $\overline{S}$，$\overline{R}$ 叫置“0”输入端或复位端，$\overline{S}$ 叫置“1”输入端或置位端。$\overline{R}$ 和 $\overline{S}$ 上面加上“—”表示低电平触发有效。

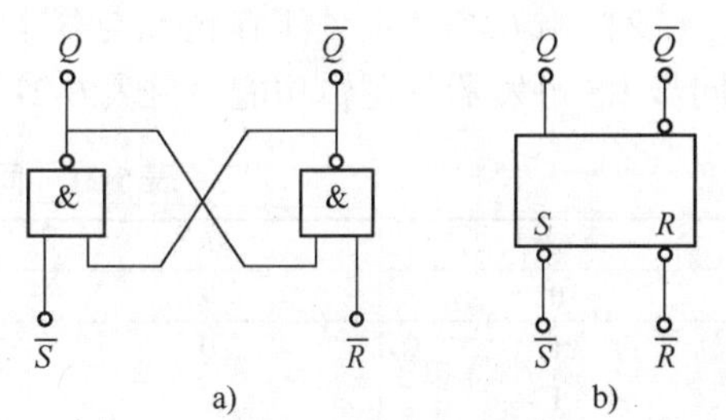

图 6-25　基本 RS 触发器
a）逻辑图　b）逻辑符号

一般规定，当 $Q=1$，$\overline{Q}=0$ 时称触发器处于“1”态；当 $Q=0$，$\overline{Q}=1$ 时称触发器处于“0”态。触发信号输入前触发器所处的稳定状态叫做现态，用 Q^n 表示；触发信号输入后触发器所处的稳定状态叫做次态，用 Q^{n+1} 表示。

（2）逻辑功能分析　根据输入信号的不同组合，可以得出基本 RS 触发器的逻辑功能。

1）当 $\overline{R}=0$，$\overline{S}=1$ 时，根据“与非”门的逻辑功能可知，无论原来 Q 的状态是 0 还是 1，都有 $Q=0$，即触发器被置为“0”态。

2）当 $\overline{R}=1$，$\overline{S}=0$ 时，无论原来 Q 的状态是 0 还是 1，都有 $Q=1$，即触发器被置为“1”态。

3）当 $\overline{R}=1$，$\overline{S}=1$ 时，根据“与非”门的逻辑功能不难推知，触发器保持原有状态不变，即原来的状态被触发器存储起来，这体现了触发器具有记忆能力。

4）当 $\overline{R}=0$，$\overline{S}=0$ 时，$Q=\overline{Q}=1$，不符合触发器的逻辑关系。并且由于“与非”门的延迟时间不可能完全相等，在两输入端的 0 同时撤除后，将不能确定触发器是处于 1 状态还是 0 状态，触发器的这种状态叫不定态。触发器正常工作时不允许出现这种情况，对基本 RS 触发器的输入信号应遵守 $\overline{R}+\overline{S}=1$ 的约束。

根据上面的分析可以列出基本 RS 触发器的逻辑功能表，见表 6-20。

表 6-20　基本 RS 触发器的逻辑功能表

$\overline{R}$	$\overline{S}$	Q^{n+1}
0	0	不定
0	1	0
1	0	1
1	1	Q^n

基本 RS 触发器的输入信号是以电平信号直接控制触发器的翻转的。在实际应用中，当采用多个触发器工作时，往往要求各触发器的翻转在某一时刻同时进行，这就需要引入一个时钟控制信号，简称时钟脉冲，用 CP 表示。这种触发器只有当时钟脉冲信号到达时，才能根据输入信号一起翻转。具有时钟信号控制的触发器称为同步（可控）触发器。

同步触发器按触发方式分类，有同步 RS 触发器和主从 RS 触发器。

2. 同步 RS 触发器

（1）电路结构　同步 RS 触发器是在基本 RS 触发器中增加两个“与非”门组成时钟控制门而构成的，其逻辑图及逻辑符号如图 6-26 所示。

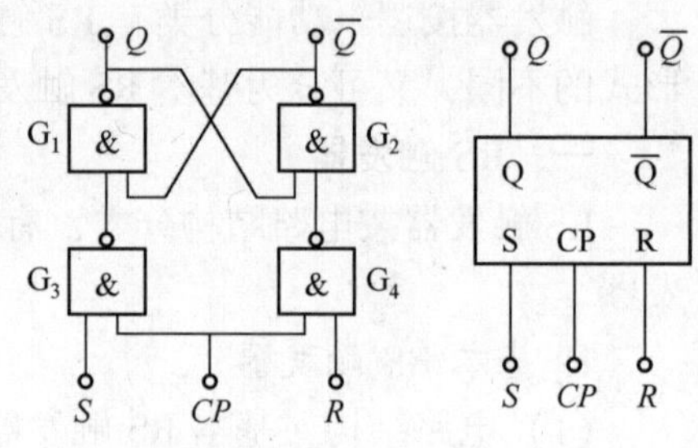

图 6-26　同步 RS 触发器

a）逻辑图　b）逻辑符号

（2）逻辑功能分析

1）当 $CP=0$ 时，输入信号 R、S 不起作用，触发器的状态保持不变。

2）当 $CP=1$ 时，工作情况与基本 RS 触发器相同。同步 RS 触发器的逻辑功能表见表 6-21。

表 6-21　同步 RS 触发器的逻辑功能表

CP	R	S	Q^{n+1}	功　能
0	×	×	Q^n	保持
1	0	0	Q^n	保持
1	0	1	1	置 1
1	1	0	0	置 0
1	1	1	不定	不允许

3. 主从 RS 触发器

为了提高触发器工作的可靠性，希望在每个 *CP* 周期里输出端的状态只能改变一次。为此在同步 RS 触发器的基础上设计出了主从 RS 触发器。

(1) 电路结构　主从 RS 触发器由两个同步 RS 触发器组成，但它们的时钟信号相位相反，其逻辑图和逻辑符号如图 6-27 所示。与非门 $G_1 \sim G_4$ 组成从触发器，与非门 $G_5 \sim G_8$ 组成主触发器。逻辑符号“□”表示正边沿触发，即 *CP* 由“0”变“1”时刻，触发器才能被触发翻转；在“□”下边加个小圆圈表示负边沿触发，即 *CP* 由“1”变“0”时刻，触发器才能被触发翻转。

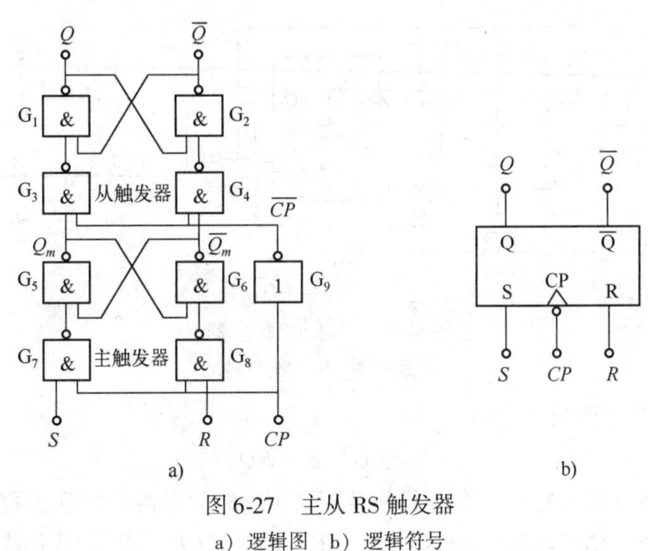

图 6-27　主从 RS 触发器

a）逻辑图　b）逻辑符号

(2) 逻辑功能分析　主从 RS 触发器的逻辑功能表见表 6-22。

表 6-22　主从 RS 触发器的逻辑功能表

CP	*S*	*R*	Q^{n+1}
↓	0	0	Q^n
↓	0	1	0
↓	1	0	1
↓	1	1	不定

1) $CP=1$ 期间，主触发器控制门 G_7、G_8 打开，接收输入信号 *R*、*S*，从触发器控制门 G_3、G_4 封锁，其状态保持不变。

2) *CP* 下降沿到来时，主触发器控制门 G_7、G_8 封锁，在 $CP=1$ 期间接收的内容被存储起来。同时，从触发器控制门 G_3、G_4 被打开，主触发器将其接收的信号送入从触发器，输出端随之改变状态。

3) $CP=0$ 期间，由于主触发器保持状态不变，因此受其控制的从触发器的状态也不可能改变。

由上述分析可得出主从 RS 触发器的特性方程为

$$\begin{cases} Q_m^{n+1} = S + \overline{R}Q_m^n \\ RS = 0 \end{cases}$$

二、JK 触发器

为了克服 RS 触发器存在不定态的缺点，可在主从 RS 触发器的基础上，增加两条反馈线。为了和主从 RS 触发器区别开，把两个信号输入端称为 J 和 K，主从 JK 触发器的逻辑图和逻辑符号如图 6-28 所示。

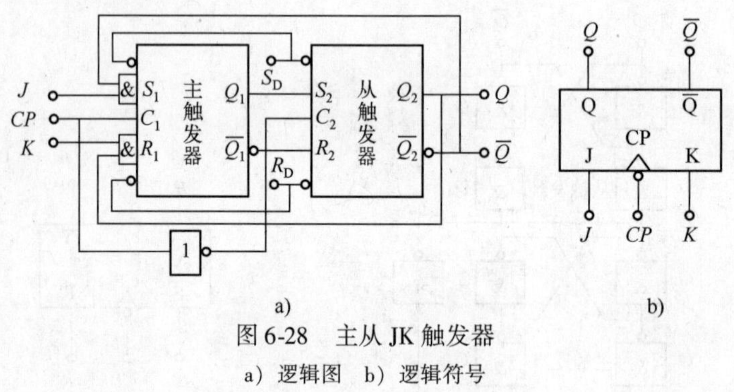

图 6-28 主从 JK 触发器

a）逻辑图 b）逻辑符号

根据逻辑图可列出逻辑表达式，即

$$S = J\overline{Q}^n,\ R = KQ^n$$

代入主从 RS 触发器的特性方程，即可得到主从 JK 触发器的特性方程为

$$Q^{n+1} = S + \overline{R}Q^n = J\overline{Q}^n + \overline{KQ^n}Q^n = J\overline{Q}^n + \overline{K}Q^n \quad (CP\text{ 下降沿到来时有效})$$

当 $CP=1$ 时，主触发器被打开，可以接收输入信号 J、K，其输出状态由输入信号的状态决定。但从触发器被封锁，无论主触发器的输出状态如何变化，对从触发器均无影响，即触发器的输出状态保持不变。

当 CP 由 1 变 0 时刻，主触发器被封锁，从触发器按照主触发器的状态翻转。J、K 输入状态的改变不会引起主触发器的变化，而从触发器状态也不会改变，这就保证了在 CP 脉冲的一个周期内，触发器的输出状态只改变一次，而且是在 CP 脉冲下降沿时刻改变状态。具体分析如下：

（1）$J=0$，$K=0$ 设触发器初态为 0，即 $Q=0$。当 $CP=1$ 时，由于主触发器 $S=J\overline{Q}=0$，$R=KQ=0$，所以状态保持不变，即 $Q_{主}=0$。当 CP 由 1 变为 0 时，从触发器 $S_{从}=Q_{主}=0$，$R_{从}=\overline{Q}_{主}=1$，$Q=0$。状态保持不变。

（2）$J=0$，$K=1$ 设触发器初态为 0，当 $CP=1$ 时，由于主触发器 $S=JQ=0$，$R=KQ=0$，状态不变。当 CP 由 1 变为 0 时，从触发器状态与主触发器状态一致，$Q=Q_{主}=0$。若初态为 1，当 $CP=1$ 时，主触发器 $S=J\overline{Q}=0$，$R=KQ=1$，状态翻转为 0。

即不论触发器原来处于何种状态，下一个状态都是 0。

（3）$J=1$，$K=0$ 通过类似（2）的过程分析可知，不论触发器原来处于何种状态，下一个状态都是 1。

（4）$J=1$，$K=1$ 设触发器初态为 0，主触发器 $S=J\overline{Q}=1$，$R=KQ=0$，当 $CP=1$ 时

主触发器输出 $Q_{主}=1$。当 CP 从 1 变为 0 时，从触发器状态与主触发器变为一致，$Q=1$。若触发器初态为 1，主触发器 $S=J\overline{Q}=0$，$R=KQ=1$，当 $CP=1$ 时，主触发器输出 $Q_{主}=0$。当 CP 由 1 变为 0 时，触发器输出 $Q=0$。

即当 $J=1$，$K=1$ 的情况下，每一脉冲时钟到来时，触发器的状态发生翻转，与原状态相反，此时 JK 触发器具有计数功能。

三、D 触发器

D 触发器又叫 D 锁存器，只有一个信号输入端 D，逻辑功能最简单，常用来储存一位二进制数。CP 脉冲有效时，触发器接收信号 D，其逻辑符号如图 6-29 所示，逻辑功能表见表 6-23。

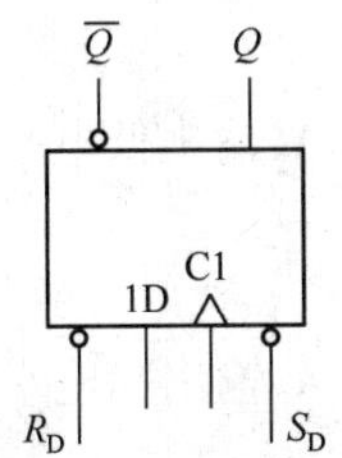

图 6-29　D 触发器的逻辑符号

表 6-23　D 触发器的逻辑功能表

D	Q^{n+1}	功　能
0	0	置 0
1	1	置 1

由 D 触发器的逻辑功能表可以得出其特性方程为

$$Q^{n+1}=D^n$$

四、集成电路应用举例——555 定时器

555 定时器是一种多用途的数字-模拟混合集成电路，利用它能极方便地构成施密特触发器、单稳态触发器和多谐振荡器。555 定时器由于使用灵活、方便，所以在波形的产生与变换、测量与控制、电器、电子玩具等许多领域中都得到了广泛的应用。

目前国际上各电子器件公司生产的 555 定时器产品型号繁多，但总体来说分为双极型和 CMOS 两种类型。双极型产品型号的最后三位数码都是 555，CMOS 产品型号的最后四位数码都是 7555，它们的结构、工作原理以及外部引脚排列基本相同。

1. 555 定时器的结构

图 6-30 是 5G555 定时器的内部电路图，它由分压器、比较器、触发器和开关及输出等组成。

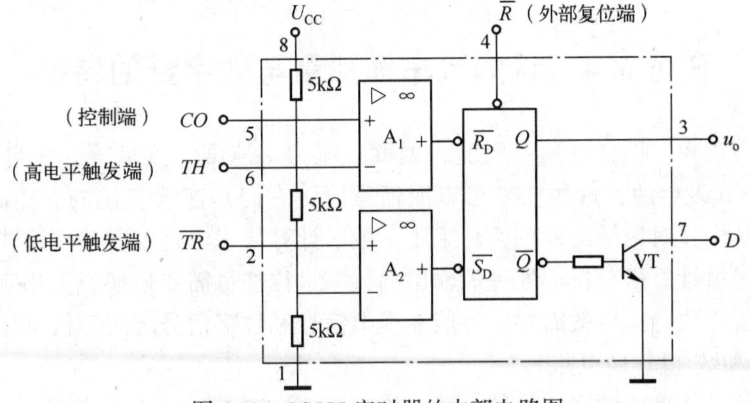

图 6-30　5G555 定时器的内部电路图

2. 555 定时器的工作原理

TH 是比较器 A_1 的输入端，$\overline{TR}$ 是比较器 A_2 的输入端。A_1 和 A_2 的参考电压由 U_{CC} 经三个 5kΩ 的电阻分压给出。当控制电压输入端 CO 悬空时，比较器 A_1 和 A_2 的比较电压分别为 $\frac{2}{3}U_{CC}$ 和 $\frac{1}{3}U_{CC}$。

$\overline{R}$ 是外部复位端，只要在 $\overline{R}$ 端加上低电平，输出端 u_o 便立即被置 0，不受其他输入端状态的影响。正常工作时必须使 $\overline{R}$ 处于高电平。图中 1～8 为器件引脚的编号。

1）当 $U_{TH}>\frac{2}{3}U_{CC}$，$U_{\overline{TR}}>\frac{1}{3}U_{CC}$ 时，比较器 A_1 输出低电平，A_2 输出高电平，基本 RS 触发器被置 0，放电晶体管 VT 导通，输出端 U_o 为低电平。

2）当 $U_{TH}<\frac{2}{3}U_{CC}$，$U_{\overline{TR}}<\frac{1}{3}U_{CC}$ 时，比较器 A_1 输出高电平，A_2 输出低电平，基本 RS 触发器被置 1，放电晶体管 VT 截止，输出端 U_o 为高电平。

3）当 $U_{TH}<\frac{2}{3}U_{CC}$，$U_{\overline{TR}}>\frac{1}{3}U_{CC}$ 时，比较器 A_1 输出高电平，A_2 输出高电平，基本 RS 触发器状态不变，电路保持原态不变。

由以上分析可以得到 5G555 定时器的功能表见表 6-24。

表 6-24 5G555 定时器的功能表

输入			输出	
外部复位端 $\overline{R}$	高电平触发端 U_{TH}	低电平触发端 $U_{\overline{TR}}$	输出 u_o	晶体管状态
0	×	×	低	导通
1	$>\frac{2}{3}U_{CC}$	$>\frac{1}{3}U_{CC}$	低	导通
1	$<\frac{2}{3}U_{CC}$	$>\frac{1}{3}U_{CC}$	不变	不变
1	$<\frac{2}{3}U_{CC}$	$<\frac{1}{3}U_{CC}$	高	截止
1	$>\frac{2}{3}U_{CC}$	$<\frac{1}{3}U_{CC}$	高	截止

任务 6.4 认知汽车模拟量与数字量的转换

所有的物理现象，例如电压、电流、温度、压力、速度、流量等，在自然界中都是以"模拟量"的形式发生的，这些变量可以取任意值，它们是连续变化的。然而在现代控制、通信及检测领域中，对信号的处理广泛采用了数字计算技术，这就需要将这些模拟信号转换成数字信号；经过计算机分析、处理后输出的数字量往往也需要转换成为相应的模拟信号才能被执行机构所接收。这样就需要一种能在模拟信号和数字信号之间起桥梁作用的电路——模-数转换电路和数-模转换电路。

能将模拟信号转换成数字信号的电路，称为模-数转换器（A-D 转换器）；能将数字信号转换成模拟信号的电路称为数-模转换器（D-A 转换器）。

本节主要介绍几种常用的 A-D、D-A 转换器的电路结构、工作原理，并结合典型的集成芯片介绍其应用。

一、D-A 转换器

D-A 转换器能将包含在数字编码中的数字信息转换为等价的模拟信号。为了将数字量转换成模拟量，必须将每一位的代码按其权的大小转换成相应的模拟量，然后将这些模拟量相加，即可得到与数字量成正比的总模拟量。D-A 转换器的输入、输出关系框图如图 6-31 所示。

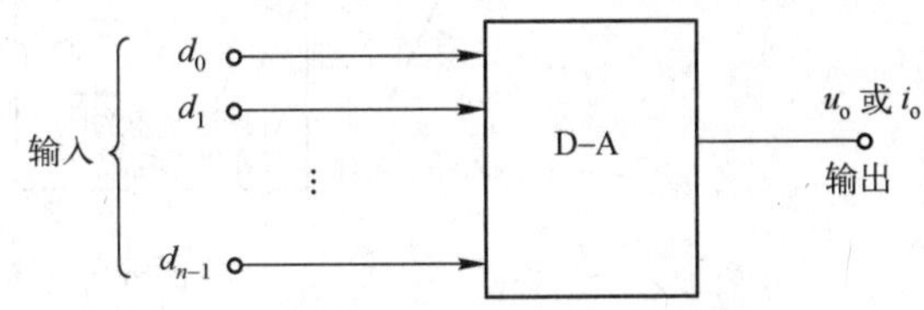

图 6-31　D-A 转换器的输入、输出关系框图

1. D-A 转换器的分类

目前常见的 D-A 转换器中，有权电阻 D-A 转换器、倒 T 形电阻网络 D-A 转换器、权电流型 D-A 转换器、开关树形 D-A 转换器等类型。

2. D-A 转换器的主要技术指标

（1）分辨率　分辨率用输入二进制数的有效位数表示。在分辨率为 n 位的 D-A 转换器中，输出电压能区分 2^n 个不同的输入二进制代码状态，能给出 2^n 个不同等级的输出模拟电压。

分辨率也可以用 D-A 转换器的最小输出电压与最大输出电压的比值来表示。10 位 D-A 转换器的分辨率为：$\frac{1}{2^{10}-1}=\frac{1}{1023}\approx 0.001$。

（2）转换精度　D-A 转换器的转换精度是指输出模拟电压的实际值与理想值之差，即最大静态转换误差。

（3）输出建立时间　从输入数字信号起，到输出电压或电流到达稳定值时所需要的时间，称为输出建立时间。

二、A-D 转换器

1. A-D 转换器的类型

根据工作原理的不同，可以把 A-D 转换器分为直接 A-D 转换器和间接 A-D 转换器两大类。在直接 A-D 转换器中，输入的模拟电压直接转换成数字代码，不经过任何中间变量；而在间接 A-D 转换器中，首先需要把输入的模拟电压转换成某一种中间变量，然后再把这个中间变量转换为输出的数字代码。

2. A-D 转换的基本原理

在 A-D 转换器中，因为输入的模拟信号在时间上是连续的，而输出的数字信号是离散的，所以转换只能在一系列选定的瞬间对输入的模拟信号取样，然后再把这些取样值转换成输出的数字量。一般的 A-D 转换过程是通过取样、保持、量化和编码这四个步骤完成的，如图 6-32 所示。

（1）取样　所谓取样，就是将一个连续的时变信号转换为在时间上不连续的模拟量。

如图 6-33 所示，为了能正确无误地用取样信号 u_s 表示模拟信号 u_i，取样信号必须有足够高的频率。可以证明，为了保证能使取样信号将原来的被取样信号恢复，必须满足：

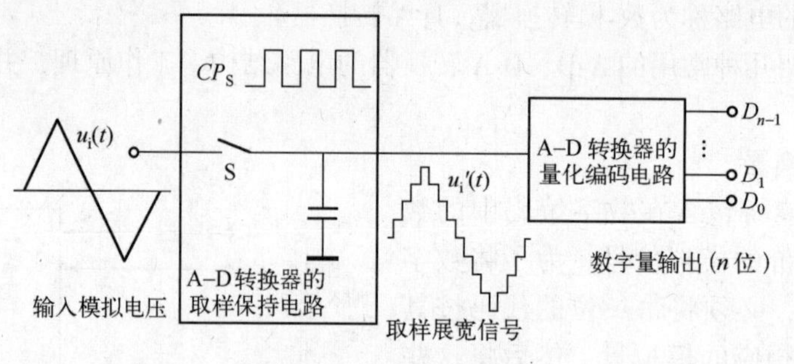

图 6-32 A-D 转换过程

$$f_s \geqslant 2f_{i(max)} \tag{6-6}$$

式中，f_s 为取样频率，$f_{i(max)}$ 为输入模拟信号的最高频率分量的频率。式（6-6）就是所谓的取样定理。

在满足取样定理的条件下，可以用一个低通滤波器将信号 u_s 还原为 u_i，这个低通滤波器的电压传输系数在低于 $f_{i(max)}$ 的范围内应保持不变，而在 $f_s - f_{i(max)}$ 以前应迅速下降为零，如图 6-34 所示。

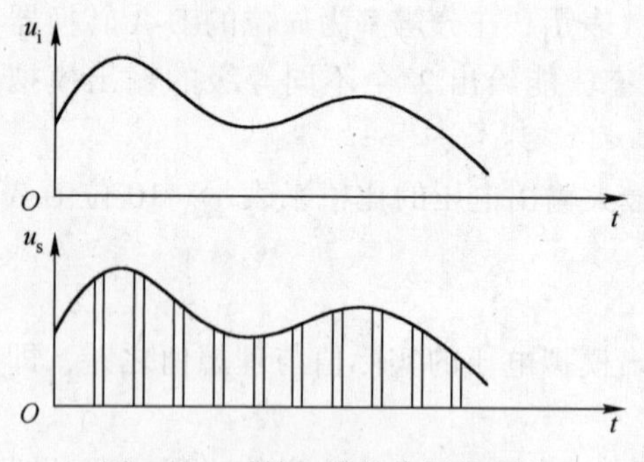

图 6-33 对输入模拟信号的取样

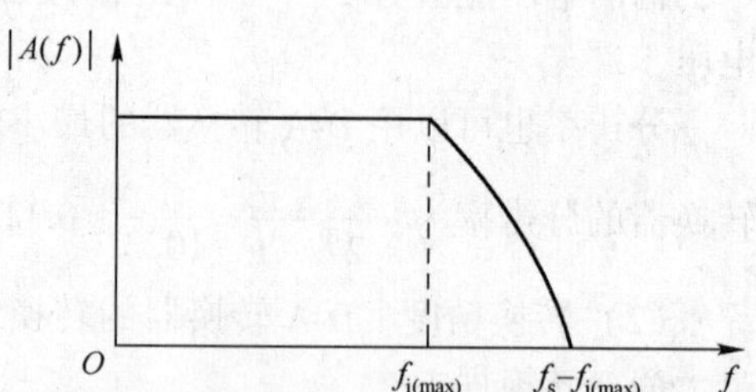

图 6-34 还原取样信号所用滤波器的频率特性

因此，A-D 转换器工作时的取样频率必须高于式（6-6）所规定的频率。取样频率提高以后留给每次进行转换的时间也相应地缩短了，这就要求转换电路必须具备更高的工作速度。但也不能无限制地提高取样频率，通常取 $f_s = (3 \sim 5)f_{i(max)}$ 就可以满足要求。

每次把取样电压转换为相应的数字量都需要一定的时间，所以在每次取样以后，必须把取样电压保持一段时间。可见，进行 A-D 转换时所用的输入电压，实际上是每次取样结束时的 u_i 值。

（2）取样保持电路 取样电路输出的脉冲宽度由取样时间决定，通常取样时间是很短的，所以取样输出的脉冲宽度也很小。要把一个已取样的信号通过量化、编码需要一定的时间，所以必须在取样电路后面接一个保持电路。保持电路的作用是将取样电路输出的信号暂时保存起来，以便将它量化。一般地，取样、保持电路常做在一起，称为取样保持电路，其基本形式如图 6-35 所示。N 沟道 MOS 管 VT 作取样

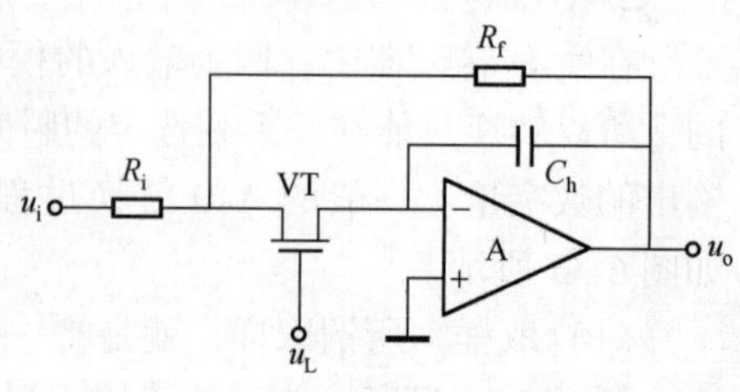

图 6-35 取样保持电路的基本形式

开关。

当 u_L 为高电平时，VT 导通，u_i 经过 R_i 和 VT 向电容 C_h 充电。若取 $R_i=R_f$，则充电结束后 $u_o=-u_i=u_C$。

当 u_L 返回低电平后，VT 截止。C_h 无放电回路，所以 u_o 的数值可被保存下来。

电路的缺点是取样过程中需要通过 R_i 和 VT 向 C_h 充电，所以使取样速度受到了限制。

(3) 量化和编码　数字信号不仅在时间上是离散的，而且数值大小的变化也是不连续的。这就是说，任何一个数字量的大小只能是某个规定的最小数量单位的整数倍。在进行 A-D 转换时，必须把取样电压表示为这个最小单位的整数倍。这个转化过程叫做量化，所取的最小数量单位叫做量化单位，用 表示。显然，数字信号最低有效位的 1 所代表的数量大小就等于 。

把量化的结果用代码（可以用二进制，也可以是其他进制）表示出来，称为编码。这些代码就是 A-D 转换的输出结果。

3. A-D 转换器的主要技术指标

(1) 分辨率　它是 A-D 转换器在量化时对输入模拟电压的分辨能力，一般用二进制数表示，如 8 位、10 位、12 位、14 位等。从理论上讲，n 位输出的 A-D 转换器能区分 2^n 个不同等级的输入模拟电压，能区分输入电压的最小值为满量程输入的 $1/2^n$。在最大输入电压一定时，输出位数越多，量化单位越小，分辨率越高。例如 A-D 转换器的输出为 8 位二进制数，输入信号最大值为 5V，那么这个转换器应能区分输入信号的最小电压为 19.53mV。

(2) 转换误差　它表示 A-D 转换器实际输出的数字量和理论输出的数字量之间的差别。常用最低有效位的倍数表示。例如给出相对误差 $\leqslant \pm LSB/2$，这就表明实际输出的数字量和理论上应得到的输出数字量之间的误差小于最低位的半个字。

(3) 转换时间　它指从输入模拟电压开始，到获得稳定的数字输出为止所需要的时间。该时间随着模拟电压的变化而变化。如果模拟输入电压增加，则转换时间也增加。该时间与时钟频率和位数有关。

【项目实施】

一、汽车 555 转向灯闪光器电路工作原理

如图 6-1 所示，假定零时刻电容 C_1 两端初始电压为零，8 脚电压为 U_{CC}，接通转向开关 S 后，因电容 C_1 两端电压不能突变，则有 555 定时器的高电平触发端（6 脚）和低电平触发端（2 脚）电压均为零，根据表 6-24 可得到，555 定时器的输出端（3 脚）为高电平。晶体管 VT_1 导通，有电流流经转向灯，转向灯亮。电流路径为：蓄电池“+”⟶转向开关 S⟶转向灯（EL_1 或 EL_2）⟶晶体管 VT_1（C－E）⟶蓄电池“－”。同时 555 定时器的放电管截止，7 脚与地断路，电源通过 R_1、RP 向电容 C_1 充电，电容电压开始上升。

当电容两端电压 $U_{C1}\geqslant\frac{2}{3}U_{CC}$ 时，高电平触发端（6 脚）和低电平触发端（2 脚）电压均大于等于 $\frac{2}{3}U_{CC}$，555 定时器的输出端（3 脚）为低电平，晶体管 VT_1 截止，转向灯灭。由于此时 555 定时器的放电管导通，电容 C_1 不再充电，反而通过电阻 RP 和放电端向地放电，电容电压开始下降。

当电容两端电压下降到 $U_{C1} \leqslant \frac{1}{3}U_{CC}$ 时，高电平触发端（6 脚）和低电平触发端（2 脚）电压均小于等于 $\frac{1}{3}U_{CC}$，那么555定时器的输出端就由低电平变为高电平，转向灯亮，同时放电管由导通变为截止，电源通过 R_1、RP 重新向电容 C_1 充电，重复上述过程。如此周而复始，转向灯就以一定的频率闪烁。

通过调节电阻 RP 的阻值，可以改变电容 C_1 的充放电时间常数，以调节闪烁频率。

二、检查和调整闪光继电器的频率

1）将闪光继电器按图 6-36 所示正确接线，接通转向开关，同时起动计时电子秒表，记下 1min 内转向灯的闪光次数，即为被测闪光器的频率值。

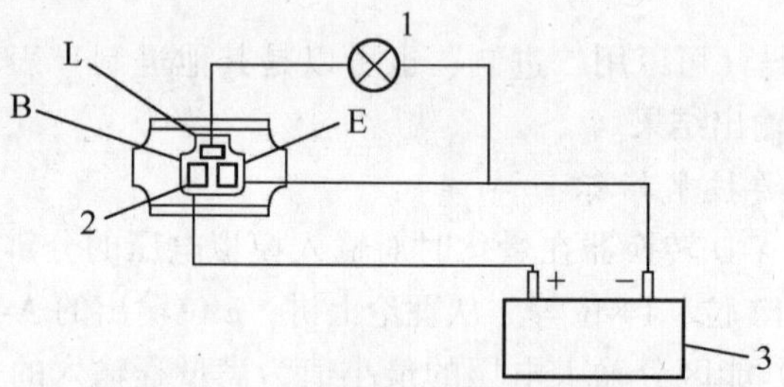

图 6-36 闪光继电器的闪光试验电路

1—50～60W 灯泡 2—闪光继电器 3—蓄电池

2）调整转向灯的闪光频率，一般为 60～120 次/min，但以 60～90 次/min 为宜。若低于或超出规定值应进行调整。调节图 6-1 中的 RP 可改变其闪烁频率。

三、闪光继电器技术性能测试

1）将闪光继电器“B”接 12V 直流稳压电源“+”极，“E”接 12V 直流稳压电源“−”极，“L”接测试灯后再接直流稳压电源“−”极。

2）打开 12V 直流稳压电源开关，观察灯泡的闪光频率，若能正常闪烁，则闪光继电器完好，如灯泡不亮或长亮不闪，则为闪光继电器故障，应调整或更换。

四、转向灯电路常见故障分析

1. 转向灯均不亮

1）故障现象：接通转向开关，转向灯均不亮。

2）故障原因：熔断器熔断、闪光继电器损坏、转向开关损坏等。

3）故障排除：检查熔断器、闪光继电器、转向开关的好坏。

2. 转向灯闪光频率不正常

1）故障现象：接通转向开关，转向灯闪光频率不正常。

2）故障原因：接触不良、灯泡功率不当、灯泡烧坏等。

3）故障排除：下车检查是否有灯泡不亮，查看灯泡功率、检查线路接触情况，看是否存在接触不良。

【小结】

本学习情境主要是学习数字电路的相关知识。以集成电路闪光器组成的汽车转向信号系统为载体，学习了逻辑门、组合逻辑电路、时序逻辑电路和 A-D、D-A 转换器等相关知识。

数字电路是处理数字信号的电路，数字信号是以 1、0 代替高、低电平的离散信号，故数字信号又称为脉冲信号。

门电路是数字电路的基本逻辑单元，基本门电路有与门、或门、非门；复合门电路有与非门、或非门、异或门、同或门等。

逻辑函数有三种基本表示法，即逻辑表达式、真值表和逻辑图，它们是一一对应、相互等价的。

组合逻辑电路是由基本的逻辑电路单元组成的，其特点是不论任何时候，输出信号仅仅取决于当时的输入信号，而与电路原来所处的状态无关。组合逻辑电路无记忆功能。最常用的组合逻辑电路组件有编码器、译码器、加法器等。

分析组合逻辑电路的方法是从所给的逻辑图开始，逐级写出描述该逻辑电路的逻辑函数，并进行化简，列出真值表，然后分析其逻辑功能，得出结论。

组合逻辑电路的设计方法是根据实际问题要求列出真值表，根据真值表列出逻辑表达式，并化简，由最简表达式画出逻辑图。

时序逻辑电路与组合逻辑电路相比，它的显著特点是有记忆功能，其输出信号不仅与当时的输入信号有关，而且还与电路原来所处的状态有关。

触发器是时序逻辑电路中的基本逻辑单元，它的各种组合构成计算机中最常用的部件，按逻辑功能来分有 RS 触发器、JK 触发器、D 触发器、T 和 T′触发器；按照结构形式的不同，又可分为基本 RS 触发器、同步触发器、主从触发器和边沿触发器。

将模拟量转换为数字量的电路，叫做 A-D 转换器；将数字量转换为模拟量的电路叫做 D-A 转换器。常见的 D-A 转换器有权电阻 D-A 转换器、倒 T 形电阻网络 D-A 转换器等。

A-D 转换器的工作过程包括取样、保持、量化和编码四个步骤。

思考与练习

1. 用公式将下列函数化简成最简与或表达式。

1）$Y=ABC+A\overline{B}+A\overline{C}$

2）$Y=A\overline{B}+\overline{A}B+AB$

3）$Y=(\overline{A+B})C+\overline{ABC}$

4）$Y=A\overline{B}C+AB\overline{C}+A+\overline{A}B$

2. 在击剑比赛中，若有 A、B、C 三名裁判，A 为主裁判，当两名及两名以上裁判（必须包括 A 在内）认为运动员得分时，按动按钮，即发出得分信号，设计该组合电路。

3. 用红、黄、绿三个指示灯表示三台设备的工作情况：绿灯亮表示全部正常；红灯亮表示有一台不正常；黄灯亮表示两台不正常；红、黄全亮表示三台都不正常。试设计出组合电路。

4. 触发器的触发方式有几种？都是哪几种？

5. 请分别写出 RS、JK、D 触发器的真值表和特征方程。

6. 555 定时器主要由哪几部分组成？每部分各起什么作用？应用电路的基本形式有哪几种？

7. 举例说明 D-A 转换器、A-D 转换器在现实生活中的应用情况。

参 考 文 献

[1] 刘晓岩. 汽车电工电子技术 [M]. 北京：化学工业出版社，2008.

[2] 吕枚. 汽车电工电子 [M]. 北京：人民邮电出版社，2009.

[3] 万捷. 汽车电工电子技术基础 [M]. 北京：机械工业出版社，2009.

[4] 吴文民，吴政清. 汽车电工电子技术基础 [M]. 北京：金盾出版社，2009.

[5] 任成尧. 汽车电工与电子基础 [M]. 北京：人民交通出版社，2005.

[6] 赵景波. 电工电子技术 [M]. 北京：人民邮电出版社，2008.

[7] 赵英君. 汽车电工电子技术 [M]. 哈尔滨：黑龙江科学技术出版社，2008.

[8] 刘皓宇. 汽车电工电子技术 [M]. 北京：高等教育出版社，2007.

[9] 赵承荻. 电机及应用 [M]. 2 版. 北京：高等教育出版社，2009.

[10] 秦曾煌. 电工学：下册 [M]. 7 版. 北京：高等教育出版社，2009.

[11] 杨屏. 实用汽车电工电子技术 [M]. 北京：机械工业出版社，2008.

[12] 冯渊. 汽车电工与电子技术基础 [M]. 北京：机械工业出版社，2006.

[13] 刘冰，潘玉红. 汽车电工电子技术基础 [M]. 北京：人民邮电出版社，2010.

[14] 陈昌建，王忠良. 汽车电工电子技术 [M]. 大连：大连理工大学出版社，2009.

[15] 王芳荣，王鼎. 汽车电工电子技术 [M]. 北京：清华大学出版社，2009.

[16] 刘鸿健. 汽车电工电子技术 [M]. 北京：化学工业出版社，2009.